Isaías

Serie «Conozca su Biblia»

Isaías

por Samuel Pagán

Augsburg Fortress

MINNEAPOLIS

SERIE CONOZCA SU BIBLIA: ISAÍAS

Todos los derechos reservados © 2007 Augsburg Fortress. Con excepción de una breve cita en artículos o análisis críticos, ninguna parte de este libro puede ser reproducida en ninguna manera sin antes obtener permiso por escrito del publicador o de quienes son dueños de los derechos de reproducción.
Este volumen es parte de un proyecto conjunto entre la casa editora, la División de Ministerios Congregacionales de la Iglesia Evangélica Luterana (ELCA) y la Asociación para la Educación Teológica Hispana (AETH), Justo L. González, Editor General.
Excepto cuando se indica lo contrario, el texto Bíblico ha sido tomado de la versión Reina-Valera 1995.
Copyright © Sociedades Bíblicas en América Latina, 1995. Usado con permiso.

Diseño de la cubierta: Diana Running; Diseño de libro y portada: Element, llc

ISBN 978-0-8066-8016-3

El papel usado en esta publicación satisface los requisitos mínimos de la organización American National Standard for Information Sciences—Permanencia del Papel para Materiales Impresos, ANSI Z329.48-1984.

Producido en Estados Unidos de América.

SERIE CONOZCA SU BIBLIA: ISAÍAS

Copyright © 2007 Augsburg Fortress. All rights reserved. Except for brief quotations in critical articles or reviews, no part of this book may be reproduced in any manner without prior written permission from the publisher. Visit http://www.augsburgfortress.org/copyrights/contact.asp or write to Permissions, Augsburg Fortress, Box 1209, Minneapolis, MN 55440.
This volume developed in cooperation with the Division for Congregational Ministries of the Evangelical Lutheran Church in America, which provided a financial grant, and the Asociación para la Educación Teológica Hispana, Series Editor Justo L. González.
Except when otherwise indicated, scriptures quotation are taken from the Reina-Valera 1995 version. Copyright © Sociedades Bíblicas Unidas, 1995. Used by permission.

Cover design: Diana Running; Book design: Element, llc

The paper used in this publication meets the minimum requirements of American National Standard for Information Sciences—Permanence of Paper for Printed Library Materials, ANSI Z329.48-1984.

Manufactured in the U.S.A.

11   10   09   08   07   1   2   3   4   5   6   7   8   9   10

Esta serie

«¿Cómo podré entender, si alguien no me enseña?» (Hechos 8.31). Con estas palabras el etíope le expresa a Felipe una dificultad muy común entre los creyentes. Se nos dice que leamos la Biblia, que la estudiemos, que hagamos de su lectura un hábito diario. Pero se nos dice poco que pueda ayudarnos a leerla, a amarla, a comprenderla. El propósito de esta serie es responder a esa necesidad. No pretendemos decirles a nuestros lectores «lo que la Biblia dice», como si ya entonces no fuese necesario leer la Biblia misma para recibir su mensaje. Al contrario, lo que esperamos lograr es que la Biblia sea más leíble, más inteligible para el creyente típico, de modo que pueda leerla con mayor gusto, comprensión y fidelidad a su mensaje. Como el etíope, nuestro pueblo de habla hispana pide que se le enseñe, que se le explique, que se le invite a pensar y a creer. Y eso es precisamente lo que esta serie busca.

Por ello, nuestra primera advertencia, estimado lector o lectora, es que al leer esta serie tenga usted su Biblia a la mano, que la lea a la par de leer estos libros, para que su mensaje y su poder se le hagan manifiestos. No piense en modo alguno que estos libros substituyen o pretenden substituir al texto sagrado mismo. La meta no es que usted lea estos libros, sino que lea la Biblia con nueva y más profunda comprensión.

Por otra parte, la Biblia —como cualquier texto, situación o acontecimiento— se interpreta siempre dentro de un contexto. La Biblia responde a las preguntas que le hacemos, y esas preguntas dependen en buena medida de quiénes somos, cuáles son nuestras inquietudes, nuestra dificultades, nuestros sueños. Por ello estos libros escritos en nuestra lengua, por personas que se han formado en nuestra cultura y la conocen. Gracias a Dios, durante los últimos veinte años ha surgido dentro de nuestra comunidad latina todo un cuerpo de eruditos, estudiosos de la Biblia que no tiene nada que envidiarle a ninguna otra cultura o tradición. Tales son las personas a quienes hemos invitado a escribir para esta serie. Son personas con amplia experiencia pastoral y docente, que escriben para que se les entienda, y no para ofuscar. Son personas que a través de los años han ido descubriendo las dificultades en que algunos creyentes y estudiantes tropiezan al estudiar la Biblia —particularmente los creyentes y estudiantes latinos. Son personas que se han dedicado a buscar modos de superar esas dificultades y de facilitar el aprendizaje. Son personas que escriben, no para mostrar cuánto saben, sino para iluminar el texto sagrado y ayudarnos a todos a seguirlo.

Por tanto, este servidor, así como todos los colegas que colaboran en esta serie, le invitamos a que, junto a nosotros y desde la perspectiva latina que tenemos en común, se acerque usted a estos libros en oración, sabiendo que la oración de fe siempre recibirá respuesta.

Justo L. González
Editor General
Julio del 2005

Contenido

Introducción

Isaías entre los profetas

El libro de Isaías ha gozado de gran prestigio, popularidad y reconocimiento tanto entre lectores cristianos como entre judíos. Esa importancia, que delata muchas virtudes literarias, históricas y teológicas, se pone de manifiesto en su destacada ubicación dentro del canon bíblico, y en el continuo uso que se ha dado a sus mensajes y enseñanzas en el Nuevo Testamento. Los manuscritos y los comentarios a Isaías descubiertos en las cuevas de Qumrán revelan también la popularidad y el aprecio que el libro tenía en esa comunidad religiosa. En la actualidad, ese reconocimiento se pone de relieve en la gran cantidad de libros y estudios sobre Isaías disponibles en las librerías y bibliotecas.

En el canon bíblico, Isaías es el primer libro en la importante sección de los profetas, que incluye grandes obras como Jeremías, Ezequiel y el Libro de los Doce. Es, además, el libro del Antiguo Testamento más citado o aludido en el Nuevo: ¡cerca de 590 referencias en 23 libros! Y cuando los primeros cristianos, en su labor misionera, educativa y de evangelización, identificaron la vida y el ministerio de Jesús con algún personaje del Antiguo Testamento, lo hicieron con la figura del Siervo del Señor o Siervo Sufriente que se presenta en el libro de Isaías (p. ej., 52.13-53.12).

Esas preferencias de los lectores por el uso y la interpretación del libro de Isaías pueden fundamentarse en varias características básicas de la obra. Una de esas cualidades es el carácter redentor de su mensaje: el libro de Isaías pone de manifiesto y subraya una teología de salvación que se basa en la maravillosa intervención divina en medio de la historia humana. Esa finalidad y peculiaridad teológica se revela en las diferentes secciones del libro, e inclusive se destaca en el nombre mismo del profeta, pues «Isaías» significa: «La salvación es del Señor».

Temprano en su historia, la iglesia cristiana vio en la obra de Isaías no solo el aspecto salvador del mensaje, sino un componente escatológico fundamental y necesario para su tarea misionera. El libro, según estos intérpretes, hablaba del futuro y, particularmente, identificaba la salvación divina a través del Mesías, que para los cristianos primitivos era ciertamente Jesús de Nazaret. Por esta razón, varios Padres de la iglesia aludían a Isaías como el primer apóstol y evangelista. En efecto, el libro de Isaías tiene un lugar de privilegio en la teología cristiana.

La belleza poética y la universalidad temática de la obra también han contribuido marcadamente a que los creyentes disfruten su lectura. La poesía del libro ha sido identificada como una de las más finas y hermosas de la Biblia. Esa articulación literaria se revela de forma óptima en el manejo y aplicación de los temas tradicionales del pueblo –p. ej., el éxodo– y en la elaboración de nuevas imágenes que responden de forma adecuada a las necesidades de creyentes en dificultad –p. ej., la consolación–, superando los límites del tiempo. Entre las peculiaridades que relacionan el mensaje de Isaías con la historia humana, y específicamente las realidades políticas, sociales y espirituales de Iberoamérica, debe identificarse y destacarse el compromiso decidido y firme con los pobres, oprimidos y marginados de la sociedad, y su rechazo abierto y firme contra las políticas expansionistas y colonialistas de los imperios.

Estas características del libro han motivado que algunas personas se refieran a Isaías como «el príncipe de los profetas». Este título honorífico se relaciona no solamente con su capacidad de moverse en los altos círculos políticos oficiales del reino, sino también con la belleza, calidad y profundidad de su mensaje. En efecto, esa gran contribución e influencia temática, teológica y literaria se manifiesta en murales y pinturas clásicas que se exhiben en las grandes catedrales del mundo, y particularmente en himnos, cantatas, poemas y otros esfuerzos literarios de gran calidad e importancia.

Introducción

Es determinante añadir, además, que utilizando el libro de Isaías muchos cristianos defendieron su fe y desarrollaron postulados teológicos fundamentales para la iglesia; p. ej., el nacimiento virginal del Mesías (Is 7.14, versión griega), y sus sufrimientos vicarios (Is 52.13-53.12).

La interpretación

Cabe señalar, sin embargo, que la popularidad del libro y la creatividad y belleza literaria de la obra no indican facilidad en la comprensión e interpretación de su mensaje. Por ser un libro extenso –66 capítulos–, y por manifestar varias complejidades históricas, literarias y teológicas –pues la obra recoge tradiciones proféticas de varios siglos–, el análisis y la interpretación de los documentos han sido tareas muy difíciles.

Las dificultades y los desafíos para entender adecuadamente el libro de Isaías se manifiestan inclusive en la Biblia, específicamente en el libro de los Hechos de los Apóstoles. De acuerdo con el relato, un funcionario etíope convertido al judaísmo, en el camino entre Jerusalén y Gaza, leía un pasaje del libro de Isaías, sin comprender claramente el significado del mensaje. A la pregunta de Felipe: «¿Entiendes lo que lees?», el etíope respondió: «¿Y cómo podré, si alguno no me enseñare?» (Hch 8.30-31).

El gran reto de las personas estudiosas e intérpretes del mensaje del libro de Isaías es descubrir el sentido de la obra como un todo; el desafío es analizar el libro en su integridad literaria y canónica. Una vez que se identifique el mensaje básico del libro se pueden interpretar sus partes, a la luz del objetivo central de la obra.

La finalidad básica de este comentario exegético es descubrir el mensaje profético central, enmarcado en la poesía y las narraciones del libro de Isaías. El propósito fundamental de nuestro análisis es hacer una presentación histórica, teológica y temática de todo el libro de Isaías. Se estudiará el texto del libro de Isaías de forma sistemática, para identificar asuntos y peculiaridades teológicas, literarias y temáticas de la obra que son de importancia capital para la comprensión adecuada del libro; se pondrán de relieve, además, algunos aspectos literarios, pastorales y espirituales que requieren atención posterior o que demandan alguna acción o reacción específica de los creyentes. Una vez se identifiquen los temas y los asuntos fundamentales en el libro, se evaluarán las implicaciones del mensaje profético para los creyentes y las iglesias en el mundo hispanoparlante, tanto de las Américas como de Europa.

La sociedad actual puede beneficiarse grandemente del mensaje de Isaías, que revela una serie de dinámicas sociopolíticas, económicas, militares y espirituales similares a las que se plantean hoy. Las reacciones firmes del profeta a las manifestaciones diversas de la ideología del imperialismo y sus mensajes claros de confianza en las promesas divinas cobran significación nueva al estudiarse en América Latina, el Caribe, los Estados Unidos y Europa, y al relacionarlas con las realidades que enfrentan las iglesias y los creyentes contemporáneos.

Isaías es un libro de contrastes. El mensaje es de salvación y también de juicio; la teología de Sión y Jerusalén garantiza la presencia divina tanto para el juicio como para la consolación; la actitud cautelosa del rey Ahab se contrapone a la de humildad del rey Ezequías; la guerra siro-efraimita prepara el camino para la crisis con Senaquerib, que a su vez antecede la destrucción del Templo y el exilio en Babilonia, que finalmente introduce el triunfo de Persia contra el imperio babilónico.

Esas características temáticas del libro de Isaías presentan un gran reto hermenéutico para los creyentes: ¿Cuál debe ser el propósito del estudio de este importante libro profético? La finalidad no puede estar cautiva en el descubrimiento de las particularidades históricas, teológicas y literarias a las que la obra alude. El objetivo debe estar particularmente relacionado con el descubrimiento, análisis y aprecio de las virtudes e implicaciones teológicas, educativas, espirituales y misioneras de los oráculos y las acciones del profeta.

La relevancia del libro de Isaías se descubre al ponderar la forma valiente y sabia en que Isaías –el extraordinario profeta de Jerusalén– y sus discípulos e intérpretes evaluaron eventos cruciales en la historia y presentaron mensajes de desafío y afirmación nacional de parte de Dios al pueblo. Esa relación íntima entre la evaluación de la realidad social, política y espiritual del pueblo y la comunicación profética es fundamental en nuestro estudio.

El mensaje del libro de Isaías presupone el entorno de una serie de gobiernos imperialistas que intentaban coartar las libertades individuales y colectivas del pueblo de Judá en diversos períodos. El profeta respondió a las políticas reales con inteligencia, sabiduría, audacia y valor. No se amilanó ante la autoridad del monarca, ni se detuvo frente a los avances de los imperios de su época, pues fundamentó su enseñanza en la palabra divina. Su conocimiento de las fuerzas nacionales e internacionales que podían afectar adversamente al pueblo lo ubican en un sitial de gran importancia para el pueblo de Judá y para los creyentes.

Tanto el contexto histórico del libro de Isaías como la respuesta teológica del profeta a los desafíos que debió enfrentar, le brindan al mensaje del libro de Isaías un sentido particular de pertinencia e inmediatez. El mensaje de Isaías tiene implicaciones contemporáneas, pues puede responder nuevamente a las políticas expansionistas e imperialistas de algunas naciones; además, las respuestas del profeta a los desafíos de su época pueden guiar a las iglesias y a los creyentes en torno a cómo responder, en el nombre del Señor, tanto a las amenazas internacionales como a las actitudes imprudentes de los gobernantes y líderes políticos.

Entre los otros temas del libro que pueden tener implicaciones de gran importancia contemporánea están los siguientes: el rechazo divino a la altanería; la importancia de llevar a efecto cultos que afecten la vida de las comunidades y los individuos en su totalidad; la santidad divina que se revela en su nombre y sus apelativos, y los temas del nuevo éxodo y la consolación. Estos grandes temas brindan a las personas interesadas en la lectura profunda y sobria del libro una antología de grandes posibilidades exegéticas, hermenéuticas, pastorales y académicas.

El profeta Isaías comenzó una tradición de estudio y actualización de sus mensajes que nos ha acompañado hasta el día de hoy. En esa larga tradición bíblica, se puede indicar también que los profetas contemporáneos ven nuevamente al Señor, cuando son fieles a la revelación divina y cuando viven para hacer entender al pueblo las virtudes y los desafíos que presentan la fidelidad y el respeto a la palabra de Dios.

El libro del profeta Isaías

El libro de Isaías incluye el mensaje de juicio, salvación y esperanza para el pueblo judío que experimentó la opresión política, económica y militar de los imperios asirio, babilónico y persa. Aunque con diferentes características, estos imperios tenían en común una serie de políticas expansionistas e imperialistas que atentaba contra la independencia y la paz de Israel y Judá. Ante las grandes dificultades sociopolíticas, económicas y espirituales que planteaban la invasión, intervención y dominación de estos imperios, el libro afirma y celebra la importancia de mantener la confianza en el Señor. La palabra del profeta y el mensaje del libro, en efecto, destacan la capacidad divina de intervenir en el instante oportuno para salvar a su pueblo.

Enfatiza el libro la grandeza del poder de Dios. Desde la visión inaugural (Is 6.1-13), hasta los mensajes de liberación del remanente fiel (Is 66.5-9), se describe al Dios bíblico rodeado de majestad y gloria –pues sus «faldas llenan el Templo» (Is 6.1)–, y se le identifica como «el Dios Santo de Israel» (Is 1.4; 5.19). Y esa gloria divina está a merced de la gente necesitada y marginada de la sociedad (Is 29.19; 57.15).

El mensaje fundamental de este libro profético se compone prioritariamente de una serie de oráculos que ponen claramente de manifiesto la capacidad y la voluntad de Dios para salvar a su pueblo en la hora crítica y propicia. La profecía de Isaías revela una lectura y perspectiva divina de la historia, e incluye la identificación de los valores políticos, morales, religiosos y espirituales que hacen que los individuos y las naciones superen las grandes dificultades de la vida, y prosigan al futuro hasta conquistar el porvenir.

Las diversas secciones del libro

Una de las dificultades iniciales que encuentra quien desea estudiar con profundidad el libro de Isaías es la evaluación y comprensión de la vasta literatura erudita en torno al profeta y su labor ministerial. Aunque el libro de Isaías se presenta como una unidad en las ediciones de la Biblia, generalmente los estudios modernos referentes a la teología y la literatura del profeta Isaías dividen su estructura básica y contenido en varias secciones fundamentales. Ese acercamiento al estudio del libro revela más de dos siglos de estudios bíblicos científicos. En la actualidad, una gran parte de los estudios sobre Isaías presuponen esta metodología de análisis.

A través de generaciones de creyentes, la gran mayoría de los intérpretes de Isaías entendían que todo el libro era el resultado del esfuerzo literario, la sensibilidad espiritual, la voluntad histórica, la comprensión política, el análisis social, la creatividad teológica y la inspiración poética de un profeta que desempeñó su ministerio en la ciudad de Jerusalén, a mediados del siglo octavo a. C. Se pensaba que todo el libro provenía de un solo autor, conocido como Isaías de Jerusalén.

Esa percepción del libro se mantuvo incólume hasta que, al final del siglo 18, y posteriormente en el siglo 19, varios eruditos europeos cuestionaron la paternidad literaria de la obra, y postularon diversas teorías para explicar las diferencias teológicas, temáticas, estilísticas e históricas que el libro ciertamente manifiesta. Desde esa época, es común dividir el libro de Isaías de la siguiente forma: los capítulos 1-39, identificados generalmente como Isaías de Jerusalén o Primer Isaías; los capítulos 40-55, como Deutero Isaías, Segundo Isaías o Isaías de Babilonia, y los capítulos 56-66, como Trito Isaías, Tercer Isaías o Isaías del Retorno. Cada uno de estos grandes bloques literarios presupone, según estas teorías literarias y teológicas, diferencias de autor, variadas fechas de composición, y entornos históricos distintos.

Esa metodología de los estudios bíblicos ha destacado la importancia y las características fundamentales de los distintos componentes del libro de Isaías. En efecto, los diversos contextos históricos que enmarcan los mensajes proféticos que se incluyen en la obra se han analizado, además de evaluar de forma ponderada sus diferentes secciones literarias y peculiaridades teológicas. Se han identificado y aislado, inclusive, mediante los estudios sistemáticos de las diferentes secciones del libro, las variaciones estilísticas y temáticas de sus diversos componentes.

Este acercamiento, sin embargo, no necesariamente ha contribuido de forma efectiva a apreciar la integración teológica y la unidad temática del libro, pues no ha enfatizado su continuidad literaria y teológica ni ha subrayado el fundamental e indispensable asunto canónico: el libro de Isaías se presenta en las ediciones de la Biblia como una sola obra, con integridad literaria y con una finalidad teológica definida.

Mientras los estudios críticos sobre el libro de Isaías han hecho hincapié en la separación y el análisis independiente de los diversos componentes literarios y temáticos de la obra –para identificar el origen histórico y teológico de sus partes–, el lector común debe evaluar y procesar la siguiente información básica: el libro se presenta como una unidad literaria, que se relaciona explícitamente, según el texto bíblico, con la vocación, los mensajes y las ejecutorias de un profeta que vivió en Jerusalén a mediados del siglo octavo a. C. y que responde al nombre de Isaías (véase Is 1.1). Además, el estudio ponderado de todo el libro revela cierta continuidad temática, teológica, estructural y literaria.

El libro de Isaías es una obra literaria extensa y compleja. Sus capítulos incluyen mensajes en poesía y prosa, que presuponen diferentes contextos históricos y variados estilos literarios, pero que manifiestan un sentido de unidad teológica fundamental. Las diversas partes del libro no son secciones independientes que se unieron con el paso del tiempo, de forma fortuita, para guardar los oráculos del profeta de Jerusalén, y añadir la contribución de sus «discípulos» (Is 8.1) a través de los siglos.

Los tres bloques básicos y mayores del libro de Isaías revelan una muy importante finalidad teológica: el Dios Santo de Israel tiene la voluntad histórica y la capacidad teológica de intervenir de forma salvadora en medio de las vivencias del pueblo de Israel, para liberarlo de la opresión asiria, babilónica y persa. Esa afirmación teológica, además, es un claro y firme mensaje de esperanza para el pueblo de Dios a través de la historia: el Señor rechaza categóricamente los programas políticos, militares, económicos y religiosos que intentan sojuzgar y oprimir a los pueblos, y que les impiden vivir con libertad y dignidad.

En el libro de Isaías el lector o lectora encontrará una colección muy importante de mensajes que tienen como punto de partida histórico las palabras proféticas, las intervenciones históricas y las interpretaciones teológicas de Isaías en Jerusalén, durante la segunda mitad del siglo octavo a. C. Posteriormente, esos mensajes proféticos fueron leídos e interpretados durante el exilio en Babilonia y, también en Jerusalén después del retorno de los deportados. El objetivo de ese proceso interpretativo era actualizar la palabra profética de Isaías; es decir, el importante mensaje del profeta jerosolimitano no quedó cautivo en su generación ni se mantuvo encadenado a su entorno histórico, sino que superó los linderos del tiempo para afectar a generaciones futuras.

La autoridad del mensaje de Isaías no se fundamenta en la voz del profeta sino en la revelación divina. La fuente del poder no es Isaías de Jerusalén sino Dios, quien inspira y revela su voluntad al pueblo a través del profeta. De esta forma, la lectura continua y la revisión sistemática de los mensajes originales del profeta Isaías son también parte del proceso de revelación, en el cual el Dios que inspiró al profeta del siglo octavo a. C. continúa manifestando su voluntad al pueblo a través de la historia. Ese proceso de lectura y actualización del mensaje no debe interpretarse como «añadiduras indebidas» al libro, sino como parte de la dinámica de la revelación divina.

El libro de Isaías ciertamente revela varias complejidades de composición, pues manifiesta un largo proceso de lectura, estudio, interpretación y actualización del mensaje profético. La estructura final del libro no es el resultado del azar, ni es el producto de la unión fortuita de tres colecciones de mensajes proféticos atribuidos a algún personaje particular y específico. La palabra profética, para que cumpla de manera cabal su cometido, tiene que relacionarse de forma íntima con las realidades que rodean a los destinatarios del mensaje. En el proceso interpretativo y de redacción final, se estudian los temas básicos de Isaías, se añaden oráculos, se eliminan palabras no relevantes al nuevo contexto, se modifican expresiones, se cambian los énfasis y se reorganiza el material. El resultado final es una obra profética novedosa que responde adecuadamente al nuevo contexto de los destinatarios y receptores del mensaje.

Este método de estudio y lectura del mensaje profético permite analizar y comprender todo el libro de Isaías con continuidad temática, sentido de dirección teológica y particularidad literaria. Se hace justicia, de esta forma, al fundamento histórico del libro, a los contextos políticos, sociales y religiosos en los cuales se escribieron los oráculos, y a la realidad literaria y canónica que se presenta al lector contemporáneo.

Peculiaridades de las diversas secciones

Durante los últimos 200 años, el estudio de Isaías generalmente ha tomando en consideración la evaluación independiente de las tres secciones básicas de la obra, que se relacionan con los diversos entornos históricos identificados en el libro. El reconocimiento de las características teológicas y literarias de estas tres secciones, junto a la identificación de los presupuestos históricos que manifiestan, es fundamental para la comprensión adecuada de toda la obra, pues pueden ser indicadores básicos de la multiplicidad de autores. El libro mismo provee, en efecto, una serie importante de referencias y datos que ayudan a identificar con alguna precisión la progresión histórica de toda la obra: p. e., Isaías 7 (c. 734 a. C); Isaías 20 (c. 714-712 a. C.); Isaías 36-39 (c. 701 a. C.); Isaías 45-46 (c. 540 a. C.), e Isaías 63 (c. 450 a. C.).

Desde la perspectiva histórica, la primera sección del libro (Is 1-39) identifica varios personajes que se ubican en el siglo octavo a. C. La clara referencia a los reyes de Judá, Israel y Siria (Is 1.1), junto a las alusiones a la guerra siro-efraimita (Is 7-8), la caída de Samaria y la invasión de Senaquerib (Is 36-39), confirman que la palabra profética estaba dirigida esencialmente a los habitantes de Judá y Jerusalén durante la hegemonía de Asiria en el Oriente Medio.

La segunda sección (Is 40-55) menciona en dos ocasiones a Ciro (Is 44.28; 54.1), el famoso rey persa de mediados del siglo sexto a. C.; además, exhorta al pueblo a salir de Babilonia y comenzar el viaje de retorno a Jerusalén (Is 48.20; 52.11; 55.12). Estos capítulos están relacionados ciertamente con la época del exilio en Babilonia (c. 587-538). El mensaje de la sección final del libro (Is 56-66) presupone que el pueblo ya está de regreso en Jerusalén, luego del exilio, en la época persa (luego del 538 a. C.).

El análisis literario del libro revela también algunos cambios en el hebreo de sus diferentes secciones. La poesía de Isaías de Jerusalén es breve, tersa, solemne y concisa. En la segunda sección del libro la articulación poética manifiesta un estilo más apasionado, intenso, cálido y retórico; se utilizan con regularidad las repeticiones y los sinónimos, y se destacan los detalles. La sección final manifiesta cierta continuidad estilística con la segunda, aunque no tiene su amplitud temática y retórica.

Al estudiar la teología del libro también se descubren ciertas diferencias. Tanto la teología del Dios creador como la del Señor de la historia se desarrollan en la segunda sección del libro; el concepto del remanente varía en las diversas secciones; y las diferencias entre la figura mesiánica (Is 9.1-6) y la del Siervo del Señor (Is 52.13-53.12) son ciertamente marcadas. Los capítulos finales del libro revelan un serio interés por lo litúrgico y manifiestan una perspectiva diferente a la de la escatología.

A estos argumentos históricos, literarios y teológicos puede añadirse el cambio de perspectiva que se descubre con claridad entre los capítulos 1-39 y 40-66: mientras en la primera sección del libro se identifican claramente varios reyes judíos, este no es el caso en las secciones finales de la obra. Otra peculiaridad es que en Isaías 1-39 el remanente se encuentra en Jerusalén, y en los capítulos 40-66 los fieles están entre los exiliados en Babilonia. Finalmente, el estilo poético repetitivo que se descubre en la segunda sección (Is 40-66) caracteriza únicamente esta parte de la obra (Is 40.1; 51.9,17; 52.11; 57.14; 62.10).

Teología de la estructura

Junto a las diferencias y particularidades de las diversas secciones del libro de Isaías también se manifiestan varios vectores de continuidad, algunas tendencias teológicas y literarias afines, y relación entre los temas tratados. Analizar la obra únicamente para destacar las diferencias no les hace justicia a la integridad y la finalidad teológica del libro. El libro de Isaías ha llegado a la comunidad de creyentes judíos y cristianos como una sola pieza literaria, que debió haber tenido una finalidad específica para sus oyentes y lectores.

La estructura del libro de Isaías no es el resultado de la unión casual e improvisada de poemas y narraciones que representan diversos períodos, estilos literarios y énfasis teológicos. Se manifiesta, en la lectura de toda la obra, un sentido de dirección que lleva al lector desde la presentación del profeta (Is 6.1-8) y su mensaje (Is 1.1-31), hasta la afirmación de la gloria de Dios en la misión del ungido (Is 61.1-3). En efecto, esa progresión teológica y temática es una característica fundamental que debe tomarse en consideración para la comprensión adecuada del libro.

La contribución de los capítulos 1-12 es presentar el mensaje y al profeta cuya palabra se encuentra en el libro. El primer capítulo, y los subsiguientes (Is 2-5), introducen la obra y revelan aspectos temáticos y teológicos que se elaborarán posteriormente a través del libro. Luego se incluye el relato de la vocación del profeta (Is 6), y la sección conocida como «El libro de Emanuel» (Is 7-12), que, entre otros temas de importancia, presenta detalles de la vida familiar del profeta (p. ej., su esposa e hijos). En esta sección se incluyen, además, oráculos de gran importancia mesiánica para los cristianos (Is 7.14; 9.1-7).

Esta sección inicial contiene mayormente oráculos dirigidos al pueblo de Dios, con la excepción de 10.5-15, que es un mensaje de juicio contra Asiria. Una crítica importante a Israel es que se ha vuelto como las naciones paganas (Is 10.1-4); y en los versículos 11-12 se hace una magnífica transición teológica a la próxima parte del libro (Is 12.3, 5), que pone claramente de manifiesto el tema del juicio.

En Isaías 13-23 se incorpora de forma directa el mensaje de juicio a las naciones vecinas de Judá e Israel. En esta sección se pone de manifiesto, como característica literaria básica, el uso del término hebreo *massa* –traducido al castellano como «oráculos» o «palabras proféticas»– (Is 13.1; 14.28; 15.1; 17.1; 19.1; 21.1,11,13; 22.1; 23.1). Particularmente se identifican en esta sección las siguientes naciones: Babilonia (Is 13.1-14,23; 21.1-10), Asiria (Is 14.24-27), Filistea (Is 14.28-30), Moab (Is 15-16), Damasco (Is 17.1-11), Etiopía (Is 18), Egipto (Is 19-20), Edom (Is

21.11-12), Dedán y otras tribus árabes (Is 21.13-17), y, finalmente, Tiro y Sidón (Is 23.1-18).

El tono general de los oráculos es de juicio, aunque se incluyen algunas promesas de salvación (p. ej., Is 18.7; 19.19-25). Esta sección incluye también un mensaje contra Jerusalén (Is 22.1-14), y presenta la única profecía que Isaías dirige a algún individuo: contra Sebná, mayordomo del palacio de Judá (Is 22.15-25).

Estos mensajes, aunque están dirigidos a las naciones extranjeras, se presentaron ante el pueblo de Judá. Más que una palabra de juicio contra estos pueblos paganos, estas profecías son fuente de esperanza para Israel; además, enfatizan que el Dios bíblico no acepta la altanería y la arrogancia, sin importar de dónde provengan. Los oráculos ponen de manifiesto la universalidad del mensaje profético y la percepción de Dios como el Señor de todas las naciones y de la historia.

Luego del mensaje a las naciones, se afirma en Isaías 24-27 que el juicio divino tiene dimensiones cósmicas. Toda la Tierra está bajo el dominio y el juicio del Señor. Ya en los oráculos contra las naciones se percibía la universalidad del poder de Dios; ahora, en esta sección escatológica, se pone de manifiesto de forma radiante el juicio divino definitivo y la transformación del cosmos. Los textos enfatizan la crítica al orgullo humano y a las pretensiones militares.

Entre los temas que se incluyen se pueden identificar los siguientes: el poder del Señor sobre las naciones y sobre la naturaleza; el juicio contra las naciones y contra el Israel infiel; y la salvación del remanente o del resto. La sección finaliza con dos himnos de alabanzas (Is 26.1-6; 27.1-5), al igual que en Isaías 12.1-6.

El tema de la confianza en los líderes humanos se manifiesta posteriormente en Isaías 28-33. Esta sección, que incluye una importante serie de «ayes» (Is 28.1; 29.1, 15; 30.1; 31.1; 33.1), posiblemente se relaciona con la predicación del profeta durante los años 705-701 a. C., antes de la crisis con Senaquerib. Se caracteriza por la presentación de una serie de denuncias y anuncios del juicio divino contra el pueblo (p. ej., Is 28.1-4, 7-15, 17b-22), junto a varias promesas de salvación y restauración (p. ej., Is 28.5-6, 16, 17a, 23-29).

La sección siguiente (Is 34-35) da paso a una conclusión teológica fundamental: confiar en las naciones y sus líderes trae la desolación y destrucción al pueblo. Los capítulos 28-33 y 34-35 se complementan, y revelan cierta continuidad temática, particularmente en la presentación alternada de los temas de juicio y salvación.

Los capítulos 36-39 no pueden considerarse bajo ningún criterio literario o teológico como un apéndice histórico secundario del libro. Esta sección es fundamental en la integración estructural y teológica de la obra: relaciona temática y teológicamente las primeras dos secciones básicas del libro (Is 1-35 y 40-45). De un lado, destaca y afirma la actitud de Ezequías ante la inminente crisis con Senaquerib: en efecto, se enfatiza su humillación y su confianza en el Señor. Del otro, se introduce el tema del exilio, que es fundamental para la próxima sección del libro (Is 40-45).

Las dos secciones mayores que se redactan en prosa en el libro de Isaías (Is 6-8 y 36-39) presentan diferentes reacciones de los monarcas judíos a las palabras del profeta y a la revelación de Dios: uno actúa con soberbia y arrogancia (Is 6-8); y el otro (Is 36-39), con humildad. Esa temática le da a la obra un entorno teológico importante: la confianza en el Señor, de acuerdo con el mensaje profético, es el comienzo del triunfo y de la restauración nacional.

El exilio, que era solo una posibilidad distante en los capítulos anteriores (p. ej., Is 36-39), en la nueva sección (Is 40-55) es una realidad. La destrucción que el ejército babilónico causó a Judá y Jerusalén trajo nuevas dinámicas políticas, realidades sociales y expresiones religiosas en el pueblo. El triunfo de Babilonia implicaba, en la percepción teológica del pueblo, la victoria de sus divinidades sobre el Dios de Israel y Judá. Y esa interpretación generaba una gran crisis teológica entre los judíos que quedaron en Judá, y también entre los que fueron deportados a Babilonia.

La reacción del libro ante esa crisis teológica es doble: en primer lugar, no hay comparación entre los ídolos humanos y las divinidades babilónicas, y el Dios Santo de Israel; además, se afirma que no importa cuál sea la suerte de Judá y Jerusalén, los judíos son el pueblo escogido, preciado a los ojos de Dios (Is 40-48). Y el poeta añade: la caída de Babilonia no es un acto fortuito del azar, sino la manifestación extraordinaria de la voluntad liberadora de Dios.

Los mensajes que se encuentran en los capítulos 49-53 destacan la importancia del servicio. En esta sección se pone de relieve la vida y misión del Siervo del Señor, figura que ha sido relacionada con el pueblo de Israel, con el profeta y con otros personajes. El énfasis en los pasajes posiblemente recae en la idealidad del Siervo (Is 49.1-6; 50.4-10; 52.13-53.12), aunque, en efecto, se indica claramente que el Israel histórico es también «siervo del Señor» (Is 54.17). Esta sección finaliza con un gran himno de liberación del cautiverio y del pecado (Is 55).

Los capítulos finales del libro (Is 56-66) ponen de relieve un gran contraste teológico: la capacidad divina se contrapone a la incapacidad humana. En Isaías 56-59 se enfatizan los aspectos legales de la justicia; se afirma, en efecto, que el carácter divino debe manifestarse en todas las áreas de la vida, particularmente en la devoción y la vida litúrgica, y también en la administración de la justicia. Esa transformación será únicamente posible mediante una revelación extraordinaria del Espíritu de Dios (Is 57.14-21; 59.16-21).

El libro concluye con la celebración del deseo divino de glorificar y liberar a su pueblo. El énfasis recae en la gloria divina que ha de manifestarse: Dios reivindicará a su pueblo delante de las naciones, particularmente ante sus opresores (Is 65.8-16). La fortaleza y la justicia humanas no son suficientes para lograr este gran acto transformador (Is 63.1-65.7): el pueblo es siervo del Señor, no porque ha crecido hasta llegar al nivel de excelencia requerido, sino por una demostración clara del amor de Dios (Is 65.17-25).

Continuidad teológica y temática

La continuidad teológica de Isaías se pone de relieve no solo en la estructura del libro, sino en la elaboración de temas específicos. El tema de la consolación no está confinado a la segunda parte del libro (Is 40-55), sino que se incluye en todas sus secciones mayores (p. ej., Is 12.1; 51.12; 66.13). Revela una preocupación teológica fundamental de toda la obra: ante las diversas crisis relacionadas con las políticas expansionistas de los imperios de turno, Dios está muy interesado en brindar a su pueblo la palabra de consuelo necesaria, el mensaje de edificación requerido, el oráculo de salvación pertinente. Esa consolación divina no se fundamentaba en una mera resignación pasiva y acrítica de su condición, sino en la seguridad que una intervención divina cambiaría la suerte del pueblo: el dolor cesará, y dará paso a la liberación y la alegría.

Otra palabra clave en el reconocimiento de la continuidad teológica y temática del libro es «gloria». La «gloria del Señor», que se manifestó al profeta en su llamado vocacional (Is 6.3), se convirtió en un tema básico en toda la obra. Isaías 35.2 evoca a 40.5, e indica que todo el pueblo verá la «gloria de Dios»; además, 59.19 alude directamente al nombre y a la «gloria» del Señor. Ese mismo tema se desarrolla aún más en Isaías 60.1, donde se indica que la «gloria» del Señor llegará a Sión, y posteriormente se afirma (Is 66.18) que esa misma «gloria» será vista por todas las naciones.

Uno de los temas preferidos del libro es el de Sión o Jerusalén. Las alusiones a la ciudad –ya sean de forma directa o mediante el recurso literario de la personificación– son muy importantes. Los mensajes de juicio y de salvación que se incluyen en el libro están básicamente dirigidos a los habitantes de Judá y de Jerusalén, a los cuales se alude de forma poética como «Sión» (Is 1.8; 2.1-5; 3.16-26). Posteriormente se indica que el Señor habita en Sión (Is 18.7; 24.23), desde donde luchará contra sus enemigos (Is 31.4; 34.8), y recibirá la adoración (Is 27.13).

Este importante tema se desarrolla aún más en la segunda y tercera sección del libro, pues se personifica la ciudad: Sión actúa, habla, llora y se regocija (¡los capítulos 49-55 pueden identificarse como la sección de Sión y Jerusalén!). Con una maestría literaria extraordinaria (véase, p. ej., Is 51.17-23; 57.1-13), estos poemas anuncian la restauración de la ciudad. Posteriormente el tema se expande, y se indica que el Señor llega a Sión como el redentor, pues es la ciudad del Dios Santo de Israel (Is 60.14; véase también 1.26).

Un tema adicional cruza toda la obra: la importancia del remanente. Se alude con este particular término a «los sobrevivientes», «los que queden», al «resto» que es salvado de los juicios divinos por su fidelidad al Señor. Este concepto teológico fundamental se relaciona con Sión, Jerusalén y con el pueblo fiel (Is 1.8; 4.3; 7.22; 10.20-22; 11.11-16; 46.3).

«El Señor Santo de Israel» es una fórmula teológica de importancia capital en todo el libro de Isaías (véase, p. ej., Is 1.4; 5.19; 10.20; 30.11; 37.23; 40.25; 54.5; 60.9). La expresión, que revela una de las percepciones teológicas básicas del libro, no es frecuente fuera de la literatura isaiana (p. ej., 2 R 19.22; Sal 71.22; Jer 51.5). Posiblemente se originó en los círculos sacerdotales de Jerusalén y enfatiza las virtudes transcendentes de Dios.

En la primera sección del libro (Is 1-39) la frase el «Santo de Israel» generalmente se relaciona con oráculos de juicio, particularmente con

Isaías

los que contienen los «ayes» (p. ej., Is 1.4; 5.19,24; 30.11; 31.1; 37.23). Por haber rechazado al Santo de Israel, el juicio divino se manifestará sobre las naciones. El remanente fiel, sin embargo, estará seguro en el día de juicio, por confiar en el Santo de Israel (Is 10.20). En la nueva época de salvación el remanente adorará al Santo de Israel de forma adecuada y digna (Is 29.19, 23).

En la segunda sección del libro (Is 40-55) la frase el «Santo de Israel» se incluye básicamente para describir a Dios (Is 43.3,15). Esa particularidad literaria –unida a su finalidad teológica primaria de juicio– relaciona la importante frase con oráculos de salvación y mensajes de esperanza a los deportados en Babilonia. En efecto, el Santo de Israel es también Redentor (Is 41.14), Salvador (Is 43.3), Creador (Is 43.15), Fiel (Is 49.7), Rey (Is 43.15), Esposo (Is 54.5) y Dios de toda la Tierra (Is 54.5). El discurso teológico de la segunda sección del libro de Isaías destaca y subraya el aspecto salvador de la expresión.

La frase no se utiliza con tanta frecuencia en la tercera sección del libro; sin embargo, el Santo de Israel se relaciona con el tema de la salvación de Sión, que ya se había incluido en el capítulo 12.

Revela continuidad, en el estudio de la teología de la obra, la afirmación de Dios como rey. En la primera sección, Dios es el rey celestial que manifiesta su poder aun sobre el poderoso rey de Asiria (Is 6.5; 10.8); y el Segundo Isaías afirma de forma categórica, en su mensaje a Sión: «Tu Dios es rey» (Is 52.7). A la realeza divina también se alude en los poemas escatológicos de Isaías 24-27: se indica que Dios reinará desde Jerusalén, y el Sol y la Luna se oscurecerán (Is 24.23).

Las relaciones interdependientes de los diversos componentes del libro se revelan también en otros temas; inclusive, se ponen de relieve en el estilo literario. El uso repetido del tema de la culpa o iniquidad (Is 1.4; 5.18; 22.14; 40.2; 59.2-3) es muy importante en la elaboración teológica del libro. Es frecuente la articulación de expresiones similares para describir la majestad de Dios o del Siervo del Señor: p. ej., «grandeza», «alto», «sublime» (Is 2.12, 6.1 y 52.13). La preocupación por la dinastía de David que se revela a través de toda la obra (Is 7; 9.2-7; 11.19; 55.3-5) también es importante.

Otros temas que delatan la continuidad literaria y teológica del libro son las narraciones en torno a los monarcas judíos (Is 6-12 y 36-39) y

16

Introducción

el tema de la estrategia militar del Señor (p. ej., Is 13.1-14.23; 14.24-27; 36-39; 40-47).

Finalmente, la interdependencia y la intertextualidad de las diversas secciones del libro se revelan de forma destacada en el uso de imágenes literarias para presentar varios temas de importancia. La rebeldía de Israel se articula a través de toda la obra con la imagen de «niño rebelde» (Is 1.2-3; 30.1; 48.8-11; 57.3-4). La personificación de las ciudades –particularmente Jerusalén–, que se pone de manifiesto con imágenes femeninas, es común en el libro (Is 1.8,21-26; 4.4; 10.27b-33; 12.6; 40.1-11; 47.8, 9; 49.14; 50.1; 62.1-12). Y la imagen de la mujer a punto de dar a luz se incluye de diversas formas en varias secciones de la obra (véase Is 37.3b y compárese con 26.18 y 66.7-9).

Intertextualidad

Una particular característica del libro de Isaías es que sus mensajes utilizan ideas, conceptos o referencias que se encuentran en otras partes de la Biblia, a la vez que sus oráculos se revisan e incorporan con vigor en el Nuevo Testamento. Las referencias a la guerra siro-efraimita y la afirmación de las promesas divinas toman en consideración importante información escrituraria (2 S 7.1-17), y la sección histórica de la obra (Is 36-39) reproduce algunos pasajes que se encuentran en el libro de los Reyes (2 R 8-20; véase, también, 2 Cr 32). Algunas imágenes poéticas del Cantar de los cantares encuentran espacio en la literatura isaiana (Cant 5.2; Is 60-62; 63.7-64). Y la relación entre algunos de los poemas del Siervo (p. ej., Is 52.23-53.12) con los Salmos (Sal 22) y otros profetas (Zac 12) es clara, pues aluden a la persona justa que debe enfrentar la adversidad aunque sea inocente.

Esa continuidad literaria y teológica se pone en evidencia también en las citas del libro de Isaías en el Nuevo Testamento. Esa peculiaridad se puede descubrir tanto en los evangelios como en la literatura paulina y el Apocalipsis. También la literatura intertestamentaria mantuvo esa práctica y utilizó con libertad los mensajes de Isaías (p. ej., Sab 2).

La visión de Isaías

El libro incluye una expresión que puede servir de título para toda la obra: «La visión de Isaías» (Is 1.1). Y junto a este título se revela, al comienzo mismo del libro, el contexto histórico inicial que se relaciona con Isaías de Jerusalén: el profeta pronunció su mensaje durante los reinados de Ozías, Jotam, Ahaz y Ezequías. Ese título insinúa, además, la amplitud y el tono del mensaje: más que una palabra específica de alguna persona distinguida, es una reacción de Dios al pueblo de Judá; particularmente es la respuesta divina al estilo de vida y los valores de los habitantes de Jerusalén.

La raíz hebrea de la palabra «visión» (heb. *hazah*) denota y transmite un sentido de intensidad visual; posiblemente en el contexto del título del libro de Isaías se incluye la idea de percatarse de algo importante, tomar conciencia de lo fundamental. En efecto, el libro –que incluye el relato de una sola visión (Is 6.1-8)– alude a «las obras antiguas y nuevas» de Dios; es decir, a la valoración de la vida misma, al análisis de la existencia humana. Esa característica presupone una perspectiva teológica particular de la historia, un tipo de escatología que es fundamental para la comprensión del mensaje (p. ej., Is 24-27; 34-35; 48.1-11).

La palabra «visión» introduce, además, al comienzo de la obra, un acercamiento amplio a las vivencias del pueblo. Más que el oráculo para un momento específico de la historia de Judá, el libro pone de manifiesto el mensaje amplio para el pueblo de Dios. La «visión» es una mirada panorámica, desde la perspectiva profética y divina, que comienza un diálogo trascendental y transformador: el Dios Santo de Israel requiere un pueblo santo, y esa santidad debe manifestarse de forma concreta en el culto, en el comportamiento diario del pueblo y en las decisiones políticas de los gobernantes.

El profeta Isaías

En el estudio y la evaluación de la vida y obra del profeta Isaías se manifiestan varias dificultades. Mientras que los libros de Jeremías y Ezequiel incluyen alguna información de importancia en torno a la vida y obra de sus protagonistas, en el libro de Isaías ese tipo de material no es abundante. Y esa falta de información genera niveles insospechados de creatividad en la interpretación de los textos básicos. Además, en la búsqueda de pistas que contribuyan a una comprensión y valoración adecuada del famoso profeta de Jerusalén, se descubren en el libro no solo algunas descripciones del Isaías histórico, sino la presentación del profeta interpretado por generaciones posteriores de discípulos y profetas. Junto al Isaías que profetizó en Jerusalén en el siglo octavo a. C., el libro incorpora la interpretación teológica de ese profeta; es decir, en la obra se presenta al Isaías histórico, y se añade una elaboración teológica del personaje y sus mensajes.

Isaías posiblemente nació en Jerusalén hacia el 760 a. C., durante el reinado de Uzías; y su padre fue un tal Amós, que no debe confundirse con el profeta de Tecoa. Su conocimiento de la política nacional e internacional ubica su formación religiosa en la capital de Judá, pues ese tipo de educación era muy difícil de adquirir fuera de Jerusalén. Además, su vida capitalina le familiarizó con dos de los temas fundamentales de su mensaje: la elección de Jerusalén y las promesas a la Casa de David.

Isaías recibió la vocación profética el año que murió el rey Uzías, hacia el 740 a. C.; es decir, como a los 20 años de edad. Y esta experiencia en el Templo –o ante la presencia extraordinaria de Dios– le abre un nuevo horizonte ético, literario, teológico y político: la santidad de Dios se convirtió en el eje central de su mensaje (Is 6.3). Para protestar la actitud pro egipcia del rey, el profeta caminó semidesnudo y descalzo por Jerusalén, como un signo viviente del rechazo divino a esa política oficial del reino (Is 20.1-6). Isaías también fue testigo de la recuperación maravillosa del rey Ezequías (Is 36-37). El libro que lleva su nombre se fundamenta en su vida y ministerio profético (Is 8.16; 30.8).

Aunque desconocemos el nombre de su esposa, el texto bíblico alude a ella como «profetisa» (Is 8.3), posiblemente por asociación con las labores proféticas de Isaías. Y sus hijos tienen nombres simbólicos: Seariasub (que significa «Un resto volverá») y Maher-salal-hasbaz («Muy pronto habrá saqueo y destrucción»).

De la muerte del profeta el texto bíblico no nos informa. El Talmud, sin embargo, incorporó en sus relatos una leyenda judía que indica que fue cruelmente asesinado por Manasés. Ese rey judío, famoso por sus injusticias y asesinatos (2 R 21.16), ordenó cortarlo por la mitad con una sierra. Ese episodio legendario de la muerte del profeta, sin embargo, carece de fundamento histórico.

Rasgos de la personalidad del profeta se pueden inferir del análisis de su obra literaria y del contenido de su mensaje. Isaías fue un hombre de firmes convicciones religiosas quien, ante la difícil encomienda divina de ser profeta de su pueblo, respondió positivamente. Una clara conciencia de estar comisionado por Dios caracterizó su palabra y su vida: ante reyes y políticos poderosos, demostró valentía y autoridad, firmeza y sabiduría.

Isaías articuló la palabra profética con extraordinaria maestría literaria: su obra está esencialmente en forma de poesía. En efecto, utilizó con gran dominio lírico el paralelismo, una de las características fundamentales de la poesía hebrea. Y en la elaboración de su mensaje, transformaba versos sencillos en grandes himnos de alabanza (Is 12.1-6; 38.10-20), en oráculos (Is 13.1-23.18) e inclusive en burlas (Is 14.4-21). El poema «El cántico de la viña» (Is 5.1-7) es una parábola similar a las que se entonaban durante la Fiesta de las Enramadas (Dt 16.13-15). Isaías transformó un cántico popular en un mensaje de juicio por la infidelidad del pueblo (Is 5.7).

Un aspecto de la vida del profeta debe ser estudiado con cautela: se ha indicado que el profeta era un aristócrata conservador, favorecedor del «status quo» y enemigo de las transformaciones profundas. ¡Nada está más lejos de la verdad!

Aunque Isaías posiblemente creció en los círculos donde se gestaban las más importantes decisiones políticas y religiosas de Jerusalén, y era un firme enemigo de la anarquía (Is 3.1-9), no refrena su mensaje para criticar duramente a las clases gobernantes y opresoras. Desde el comienzo mismo de su ministerio se manifiesta una palabra clara de juicio contra políticos, jueces, y autoridades civiles y religiosas (Is 1.21-26; 28.7-15); es irónico, firme y además, presenta un mensaje contundente contra la aristocracia de Jerusalén (Is 3.16-24; 32.9-14). Su pasión es la defensa de los necesitados y marginados de la sociedad; es decir, los huérfanos, las viudas y los oprimidos (Is 1.17; 3.12-15).

En su denuncia social se advierte una reacción firme y crítica –como su contemporáneo Amós (p. ej., Am 4.1-3)– al entorno social y económico de la época: denuncia abiertamente la codicia desmedida y el deseo de lujos, a merced de los sectores más indefensos de la sociedad. Además, reaccionó adversamente al intento de utilizar la religión para legitimar las injusticias (Is 1.10-20). Según el profeta, las grandes verdades religiosas y morales no son abstractas, sino que deben manifestarse de forma clara y concreta en la vida.

Isaías y el Nuevo Testamento

Las referencias, citas directas e indirectas, y alusiones al libro del profeta Isaías son particularmente abundantes en el Nuevo Testamento.

En los evangelios, p. ej., estas referencias se introducen a menudo junto al nombre propio del profeta, para brindarle al mensaje evangélico un particular peso teológico específico (Mt 3.3; 4.14; 8.17; Mc 12.2; 7.6; Lc 3.4; Jn 1.23; 12.28,29). Esa singular práctica exegética y teológica afirma y destaca que Jesús, desde su nacimiento hasta su resurrección, es el cumplimiento pleno de las antiguas profecías de Isaías.

Desde esta perspectiva profética es que se pueden apreciar adecuadamente los siguientes mensajes evangélicos: la anunciación a José (Lc 1.22-23) y María (Lc 1.30); la importancia del Magníficat (Lc 1.46-55); el cántico de Zacarías (Lc 1.67-79 e Is 40.3; 11.6; 9.1); la predicación de Juan el Bautista (Mt 3.3 e Is 40.3); el bautismo de Jesús (Mt 3.17 e Is 42.1; Mc 1.10 e Is 63.19); el discurso del Señor a los fariseos en torno a la hipocresía (Mt 1.7-9 e Is 29.13); e, inclusive, el mensaje de las llaves que le permiten a Eliaquim entrar y salir sin dificultad se repite con una nueva carga teológica en las palabras de Jesús a Pedro sobre el reino (Mt 16.19 e Is 22.22; véase también Ap 3.7).

En efecto, los evangelios relacionan continuamente el ministerio de Jesús con los mensajes de Isaías. En la parábola de los labradores malvados (Mt 21.33-46; Mc 12.1-12) se prolonga el cántico de la viña (Is 5.2); en las imágenes del Jesús que sana a los enfermos (Mt 8.17) se nota la influencia del mensaje del Siervo del Señor (Is 53.4); en la sinagoga de Nazaret (Lc 4.18), el Señor leyó públicamente el texto del profeta (Is 61.1-3), y anunció su cumplimiento; y, finalmente, las últimas palabra de Jesús a los discípulos, de acuerdo con el evangelista Mateo (Mt 28.20), que aluden a la presencia continua del Señor, se relacionan directamente con el significado del famoso nombre de Emmanuel (Is 7.14).

La influencia de Isaías en el Nuevo Testamento, sin embargo, no se limita a los evangelios. La teología de la historia de la salvación que se pone claramente de manifiesto en el pensamiento del apóstol Pablo (p. ej., Rom 11.32) se fundamenta en el libro de Isaías, particularmente en las imágenes del Siervo del Señor (Is 53.11). Inclusive, el corazón del mensaje paulino se articula con palabras del libro de Isaías, pues, ¡el libertador vendrá de Sión! (Rom 11.26 e Is 59.20). Y el himno cristológico por excelencia del Nuevo Testamento se relaciona directamente con el mensaje del Siervo del Señor que se presenta en Isaías (Fil 2.6-11 e Is 52.13-53.12).

El libro de Apocalipsis, para finalizar el mensaje neotestamentario, cita con regularidad el mensaje del libro de Isaías. En la descripción de sus visiones, Juan presenta su percepción del trono divino con palabras del profeta (Ap 4 e Is 6.1-4); el signo de la mujer (Ap 12 e Is 7.10,14) y el juicio sobre la gran prostituta (Ap 17-18) se relacionan con el mensaje a Babilonia del profeta (Is 21); y las visiones finales en torno a la nueva Jerusalén (Ap 21-22) están llenas de referencias a la sección final del libro de Isaías (Is 54.11-12; 60.1-4). Y para finalizar, no podemos ignorar que la referencia a Jesús como el Cordero de Dios, que es común en Apocalipsis (Ap 7.9) y en Juan (Jn 1.29, 36), proviene directamente del libro del profeta Isaías (Is 53.7).

Texto, versiones e interpretaciones antiguas del libro

El texto hebreo del libro del profeta Isaías generalmente se ha preservado muy bien a través de la historia. La copia más antigua de que se dispone en la actualidad es la que se encontró en las cuevas de Qumrán, que contiene los 66 capítulos del libro. Este manuscrito data del año c.100 a. C., y con solo algunas variantes menores, atestigua la precisión y fidelidad del texto masorético, cuyo testimonio más antiguo procede del siglo noveno d. C., y que ha sido la base para la gran mayoría de las traducciones modernas de Isaías. Entre los manuscritos descubiertos en el Mar Muerto figuran 19 copias del libro de Isaías; el documento más completo es también el más antiguo.

La traducción griega que poseemos del libro de Isaías es la de los Setenta o la Septuaginta (LXX), que se produjo a finales del siglo segundo a. C. Esta versión griega no siempre es muy fiel al texto hebreo por su tendencia a la paráfrasis, tendencia semejante a la que se manifiesta en los targúmenes, o las traducciones libres al arameo de los manuscritos hebreos.

Luego de que la comunidad del Nuevo Testamento utilizara con frecuencia el libro de Isaías, particularmente para afirmar su naturaleza mesiánica, la comunidad cristiana posterior ha continuado la misma práctica. A lo largo de toda la época patrística, el libro del profeta Isaías fue estudiado y comentado con bastante frecuencia. De particular importancia, en esos sermones, estudios, tratados y documentos exegéticos y teológicos, es el alcance cristológico de las enseñanzas proféticas.

Introducción

Para las iglesias y sus líderes a través de la historia, el libro del profeta Isaías ha servido para desarrollar respuestas apologéticas a los desafíos que la cultura le presenta a la fe; y también ha servido para relacionar el mensaje del Antiguo Testamento con la nueva revelación de Dios en Cristo. Fundamentados con ese antiguo mensaje profético, muchos creyentes han articulado y defendido su fe cristiana contra diversos retos históricos, doctrinales y teológicos.

El estudio que prosigue del libro de Isaías se ha hecho con base al texto masorético, aunque se han tomado en consideración y se han aceptado algunas variantes textuales incluidas en los manuscritos del Mar Muerto (p. ej., Is 14.4; 21.8; 33.8); además, se han incorporado algunas lecturas y comprensiones del texto según la Septuaginta. La versión castellana que más se ha utilizado en este comentario es la Reina-Valera de 1995.

Bosquejo del libro

El siguiente bosquejo del libro identifica y destaca las once secciones temáticas y literarias mayores de la obra.

I. Presentación del mensaje y del profeta: 1-12

II. Oráculos contra las naciones: 13-23

III. Apocalipsis de Isaías: 24-27

IV. Nuevos oráculos para el pueblo de Dios: 28-33

V. Juicio universal y restauración de Sión: 34-35

VI. Narraciones sobre la crisis asiria: 36-39

VII. El libro de la consolación: 40-48

VIII. Restauración de Jerusalén: 49-55

IX. Fidelidad al pacto: 56-58

X. Oráculos de justicia y salvación: 59-64

XI. Oráculos contra los rebeldes: 65-66

Historia y teología

I. Historia: Independencia y cautiverio

En cualquier obra literaria es necesaria la comprensión adecuada del entorno histórico que enmarcó al autor y a los destinatarios del mensaje, para una lectura inteligente de los textos. En los estudios bíblicos, ese entendimiento histórico es fundamental, por una razón básica: el Dios que se revela en las Sagradas Escrituras interviene en las realidades humanas.

El caso específico del libro del profeta Isaías manifiesta una complejidad particular, pues la obra puede estudiarse a la luz de tres períodos históricos diferentes. La primera sección (Is 1-39) generalmente se relaciona con el ministerio de Isaías de Jerusalén, por los años c. 740-700 a. C.; la segunda parte del libro (Is 40-55) presupone la época de exilio en Babilonia (c. 587-538 a. C.), y la tercera (Is 56-66) apunta hacia el período de dominación persa, luego del destierro (c. 538-450 a. C.).

Esa particular característica del libro demanda de quienes estudian la obra un esfuerzo notable. La historia de Israel y Judá en esos períodos manifiesta años de independencia y cautiverio, períodos de guerra y paz, épocas de tranquilidad política y de turbulencia social, y décadas de conflictos nacionales y amenazas internacionales, además de dificultades y reformas religiosas. El libro del profeta Isaías también toma en consideración y alude frecuentemente a la presencia, en el panorama político y militar de la región, de tres imperios con similares políticas expansionistas e imperialistas: el asirio, el babilónico y el persa.

Sin embargo, para proseguir nuestro análisis, es fundamental afirmar que la redacción y edición final del libro presupone el contexto de dominación persa. Ese período luego del exilio –que se caracterizó por las luchas contra los samaritanos, la supervivencia histórica de los judíos, y su búsqueda de sentido como pueblo– es el marco de referencia para la comprensión canónica y total del libro de Isaías. Los temas de la esperanza o el juicio que se revelan en toda la obra no solo deben ser comprendidos como el mensaje profético a las diferentes generaciones previas, sino también como la palabra divina que llegó a la comunidad judía que deseaba descubrir el sentido fundamental de la vida, luego del dolor del exilio y las dificultades de la reconstrucción nacional.

El imperio asirio y Judá: 750-700 a. C.

La expansión rápida y decidida del imperio asirio es el hecho político de más envergadura en el Medio Oriente durante la segunda mitad del siglo octavo a. C. Para Asiria, este fue el último período de gloria antes de su derrota final ante la coalición medo-babilónica en el 609 a. C. Y Judá fue testigo de esa maquinaria militar y política.

Introducción

En el año 745 a. C., luego de la ascensión al trono de Tiglat-pileser III, o Pul (2 R 15.19) –que se distinguió por ser un gran político, un buen organizador y un magnífico estratega militar–, la influencia de Asiria en la región palestina comenzó a crecer de forma continua. Con la finalidad de expandir sus dominios e influencias, y de esa forma aumentar los ingresos del imperio, Asiria modificó las técnicas de guerra y les dio a sus ejércitos una gran moral de victoria. Su programa político y militar incluyó la transformación de los carros de combate –al incorporar ruedas más resistentes en su construcción y utilizar caballos de repuesto para facilitar el movimiento– y la protección de los soldados –se proveyó a los jinetes de corazas, y botas a la infantería. Ese poderío militar asirio, unido al firme deseo de conquistar Palestina, fueron factores que afectaron adversamente la vida del pueblo de Israel y Judá.

Durante sus años de reinado, Tiglat-pileser III (745-727 a. C.) extendió el dominio asirio a Urartu, Babilonia, Siria y Palestina. En esta última región, su intervención fue precipitada por la llamada guerra siro-efraimita, a petición de Judá (Is 7-8). Desde ese momento (734 a. C.), el reino de Judá quedó intervenido por Asiria, en una situación de vasallaje.

Salmanasar V (727-722 a. C.) sucedió a Tiglat-pileser III. Ese período de transición debe haber sido visto por varias naciones como una oportunidad de rebelión y liberación. El reino de Israel consiguió su independencia, pero Judá se mantuvo al margen de las políticas independentistas de sus vecinos. El resultado final de las conspiraciones y revueltas de este período fueron la caída de Samaria, luego de dos años de asedio (722 a. C.), y la destrucción definitiva del Reino del Norte, en el 721 a. C.

Luego del asesinato de Salmanasar V comenzó la época de Sargón II (721-705 a. C.). Este período es de gran importancia para la actividad profética y teológica de Isaías. En primer lugar, las campañas militares de Asiria contra Arabia, Edom y Moab (c. 715 a. C.) provocaron inquietud en el profeta; sus reflexiones relacionadas con este período pueden estar incluidas en varios de sus oráculos a las naciones extranjeras (caps. 13-33). Isaías también intervino cuando se generó la rebelión filistea, incentivada y ayudada por Egipto. Judá, ante la destrucción del Reino del Norte y de Samaria, se mantuvo con bastante tranquilidad, pagando sus tributos a Asiria, y sin intervenir en los grandes conflictos de la época.

El último de los reyes asirios que interviene en la política de Palestina durante el ministerio del profeta Isaías es Senaquerib (704-681 a. C.), quien sucedió a Sargón II. Una vez más, la transición de poder debe haber sido interpretada por la comunidad internacional como un signo de debilidad, pues se generaron varios esfuerzos liberadores. Judá se unió a otros pequeños estados de la región –p. e., Ascalón y Ecrón–, y organizaron una guerra contra Asiria, con el apoyo egipcio. El resultado para el pueblo judío fue nefasto (Is 36-39).

Judá y Jerusalén en la época de Isaías

El ministerio de Isaías se llevó a cabo en Jerusalén durante los reinados de Uzías, Jotam, Ahaz y Ezequías (c.781-687 a. C.; Is 1.1). Luego de años de crisis, el reinado de Uzías (también conocido como Azarías; 2 R 15.1-7) manifestó cierto esplendor y prosperidad. Según el testimonio del historiador cronista (2 Cr 26), hubo victorias contra los filisteos y los árabes, los amonitas pagaron tributos a Judá, la ciudad de Jerusalén experimentó mejoras físicas, la agricultura se desarrolló positivamente, y se reformó y mejoró el ejército. Jotam actuó como regente de Uzías durante la etapa final de su administración.

El reinado de Jotam (739-734 a. C.) no experimentó cambios mayores en la vida del pueblo judío. Ese período se caracterizó por una administración nacional efectiva, y por un clima internacional sin grandes conflictos que afectaran directamente a Judá. Durante la administración de Jotam se venció a los amonitas (2 Cr 27), y continuaron las obras de fortalecimiento físico de la ciudad. La dinámica que posteriormente generaría la guerra siro-efraimita (2 R 15.37) comenzó durante este período. Finalmente ese conflicto bélico se desató durante la administración de Ahaz (734-727 a. C.).

La guerra siro-efraimita (2 R 16.5; 2 Cr 28.5-15) es fundamental para el ministerio de Isaías. El nombre del conflicto identifica las naciones que organizaron esta importante campaña militar contra el pueblo judío: Siria y Efraím (es decir, Israel, el Reino del Norte) entraron en guerra contra Judá. Los reyes Rasín, de Damasco, y Pecaj, de Samaria, formaron una coalición antiasiria e intentaron incorporar en el esfuerzo a Ahaz, rey de Judá. Ante la negativa del monarca judío, decidieron nombrar rey a un tal «hijo de Tabeel» (Is 7.6), que favorecía sus objetivos antiasirios.

Otra posible causa de la guerra puede relacionarse con una serie de disputas territoriales en Transjordania.

Para responder adecuadamente a las amenazas de la guerra (Is 7.2), el rey Ahaz solicitó ayuda al monarca asirio Tiglat-pileser III (2 R 16.7-9). Esa petición de ayuda militar trajo graves consecuencias políticas para el Reino del Sur: ¡Judá quedó sometida a Asiria! La época de independencia política y esplendor de Judá había finalizado. El reino de Judá se convirtió en vasallo del imperio asirio. Durante esta época, además, los edomitas conquistaron parte del territorio judío, particularmente la zona sur de Eilat (2 R 16.6).

Luego de la muerte de Ahaz, le sucede en el trono su hijo Ezequías (727-698 a. C.), quien posiblemente comenzó su reinado muy joven. Durante el período de la minoría de edad de Ezequías, Judá estuvo gobernada por algún regente (727-715 a. C.); posteriormente, al asumir oficialmente las responsabilidades reales (714-698 a. C.), el monarca judío organizó una reforma religiosa en el pueblo, al eliminar los cultos paganos y afirmar la importancia de la Ley de Moisés (2 R 18.1-6; 2 Cr 29.1-36). Esas políticas religiosas le ganaron gran popularidad y prestigio, que la Escritura destaca con expresiones que revelan su fidelidad al Señor (2 R 18.4; 2 Cr 29-31). Su gobierno incluyó, además, la expansión de sus fronteras (2 R 18.8) y la organización del pueblo para alcanzar la independencia de Asiria.

Luego de la muerte de Sargón II (en el 705 a. C.) las luchas independentistas de los estados vasallos de Asiria en Palestina llegaron a un nivel óptimo. Judá, apoyado en Egipto, se convirtió en líder de una coalición antiasiria. El esfuerzo liberador incluyó a Filistea, Edom y Moab. Sin embargo, la habilidad militar de Senaquerib rápidamente superó los deseos de independencia de los estados palestinos. En el año 701 a. C., el famoso monarca asirio invadió a Judá y le impuso un muy fuerte tributo; sin embargo, antes de conquistar y destruir a Jerusalén, regresó a Asiria (Is 37).

Aunque la decisión del monarca asirio fue interpretada por la comunidad judía como una prueba adicional de la intervención salvadora de Dios en la historia de su pueblo, el reinado de Ezequías no pudo resistir la crisis del asedio. A la muerte de Ezequías (698 a. C.) le sucedió su hijo Manasés, que se distinguió en la historia bíblica por desarrollar una administración llena de corrupción religiosa y opresión política. Su reinado se prolongó por 55 años.

Exilio en Babilonia

Un período de importancia medular para la comprensión adecuada del libro de Isaías es el exilio en Babilonia. Esta época reconoce el avance del imperio babilónico en el Oriente Medio y, específicamente, su intervención definitiva en Judá y Jerusalén.

El nuevo imperio babilónico fundado por Nabopolasar llega a su esplendor con la presencia del gran estratega militar Nabucodonosor (605-562 a. C.). Las campañas de ese general babilónico en Palestina trajeron dolor, muerte, destrucción, cautiverio y deportación. Las instituciones nacionales caían frente a las nuevas estructuras impuestas por el imperio babilónico; la conciencia nacional estaba herida, y hasta la religión, con sus símbolos de culto –templo, sacerdotes y sacrificios– recibía un rudo golpe. Judá fue uno de los pueblos derrotados que vio cómo su historia fue afectada permanentemente por el exilio.

Cuando Nabucodonosor venció a Egipto en la famosa batalla de Carquemish, en el año 605 a. C., el panorama histórico de Palestina tomó un nuevo giro: la influencia y poder babilónicos se convirtieron en factores políticos fundamentales en la región. Los ejércitos egipcios fueron definitivamente derrotados, quedando Siria y Palestina a merced del imperio vencedor.

Mientras Judá estuvo bajo la dominación egipcia del faraón Necao, el rey Joaquim de Judá fue su fiel vasallo. Sin embargo, con el abrupto cambio político internacional el monarca judío trató de emanciparse, y organizó un programa de resistencia a Babilonia. Ese gesto de valentía y afirmación nacional produjo que se levantaran los contingentes babilónicos, junto a guerrilleros de regiones vecinas (2 R 24.2; Jer 35.11), para mantener a Judá dominada. En el año 598 a. C., sucede a Joaquim su joven hijo de 18 años, Joaquín, que vio a la ciudad rendida a la potencia extranjera, a los tres meses de su reinado.

Con la victoria babilónica sobre Judá en el año 597 a. C., comenzó el período conocido comúnmente en la historia bíblica como «el exilio». Ese período se caracterizó por una serie de cambios bruscos en el gobierno, por la presencia de líderes políticos al servicio de potencias extranjeras, además de matanzas, deportaciones en masa y dolor en la fibra más íntima del pueblo.

El año 597 a. C. fue testigo de la primera de una serie de deportaciones. El joven rey Joaquín, la reina madre, los oficiales gubernamentales y los ciudadanos principales –con los tesoros de la casa de Dios y los del monarca– fueron exiliados a Babilonia. El movimiento político emancipador de Joaquim costó muy caro al pueblo: las ciudades principales fueron asaltadas, el control del territorio fue reducido, la economía fue paralizada y la población diezmada. La crisis de liderato nacional fue total, y las personas que quedaron, según el profeta Jeremías (34.1-22), no representaban lo más eficiente de la administración pública, ni actuaban con sabiduría en el orden político.

Con la deportación del rey Joaquín, su tío Sedecías –o Matanías– quedó de gobernante. Sus ejecutorias como líder no parecen haber sido las más sabias. Además, por haber sido impuesto por el imperio dominante, no fue tomado muy en serio por los exiliados en Babilonia. Joaquín, aún en el exilio, seguía siendo para muchos su rey en el destierro (Jer 28.2-4).

Con el nuevo líder de Judá se juntaron algunos ciudadanos prominentes que quedaron en Palestina, y comenzó un fermento de rebelión patriótica nacionalista. Reuniones con Edom, Moab, Amón, Tiro y Sidón se llevaron a cabo para establecer un plan coordinado de respuesta al avance babilónico. Estos planes, sin embargo, no prosperaron.

Con las dificultades internas en Babilonia, y posiblemente con la promesa de ayuda de Egipto, renace el espíritu de rebelión en Judá, que culminó en otra derrota y experiencia de dolor inolvidable. Babilonia desplegó todo su poderío militar y, aunque Jerusalén demostró valor y coraje, en el año 586 a. C. el ejército de Nabucodonosor entró triunfante por los muros de la ciudad, y Jerusalén fue destruida, incendiada y saqueada. Sedecías vio la muerte de sus hijos; posteriormente fue cegado y llevado cautivo a morir en Babilonia. Muchos ciudadanos murieron en la invasión; otros, por las consecuencias; algunos líderes militares y religiosos fueron ejecutados frente a Nabucodonosor; y un gran número de la población se dispersó o fue deportada a Babilonia. Esta segunda deportación fue testigo de la terminación de la independencia nacional y el fin de la personalidad política de Judá.

Luego del saqueo de Jerusalén, los babilonios comenzaron a reorganizar a Judá con un nuevo sistema provincial. Con la economía destruida, la sociedad desorganizada y la población desorientada, vino a dirigir el país un noble llamado Godolías, que movió su gobierno a Mispa, en busca de una política de reorganización nacional; pero parece no haber recibido el apoyo popular, y en poco tiempo fue asesinado. El descontento continuó en aumento y la tensión llegó a un punto culminante. Según el relato del profeta Jeremías (52.28-30), una tercera deportación azotó a Judá en el año 582 a. C., posiblemente como respuesta y represión a este malestar y rebeldía. No es de dudarse que la provincia de Judá fuera incorporada a Samaria en ese momento, como parte de la reorganización de los babilonios.

Cuando se alude al exilio y a su entorno histórico, se piensa en dos o posiblemente tres deportaciones que dejaron una huella de dolor que nunca será borrada de la historia bíblica. Según el relato en el libro de los Reyes (2 R 24.12-16), los cautivos y deportados en el año 598 a. C. fueron 10,000, y solo quedaron «los más pobres de la tierra». De acuerdo al libro de Jeremías (52.8-30), se entiende que las tres deportaciones sumaron 4,600 personas. De ese número, 3,023 fueron llevadas en el año 598 a. C.; 832, en el 587 a. C.; y 745 en la tercera deportación, la del año 582 a. C.

Ese último relato jeremiano, que posiblemente viene de algún documento oficial del exilio, presenta una figura realista y probable de lo sucedido. La importancia de esos 832 ciudadanos deportados al caer la ciudad de Jerusalén no debe ser subestimada. En ese grupo se encontraban los líderes del pueblo: comerciantes, religiosos, militares, políticos; figuras de gran importancia pública, que al faltar produjeron caos en el establecimiento del orden y en la reorganización de la ciudad.

El período del destierro culmina con el famoso edicto de Ciro (2 Cr 36.22-23; Esd 1.1-4), que permite a los judíos regresar a sus tierras y reedificar el Templo de Jerusalén. Las referencias bíblicas al evento ponen de manifiesto la política exterior del imperio persa. Este edicto se ejecuta con la victoria de Ciro sobre el imperio babilónico en el año 539 a. C.

Luego del año 597 a. C. en Judá, y posterior al 587/6 a. C. en Jerusalén, el testimonio bíblico coincide con la arqueología, señalando que fueron momentos de destrucción total. Todo el andamiaje económico, político, social y religioso sucumbió. La estructura básica de operación de la sociedad fue destruida. El liderato del pueblo fue deportado, y los ciudadanos que quedaron tuvieron que enfrentarse al desorden, a las ruinas, a la desorganización, y a las consecuencias físicas y emocionales de tales catástrofes. A esto debemos añadir el ambiente psicológico de derrota, la ruptura de las aspiraciones, la eliminación de los sueños, el desgaste de la energía síquica para la lucha y la obstrucción del futuro.

Introducción

Los deportados y la gente que quedó en Jerusalén y Judá enfrentaban un gran conflicto y dilema, luego de la invasión de Babilonia. ¿Cómo se podían reconciliar las expectativas teológicas del pueblo con la realidad existencial? ¿Cómo se podía confiar en la palabra de fidelidad comunicada por los antiguos profetas de Israel? ¿Cómo se explicaba teológicamente que el Templo de Jerusalén hubiera sido quemado, destruido y profanado, cuando el pueblo lo entendía como habitación del Señor, y como un lugar de oración, refugio y seguridad (2 R 8.10-13)? ¿Cómo se explicaba la ruptura de la dinastía de David, cuando había ya una profecía de eternidad, los salmos comunicaban la relación paterno-filial de Dios con el rey (Sal 2.6), y se entendía que el canal para la bendición de Dios al pueblo venía a través del rey (Sal 72.6)? ¿Cómo se explicaba que «la tierra prometida» estuviera en manos de extranjeros, cuando ese tema fue crucial y determinante en los relatos patriarcales?

Lo que sucedió en Palestina al comienzo del siglo sexto a. C. fue una serie de eventos singulares. La historia se caracterizó por el dominio de Babilonia y la deportación de los líderes del pueblo invadido; la substitución de la dinastía davídica por títeres de la potencia extranjera; la reorganización de la sociedad con los patrones e intereses babilónicos; la terminación de los días de Judá como nación autónoma; la profanación del Templo de Jerusalén.

La segunda parte de libro de Isaías responde a esa situación histórica del pueblo. Ante el dolor del exilio y el cautiverio, el Segundo Isaías presentó su mensaje firme de consolación y de restauración nacional.

Las deportaciones

Los judíos que fueron llevados al exilio fueron objeto de presiones y humillaciones de parte de los babilonios (véase Sal 137). Sin embargo, aunque no eran libres, se les permitió vivir en comunidad, dedicarse a la agricultura, administrar negocios, construir casas y ganarse la vida de diversas formas (véase Jer 29). El rey Joaquín, que fue llevado al exilio en el año 598 a. C., fue mantenido por el gobierno babilónico y, además, era tratado con cierta consideración. Con el paso del tiempo, muchos exiliados llegaron a ocupar posiciones de liderato político, económico y social en Babilonia, como Esdras y Nehemías.

Durante esto período, el imperio babilónico experimentó una serie de cambios bruscos que afectaron sustancialmente su administración y permanencia. A Nabucodonosor le sucedió Amel Marduk, quien fue asesinado al poco tiempo de comenzar su gestión (562-560 a. C.). Neriglisar le sucede, pero no puede mantener el poder por mucho tiempo (560-556 a. C.). El usurpador Nabonido, aunque gobernó por algún tiempo, no pudo superar la crisis producida por sus reformas religiosas –p. e., cambió el culto al dios Marduk por el de Sin, la cual causó el descontento general entre los importantes sacerdotes de Marduk– y, posiblemente por razones de seguridad, se trasladó a Teima por 7 años, dejando como regente de Babilonia a su hijo Baltasar.

Ciro, mientras imperaba el desorden y la inseguridad en Babilonia, aumentó sistemáticamente su poder político con conquistas militares en todo el Medio Oriente. Aunque comenzó su carrera como súbdito de los medos, conquistó la capital meda, Ecbataná, en el 553 a. C., con la ayuda de Nabonido. Posteriormente, en el 547 a. C., Ciro marchó contra Lidia, conquistó Sardis y se apoderó de la mayor parte de Asia Menor. Y finalmente, en la famosa batalla de Opis, conquistó Babilonia definitivamente.

Le segunda sección del libro de Isaías (40-55) se relaciona con este período de la historia bíblica; particularmente con los años anteriores al triunfo definitivo de Ciro y su entrada triunfal a Babilonia. Los mensajes proféticos que responden a este período toman en consideración el odio y los deseos de venganza de los judíos, junto a la nostalgia de la tierra prometida y los firmes deseos de liberación y retorno. Los mensajes proféticos están impregnados de dolor y esperanza; sin embargo, el tema fundamental es la consolación.

En el exilio, una de las preocupaciones de los deportados era imaginar y proyectar la futura restauración de Israel. La esperanza de un retorno a las tierras que sus antepasados entendían que habían recibido de Dios, nunca murió. La comunidad judía se negó a aceptar la realidad del exilio como definitiva: ¡El exilio era una experiencia transitoria! En ese sentido, la contribución de los profetas fue muy importante, pues se dieron a la tarea de afirmar el valor de la esperanza durante momentos de crisis, desarraigo y angustia.

Introducción

El período persa

Cuando Ciro hizo su aparición en la escena política y militar del Oriente Antiguo, Babilonia estaba en decadencia. Los mensajes proféticos en torno al imperio babilónico se hacían realidad (Is 45.20-46.13; 47): Babilonia no tenía fuerza militar, e internamente estaba llena de conflictos y de descontentos religiosos, sociales, políticos y económicos (Is 41.1-7; 46). Además, Nabonido, el monarca de turno, carecía de la confianza y el respeto del pueblo. En el año 539 a. C. los ejércitos persas entraron triunfantes en Babilonia, y comenzó una nueva era en la historia del pueblo de Dios.

Con la victoria de Ciro sobre Babilonia se consolidó uno de los imperios más poderosos que se conocían hasta entonces en la historia: el imperio persa. La filosofía administrativa y política de Persia se distinguió, entre otros, por los siguientes aspectos: no destruyó las ciudades conquistadas; respetó la vida, los sentimientos religiosos y la cultura de los pueblos sometidos, y mejoró las condiciones sociales y económicas del imperio. Ciro, además, utilizó la religión para consolidar el poder, al participar en un culto donde se autoproclamó enviado de Marduk, el dios de Babilonia.

El fundamento de la política persa no fue la bondad ni la generosidad, sino la conveniencia política y económica. La repatriación de los deportados judíos les permitía tener vasallos agradecidos en Palestina, lo que se traducía en menores costos militares y administrativos en la región. En los repatriados en Judá, el imperio tenía un estado amigo cerca de Egipto, y esto le permitía continuar su política expansionista; además, con los sistemas de satrapías se aseguraban nuevos impuestos del pueblo judío para los persas.

En continuidad con su política de respeto y afirmación de los cultos nacionales, siempre y cuando no afectaran la lealtad al imperio, Ciro promulgó en el año 538 a. C. un importante edicto que favoreció al pueblo judío deportado. Del llamado «edicto de Ciro» la Biblia presenta dos versiones: la primera, escrita en hebreo, se encuentra en Esdras 1.2-4; la segunda, redactada en arameo en la forma tradicional de un decreto real, se encuentra en Esdras 6.3-5.

El texto arameo del edicto estipula que el Templo sea reconstruido con la ayuda económica del imperio persa; además, presenta algunas regulaciones referentes a la reconstrucción, y añade que los tesoros reales llevados a Babilonia por Nabucodonosor desde el Templo de Jerusalén deben ser devueltos a su lugar de origen. El texto hebreo del edicto incluye, además, que los judíos que querían regresar a su patria podían hacerlo; también se invita a los que se quedaron en Babilonia a cooperar económicamente en el programa de restauración.

Para guiar el regreso a Palestina, y dirigir las labores de reconstrucción, Ciro seleccionó a Sesbasar, uno de los hijos del rey Joaquín (1 Cr 3.18), quien fue designado gobernador (Esd 5.14). En el viaje de retorno a Jerusalén, posiblemente organizado de forma inmediata, solo un pequeño sector del pueblo le debe haber acompañado. Únicamente los judíos más ancianos recordaban la ciudad de Jerusalén; el viaje era muy largo, costoso y lleno de peligros; la tarea que se les había encomendado era difícil, y la meta del viaje era un territorio pobre, despoblado y relativamente pequeño. Posteriormente, otros viajes de regreso fueron guiados por Zorobabel (Esd 2.2), Esdras (7.6-8.36), y Nehemías (Neh 2.5-10; 13.6-31).

Tan pronto llegaron a Jerusalén, comenzaron el trabajo de reconstrucción y, posiblemente, reanudaron algún tipo de culto regular entre las ruinas del Templo. Ese período debe haber estado lleno de expectación, esperanza y sueños. El pueblo esperaba ver y disfrutar el cumplimiento de los mensajes proféticos de Isaías (40-55) y Ezequiel (40-48). Pero recibió el rudo golpe de la desilusión, la frustración y el desaliento.

Los años que siguieron a la llegada de los primeros inmigrantes a Palestina estuvieron llenos de dificultades, privaciones, inseguridad, crisis y violencia. A esa realidad debemos añadir que la ayuda del imperio persa nunca llegó, que la relación con los samaritanos fue abiertamente hostil y el desánimo de los trabajadores al ver el poco esplendor del edificio que construían desaceleró las labores de reconstrucción (Hag 2.3; Esd 3.12-13).

De Sesbasar, realmente, sabemos poco. Desconocemos lo que sucedió con él, pues deja de ser mencionado en los documentos bíblicos. Le sustituyó Zorobabel, su sobrino.

Ciro murió en el año 530 a. C., y le sucedió en el trono su hijo mayor, Cámbises, que continuó la política expansionista de su padre hasta que murió en el año 522 a. C. Su gestión política y su muerte trajeron al imperio un período de inestabilidad y crisis. A Darío I, quien le sucedió, le tomó varios años reorganizar el imperio y consolidar el poder. A la vez que el imperio persa se conmovía en sus luchas internas, el año 520 a. C. fue testigo de la contribución profética de Hageo y Zacarías. Además, ese período fue muy importante en el proceso de renovación de la esperanza mesiánica en la comunidad judía. La crisis en el imperio, unida al entusiasmo que produjeron las profecías mesiánicas en torno a Zorobabel, fueron factores importantes para que el Templo se reconstruyera e inaugurara en el año 515 a. C.

El nuevo Templo, conocido como el «Segundo Templo» –que fue destruido por los romanos en el año 70 d. C.–, no podía ser comparado con el Templo de Salomón. El culto tampoco era una reproducción de la experiencia preexílica. Sin embargo, el Templo y el culto eran símbolos de unidad dentro de la comunidad, afirmaban la continuidad litúrgica y religiosa con el Israel preexílico y, además, celebraban la importancia de las tradiciones para el futuro del pueblo.

Nuestro conocimiento de la comunidad judía luego de la reconstrucción del Templo no es extenso. Las fuentes que están a nuestra disposición son las siguientes: las referencias que se encuentran en los libros de Crónicas, Esdras y Nehemías; lo que podemos inferir de los libros de los profetas Abdías, Zacarías y Malaquías; los descubrimientos arqueológicos relacionados a esa época y la historia antigua. Todas estas fuentes apuntan hacia el mismo hecho: la comunidad judía, aunque había superado la crisis del retorno y la reconstrucción, estaba esencialmente insegura y se sentía defraudada. Las esperanzas que anidaron y soñaron en el exilio no se materializaron, y las expectativas mesiánicas en torno a Zorobabel no se hicieron realidad. La comunidad judía restaurada no era una sombra del Israel preexílico. El sueño y la esperanza fueron sustituidos por el desánimo y la frustración.

La historia de la comunidad judía en Jerusalén estuvo estrechamente relacionada con la historia del imperio persa. Darío I, quien gobernó el imperio durante los años 522-486 a. C., no solo desplegó su poder militar, sino que, además, demostró gran capacidad administrativa. Al mantener la política expansionista de sus predecesores, dividió el imperio persa en 20 satrapías o distritos semiautónomos. Cada satrapía tenía su gobernante, con el título de «sátrapa», a quien los gobernadores locales debían informar.

Jerjes sucedió a Darío I y reinó sobre el imperio persa durante los años 486-465 a. C. Sus habilidades como administrador y militar no estuvieron a la altura de su padre y predecesor. En el proceso de afianzarse en el poder, se ocupó de detener una revuelta que se había desarrollado en Egipto y, posteriormente, otra en Babilonia. Al superar la dificultad en Babilonia se presentó ante el pueblo como rey. Finalmente, fue asesinado.

Artajerjes I Longímano sucedió a Jerjes, y gobernó el imperio durante los años 465-424 a. C. Durante ese tiempo la inestabilidad y debilidad del imperio fue creciendo. Las campañas militares que se llevaban a cabo en Asia, Europa, los países del Mediterráneo y Egipto fueron algunos de los factores importantes en el debilitamiento continuo del poderoso imperio persa.

La realidad política de Persia afectó continuamente la vida de las comunidades judías dentro del imperio. Desde la inauguración del Templo en el año 515 a. C. hasta el año 450 a. C., se pueden identificar varias comunidades judías en diferentes lugares del imperio. Aunque no poseemos mucha información de varios de estos grupos, la presencia de judíos en la llamada «diáspora», es un aspecto importante para comprender de forma adecuada la experiencia postexílica de la comunidad judía.

Luego de la reconstrucción del Templo el número de judíos que se animó a regresar a Jerusalén aumentó. Las listas que se encuentran en Esdras 2 y Nehemías 7 posiblemente se relacionan con un censo de la población de Judá durante la época de Nehemías. Un buen número de éstos, aproximadamente 50,000 habitantes, deben haber llegado luego que se reconstruyó e inauguró el Templo.

Durante la administración persa, Judá era parte de la quinta satrapía conocida como «Del otro lado del río», en referencia al río Éufrates, y era gobernada posiblemente desde Samaria. Los asuntos locales estaban bajo la incumbencia de los sumos sacerdotes, entre los cuales debemos identificar a Josué, luego Joiacim, a quien le sucedió Eliasib, después Joiada, luego Jonatán, y, posteriormente, Jadúa (Neh 12.10,26).

Estos dos niveles administrativos deben haber estado en conflicto continuo y creciente. Los oficiales de Samaria no solo impusieron cargas tributarias excesivas al pueblo, sino que fomentaron el enfrentamiento entre la comunidad judía y el imperio persa (Neh 5.4,14-19; Esd 4.6).

Introducción

La comunidad judía en Jerusalén se sentía completamente insegura. Las relaciones con los samaritanos eran cada vez más tirantes. A su vez, este fue un período en el que los árabes estaban en un proceso de reorganización y reconquista. Sus incursiones militares hicieron que los edomitas se movieran de sus tierras y se ubicaran al sur de Palestina, hasta el Norte de Hebrón. Para los judíos esas no eran buenas noticias, pues las relaciones entre judíos y edomitas no eran las mejores (Abd 1-14,15-21). Frente a esta realidad, la comunidad judía decidió reconstruir las murallas de Jerusalén y fortalecer la ciudad (Neh 2.1-10).

Condición espiritual de la comunidad judía

La realidad política, económica y social de la comunidad judía postexílica ciertamente afectó su condición moral y espiritual. Nuestras fuentes para descubrir y comprender esa dinámica interna del pueblo luego de la inauguración del Templo de Jerusalén son los mensajes proféticos contenidos en los libros de Isaías y Malaquías, y el material que se encuentra en las memorias de Nehemías.

Luego de la inauguración del Templo en el año 515 a. C., la comunidad judía adquirió un carácter esencialmente religioso. Al percatarse que formaban parte de un imperio bien organizado y poderoso, reinterpretaron las tradiciones antiguas del Israel preexílico a la luz de las nuevas realidades postexílicas. Aunque el culto carecía de su antiguo esplendor, este volvió a ser el centro de la comunidad.

La condición moral y espiritual del pueblo puede entenderse a la luz de las siguientes realidades: los sacerdotes hacían caso omiso de la Ley, y ofrecían en sacrificio animales hurtados, enfermos, ciegos y cojos (Mal 1.6-14); la Ley era interpretada con parcialidad e injusticia (Mal 2.1-9); el sábado o día de reposo, que se había convertido en un símbolo del pacto o alianza durante el período exílico, no era guardado debidamente (Neh 13.15-22); la comunidad olvidó sus responsabilidades económicas, como los diezmos y las ofrendas, obligando a los levitas a abandonar sus responsabilidades para subsistir (Mal 3.7-10); la fidelidad a la Ley era cuestionada (Mal 2.17; 3.13-15); los divorcios se convirtieron en un escándalo (Mal 2.13-16); se engañaba a los empleados y se oprimía al débil (Mal 3.5); se embargaban los bienes a los pobres en tiempos de escasez y crisis, o se hacían esclavos, para pagar impuestos y deudas (Neh 5.1-5); y los matrimonios entre judíos y paganos se convirtieron en una seria amenaza para la identidad de la comunidad (Mal 2.11-16; Neh 13.22-27).

Ese era el contexto religioso, moral y espiritual de Jerusalén: una comunidad judía desmoralizada y desanimada, que permitía una práctica religiosa superficial, sin afirmar, entender, celebrar o compartir los grandes postulados éticos y morales de la fe de los profetas clásicos de Israel, tales como Isaías, Jeremías y Ezequiel, entre otros. Tanto la realidad política como espiritual requerirían cambios fundamentales, reformas radicales, transformaciones profundas.

El libro de Isaías y el entorno social de los judíos

La dinámica social de la comunidad judía luego del exilio se relaciona por lo menos con cuatro grupos básicos: los judíos que regresaron de Babilonia; los judíos que permanecieron en Judá y Jerusalén; los extranjeros que convivían con los judíos, particularmente en Jerusalén, y los judíos de la diáspora. La comprensión de las expectativas, necesidades y características teológicas de cada grupo, junto al estudio de las relaciones entre ellos, es fundamental para el análisis global o canónico del libro de Isaías, pues la redacción final de la literatura isaiana se llevó a efecto durante el período persa en Jerusalén.

Aunque el libro de Isaías contiene importantes oráculos y narraciones que nacen en la actividad y la palabra del profeta del siglo octavo a. C., e incluye, además, magníficos poemas del período exílico, la redacción final de la obra se llevó a efecto luego del regreso de los deportados en Babilonia a Jerusalén. El análisis de la sección final del libro (Is 56-66), o Trito Isaías, puede ser de gran ayuda en la comprensión de la redacción final de todo el libro.

Por la situación política de Judá y la condición espiritual de la comunidad judía en general, se generó en Jerusalén un conflicto muy serio en torno al futuro del pueblo. Las temas y asuntos básicos de la vida comenzaron a analizarse nuevamente. Vuelven el pueblo y sus líderes a ponderar las implicaciones teológicas y prácticas del pacto y del éxodo, y se evalúa la naturaleza misma de ser pueblo de Dios. ¿Qué significa ser el Dios de la historia? ¿Cuál es la misión fundamental del pueblo de Dios en el mundo? ¿Significará el juicio divino el rechazo permanente de Dios?

Se descubren, en la lectura minuciosa y atenta de Trito Isaías (56-66), dos grandes tendencias sociales, teológicas y políticas en la comunidad judía. Por un lado existía un grupo sacerdotal con características bastante bien definidas: controlaba el culto oficial en el Templo reconstruido, y contribuía de forma importante al establecimiento de la política hacia los judíos en Judá y en la diáspora, mediante el diálogo con las autoridades persas. Ciertamente este grupo, que muy bien puede ser caracterizado como «sacerdotal», era muy pragmático, realista y antiescatológico; dispuesto a hacer valer sus intereses a toda costa. En efecto, estaba preparado hasta para pactar con Persia, si los acuerdos favorecían sus necesidades políticas y apoyaban sus programas religiosos en Jerusalén.

En contraposición al llamado grupo «sacerdotal», se desarrolló otro grupo –relacionado espiritual y teológicamente con el profeta Isaías, y con otros profetas que continuaron la reflexión y la aplicación del mensaje isaiano– de una mentalidad más abierta y con una percepción más democrática del liderato. Este grupo, que podría catalogarse de «profético», representa la oposición firme al sector sacerdotal tradicional en Jerusalén: el sacerdocio, para este grupo, se debe extender a toda la comunidad, y aunque se revela una gran apertura hacia los extranjeros, los miembros de este grupo no están dispuestos a hacer componendas con el imperio persa. Particularmente importante es el sentido escatológico que manifiesta este grupo, pues los miembros de la comunidad esperan la intervención extraordinaria de Dios.

El continuo choque entre estas dos mentalidades, perspectivas diferentes de la vida y tendencias teológicas es el entorno histórico de la sección final del libro de Isaías (56-66). Esa dinámica, además, es la fuerza social, el contexto teológico y el semillero temático que produjo la redacción final de todo el libro. Los conflictos políticos y religiosos que se produjeron en Judá, y particularmente en Jerusalén, a raíz de las relaciones de estos dos grupos fueron el marco de referencia de la redacción final de la gran obra isaiana. Ese conflicto es la matriz de una contribución literaria y teológica monumental: el libro del profeta Isaías.

La redacción final del libro de Isaías puede fijarse en el período persa por dos razones básicas. En primer lugar se identifica específicamente a Ciro como el «ungido del Señor» (Is 45.1), hecho que alude al decreto de liberación de los judíos que marcó el fin del exilio en Babilonia (538 a. C.) e identifica el comienzo de la hegemonía persa sobre Judá.

Otro dato de importancia en la identificación del contexto histórico de la redacción final del libro de Isaías es la referencia a Edom en

63.1-6. Luego del exilio en Babilonia los edomitas manifestaron una gran enemistad y falta de solidaridad hacia los judíos. Esa dinámica de hostilidad generó la profecía abiertamente antiedomita de Adbías. Es importante añadir, además, que en las obras de Esdras y Nehemías no se menciona a Edom. Este silencio puede ser una indicación de que ya para mediados del siglo quinto esa nación no presentaba una preocupación seria para la comunidad judía.

Al juntar esta información podemos identificar la primera mitad del siglo quinto como el entorno histórico probable para la redacción final del libro de Isaías (ca. 500-450).

II. Teología: Sensibilidad espiritual y creatividad teológica

Una de las grandes virtudes del libro de Isaías se pone de manifiesto en la presentación de su teología. Aunque la capacidad literaria y la profundidad espiritual de la obra son magistrales, y ciertamente el análisis político y la evaluación social son extraordinarios, la gran contribución del libro de Isaías a la literatura bíblica y a las letras universales es la teológica. En la elaboración de las ideas, en la presentación de los temas y en el desarrollo de sus postulados fundamentales se revela una serie de conceptos que ponen de relieve la gran sensibilidad espiritual y la creatividad teológica del libro.

Por un lado, el profeta Isaías manifiesta, como su contemporáneo Amós, un mensaje claro y firme de denuncia social; a ese mensaje se une una crítica política seria, y una gama extensa de recomendaciones religiosas al pueblo. La problemática a la que ambos profetas reaccionaron era esencialmente la misma: presentaron una crítica severa a los sectores dominantes de la sociedad por el orgullo, la codicia y las injusticias.

La obra isaiana revela un gusto extraordinario por unir la sociología, la política y la teología. Lo religioso no está ajeno a las vivencias cotidianas del pueblo, y lo espiritual no está reñido con la evaluación sosegada de las fuerzas que afectan las decisiones y los comportamientos de los individuos y los pueblos. El mensaje, además, manifiesta una gran influencia de la teología de la elección de David y la seguridad del Templo de Jerusalén.

Una característica básica de la teología de Isaías es la presencia continua de una serie de temas que se disponen en oposición. Estos contrastes no solo son ejemplos de las capacidades de comunicación y las virtudes literarias del profeta y de los editores del libro, sino que subrayan el poder teológico y espiritual del lenguaje.

El contraste teológico fundamental del libro es la grandeza divina y la pequeñez humana. Ese binomio se desarrolla de forma sistemática en la obra. Revela el fundamento del pensamiento isaiano: el Dios bíblico, cuyo poder y santidad sobrepasan las capacidades de imaginación, está muy interesado en establecer una relación bilateral con la humanidad. El pacto, de esta forma, se presenta en el libro de Isaías como un tema implícito de importancia capital (42.6; 49.8; 54.10; 55.3).

Otros contrastes que pueden identificarse son los siguientes: la gloria divina y la degradación humana; el juicio de Dios y la redención de la humanidad; lo alto y lo profundo; la sabiduría divina y la estupidez de los ídolos; la fecundidad y la abundancia relacionada con las bendiciones divinas, y el vacío y la desolación identificada con los ídolos, y la humildad y la arrogancia. Estos pares de temas enmarcan lo fundamental de la teología del libro. Además, sirven para orientar a los lectores en la identificación de las prioridades teológicas y temáticas de la obra.

Una mirada atenta al mensaje del libro muestra, además, varios objetivos básicos en la articulación teológica. En primer lugar, el mensaje de crítica y denuncia social requiere un cambio drástico en la conducta del pueblo. El profeta, en sus advertencias, no presenta una palabra de desesperanza frustrada; pretende, mediante la articulación de un mensaje transformador, un cambio sustancial en el comportamiento del pueblo, demanda una nueva actitud hacia la vida (1.17). Esa conversión se fundamenta en el establecimiento de unas relaciones rectas con Dios, y en la restitución de unas relaciones dignas entre los seres humanos. El objetivo más importante en este mensaje es provocar en la comunidad un encuentro con Dios que facilite la aceptación de lo divino en medio de las vivencias humanas, que permita la asimilación de la santidad divina en las acciones diarias del pueblo.

Santidad, grandeza y majestad de Dios

En torno a la naturaleza de Dios, el libro de Isaías es revelador: subraya la grandeza y la majestad divina. Desde la narración de la vocación profética –que presenta al Señor en su trono «alto y sublime» (Is 6.1)– se ponen de relieve los atributos divinos de majestad: la Tierra está llena de su gloria (Is 6.3). Y esa percepción de la gloria y la autoridad divinas se manifiesta de forma continua a través de todo el libro: el imperio asirio es un instrumento –«un palo» o «una vara»– de su ira (Is 10.5); el poderoso rey de Persia, Ciro, es solo un niño guiado por la mano del Señor (Is 45.1); las grandes naciones del mundo son movidas por su voluntad (Is 14.22-23; 40.15,21-23; 47.1-4), y los ídolos, ante su gloria y poder, desvanecen (Is 2.6-22; 45.20-25). La reacción humana, ante tal demostración de esplendor y gloria divina, debe ser de confianza y obediencia (Is 8.11-15; 40.12-31).

Según el libro de Isaías, a la gloria divina se le une la santidad: el título preferido por el profeta para referirse al Señor es «el Dios Santo de Israel». La santidad divina se manifiesta al comienzo del libro (Is 1.4), se destaca en la narración del llamado del profeta (Is 6.3) y se desarrolla de forma dramática en el resto de la obra (Is 10.20; 40.25; 49.7; 60.9,14). Dios es Santo pues tiene la capacidad y la voluntad de salvar (Is 43.3); además, tiene el poder de crear (Is 40.25-26; 43.1).

La santidad divina tiene, además, claras implicaciones prácticas. De acuerdo con el relato de vocación, ante la santidad de Dios Isaías respondió con una actitud de humildad y con una declaración ética: «Soy un hombre de labios impuros y vivo en medio de un pueblo de labios impuros» (Is 6.6). Ese reconocimiento de la realidad moral del pueblo, que se refleja también en los oráculos iniciales de la obra (Is 1.10-18), es una preocupación fundamental en el libro.

La crisis teológica que se plantea en la obra no se percibe en términos filosóficos –p. e., entre lo infinito y lo finito, o entre lo perfecto y lo imperfecto–, sino en términos éticos, existenciales y concretos: cómo traducir la experiencia religiosa relacionada con los festivales nacionales y los sacrificios diarios a las vivencias cotidianas del pueblo. El reto de la teología de Isaías es el siguiente: cómo demostrar la santidad divina de forma práctica en la administración diaria de la justicia, pues, de acuerdo al profeta, el propósito de Dios es compartir su santidad con la humanidad (Is 35.8; 48.2; 60.14; 62.12).

El componente ético y moral de la santidad de Dios se subraya a través de todo el libro. El pueblo, aunque participa activamente del culto y ofrece sacrificios a Dios, también vive en medio de mentiras y robos, y patrocina la opresión de los inocentes (p. ej., Is 1.4,21-23; 5.20; 9.17-10.4; 30.12). Manifiesta, además, una actitud de arrogancia e infidelidad (Is 3.11-15; 22.15-25; 32.5-7; 59.5-8) que no son compatibles con el compromiso divino hacia la humanidad (Is 10.20; 12.6; 29.23; 30.18; 31.4-5; 49.7), particularmente hacia los necesitados y marginados del pueblo (Is 29.19; 57.15). La infidelidad es un acto de rechazo a la santidad de Dios (Is 8.13; 30.11-12; 31.1). Y ante la infidelidad humana se presenta la fidelidad divina, que a su vez afirma su poder redentor (Is 41.14; 43.3,14-15; 47.4; 48.17).

Los ídolos

El libro de Isaías se redactó finalmente luego de la experiencia del destierro de Israel en Babilonia. En la diáspora, la idolatría no era un asunto hipotético o abstracto, sino real e inmediato. En su entorno diario, el pueblo convivía en medio de templos y estatuas de divinidades que delataban en forma elocuente el ambiente politeísta en el cual se vivía. Las celebraciones litúrgicas y los festivales religiosos babilónicos eran el recuerdo continuo del contexto idolátrico y pagano que les rodeaba. La respuesta de la obra isaiana se presenta con ironía: ¡Aún los famosos dioses babilonios Bel y Nebo se desploman y derrumban! (Is 46.1-2; 47.15).

Mediante el uso del artificio literario del sarcasmo, el libro de Isaías presenta una crítica severa a los ídolos y a la idolatría. Se destaca la estupidez de los adoradores, al no reconocer que la madera que se ha utilizado para esculpir y tallar las imágenes también pueder ser usada para cocinar (Is 44.9-20; véase también 2.8,20; 17.7-8; 30.22; 31.7; 41.6-7; 57.12-13). Inicialmente se presenta un proceso legal contra los dioses falsos (Is 43.9), prosigue una sátira contra los ídolos y sus artesanos, y la crítica culmina contra quienes les rinden culto (Is 40.18-20; 41.6-7; 42.17; 46.16).

Los ídolos son malas representaciones de las imperfecciones humanas, aunque intentan mostrar su expresión máxima; es decir, su poder y capacidad. Demuestran, en efecto, impotencia y desconocimiento (Is 2.6-22): no pueden explicar el pasado, ni tampoco pueden predecir el futuro (Is 41.22-23; 43.8-9; 44.6-8; 45.20-23), ni mucho menos pueden afectar el presente (Is 41.23; 45.16,20; 47.12-15). Los ídolos son manifestaciones de la creatividad humana que no pueden trascender las leyes naturales.

El Dios de Israel, por el contrario, es creador, redentor y juez de la humanidad y del cosmos; esas características le permiten interpretar el pasado y anunciar el porvenir (Is 41.26-29; 42.24-26; 44.7-8; 45.21; 46.10;

48.3-6,12-16). Y mientras los ídolos no pueden intervenir en la historia, pues su impotencia les mantiene cautivos, el Santo de Israel puede hacer cosas nuevas, incluyendo la transformación de la experiencia exílica en un nuevo éxodo (Is 40.3; 43.16-21).

El argumento fundamental contra los ídolos es que no pueden anunciar lo que sucederá, ni tienen el poder de actuar de forma decidida en la historia humana. La esperanza de la liberación y transformación nacional no puede fundamentarse en la confianza en los ídolos.

El Dios de la historia

El concepto de la santidad divina y la crítica a los ídolos en Isaías preparan el camino para la comprensión de un postulado teológico más amplio y fundamental: el Dios Santo de Israel es el Señor de la historia. Esa afirmación categórica revela que el Señor tiene planes definidos con la humanidad (Is 14.24-27; 19.12; 23.8-9; 25.1; 37.26; 45.9-11,18; 46.10-11), y que esos propósitos llegarán a su punto culminante cuando las naciones todas acepten el llamado divino y lleguen a Sión a adorar al Señor de toda la Tierra y las naciones (Is 2.1-5; 1.9; 25.7-8; 60.1-22).

El Señor de la historia manifiesta y demuestra su poder en la forma en que utiliza las grandes potencias de la época para que cumplan los designios divinos. Los centros de poder de la época, de acuerdo al profeta, manifiestan la voluntad divina. Asiria, de esta forma, es solo un instrumento de juicio en sus manos (10.15), y el gran Ciro, simplemente un agente de redención (45.1-7).

Las naciones vecinas de Israel reciben los oráculos del profeta, pues están sujetas a la voluntad del Señor (13-23). Estas naciones, aunque tienen sus divinidades locales, están bajo el escrutinio y la evaluación sistemática y decidida del Señor de Israel; sus actividades y las implicaciones éticas de sus decisiones no son ignoradas, particularmente si afectan al pueblo del Señor.

La teología de la historia que se revela en la segunda sección del libro de Isaías (40-55) se basa en la tradición y los relatos que presentan al Señor como «el Dios eterno» (Gn 21.33). Según el texto de Isaías, el Dios eterno, es «creador del mundo entero» (Is 40.28), y esa relación teológica íntima de creación y eternidad es la fuente de consolación y esperanza para el pueblo (Is 40.27-28). Dios, de acuerdo con el mensaje profético, inicia el tiempo para cumplir su voluntad en la historia; es «el primero y el último» (Is 41.4; 43.10; 44.6).

El juicio y la redención de Dios

En el libro de Isaías el juicio divino puede manifestarse de diversas formas; p. ej., como un desastre natural (Is 24.4-5), como una derrota militar devastadora (Is 5.26-30), o como una enfermedad mortal (Is 1.5-6). Dios no es un espectador pasivo en el escenario de la historia humana, sino la fuente básica de la vida y de la actividad (Is 43.27-28). Ante la rebelión, Dios reacciona con celo, pasión y firmeza.

El Señor manifiesta el juicio ante la actitud pecaminosa de su pueblo, y frente al arrepentimiento humano revela su misericordia. La redención es la respuesta divina a la conversión; en efecto, se fundamenta en la fidelidad de Dios (Is 1.16-19; 6.5-7; 27.1-9; 29.22-24; 33.5-6,17-22; 43.25-44.3; 49.14-23; 57.16-19). Únicamente a través del acto salvador de Dios la humanidad puede recibir la redención necesaria.

La salvación en el libro de Isaías no es un acto simple de reconocimiento de culpa, sino la transformación total de la voluntad y del comportamiento; p. ej., renuncia al orgullo personal, reconocimiento de la supremacía divina en el mundo y el cosmos, y el deseo de aceptar el llamado al servicio que se manifiesta en el libro (Is 6.1-8). Y el resultado de la redención es el restablecimiento de la imagen de santidad divina en la humanidad, la restauración de la Tierra y el cumplimiento de las funciones de siervo en el pueblo. Salvación no es solo la liberación de los pecados, sino la aceptación, comprensión y disfrute de la santidad divina (Is 4.3-4; 11.9; 32.15-18; 35.8-10; 60.21).

Ese proceso redentor, además, descubre y afirma el valor básico de los seres humanos, y rechaza la tentación de reducir la humanidad a ser objetos del uso y la conveniencia (Is 58.3-9). En efecto, reconoce que la santidad divina se manifiesta en la gente, y que los pecados contra la humanidad son una clara ofensa hacia la santidad divina.

La teología de Dios como redentor de su pueblo se nutre en la tradición y los relatos del éxodo (Ex 1-20). La liberación de Egipto es el evento histórico fundamental del pueblo, y el libro de Isaías, heredando esa percepción teológica, destaca el poder redentor y liberador de Dios ante las amenazas y cautiverios de los imperios asirio, babilónico y persa. La labor del Señor como redentor incluye pagar rescate por el pueblo (Is 43.3) y acompañarles en momentos de crisis y dificultad (Is 41.14-20).

El éxodo

Un tema de fundamental importancia en la obra isaiana, particularmente en la segunda sección del libro (Is 40-55), es el éxodo. Para enfatizar la teología de la esperanza y la restauración, la obra presenta una magnífica elaboración poética del antiguo éxodo de Egipto.

El primer éxodo fue un evento histórico y salvador que le dio sentido de identidad nacional al pueblo y, además, se convirtió en un tema fundamental en la teología bíblica. Sin embargo, ese gran evento liberador tiene sus condicionamientos históricos y sus limitaciones de tiempo: evoca la época del cautiverio de Israel en Egipto, en el siglo trece a. C. (véase Ex 1-15). Los israelitas salieron de Egipto –de los trabajos forzosos, del cautiverio y de la esclavitud–, recorrieron un desierto inhóspito, huyeron del ejército egipcio y, finalmente, entraron a la Tierra Prometida. En el peregrinar, enfrentaron al faraón, a los magos egipcios, al Mar Rojo, a las dificultades del desierto e, inclusive, respondieron a las actitudes y los recuerdos de los mismos israelitas frustrados (Is 40.27; 41.13-14; 42.18-20; 48.1-8).

El nuevo éxodo del libro de Isaías se presenta como afirmación teológica del triunfo definitivo de Dios sobre las penurias y adversidades del exilio en Babilonia. Este nuevo evento liberador anuncia una intervención extraordinaria de Dios en forma poética, con amplitud de imágenes y símbolos; el heraldo evoca un horizonte amplio e ilimitado.

Ante el segundo éxodo, el primero palidece y descubre un significado novedoso: ese nuevo éxodo, anunciado en la obra isaiana, es un mensaje profético que sobrepasa los límites del tiempo y genera esperanza en generaciones futuras. Revela la voluntad liberadora de Dios, y destaca su capacidad redentora. La esperanza cobra dimensión nueva, lo imposible descubre la posibilidad. El objetivo no es solo curar las heridas o consolar en la aflicción, sino abrir la posibilidad de hacer algo nuevo, crear el futuro.

En la articulación teológica y literaria del tema del nuevo éxodo se enfatiza el agente de la liberación: Dios mismo convoca al pueblo para responder a los anhelos más hondos de liberación y restauración nacional. De acuerdo al libro de Isaías, el Señor es la fuente de la redención humana.

Introducción

Antes de comenzar el proceso de liberación, ya Dios había enviado su palabra para preparar el camino del triunfo (Is 55.11).

En el nuevo éxodo, el pueblo de Dios sale de Babilonia —es decir, del poder político que lo cautiva— para regresar a la Tierra Prometida, la cual fue habitada por sus antepasados. Mediante un acto de amor y misericordia divina, el pueblo sale de la esclavitud (Is 49.7), de la cárcel (Is 42.7; 51.14), de la oscuridad (Is 49.9) y de la opresión (Is 47.6; 52.4; 54.14). En respuesta al cautiverio de su pueblo (Is 52.2), el Señor actúa como el redentor (Is 43.1; 44.22-28; 48.20; 51.10; 52.3,9).

El nuevo éxodo es un triunfo definitivo contra Babilonia, que fundamenta su poder y confianza en sus divinidades nacionales y en la magia. El Señor Santo de Israel desafía a esas deidades impotentes, y las somete a juicio. Y en la burla, reta la capacidad de los ídolos para actuar y predecir, y aun reta su existencia misma. Mientras los adoradores de ídolos se cansan del trabajo en la madera, el Señor «da fuerzas al cansado, y al débil le aumenta su vigor» (Is 40.29).

El pueblo de Israel

La relación íntima entre Dios y su pueblo, Israel, se pone de manifiesto de forma sistemática en todo el libro. Las fórmulas «nuestro Dios» (Is 1.10), «tu gente» (Is 2.6), «mi Dios» (Is 25.1), «mi pueblo» (Is 40.1) y «soy tu redentor» (Is 54.8; 60.16), son solo algunas expresiones que revelan la percepción de pertenencia que manifiesta la teología de la obra.

Ese sentido hondo de intimidad y pertenencia es una característica que fundamenta otros conceptos teológicos básicos del libro. Israel es semilla de Abraham, pues el llamado de Dios a su pueblo recuerda las promesas y el peregrinar del patriarca; Jacob (Israel) es siervo del Señor porque desciende de su amigo Abraham (Is 41.8; 51.1-2). Israel es el pueblo escogido, pues tiene una responsabilidad misionera hacia la humanidad: llevar la justicia a todas las naciones (Is 42.1). Es también el pueblo del pacto y de la promesa hecha a David (Is 55.3). Además, Israel es testigo de las grandes intervenciones de Dios en la historia humana; específicamente de que no hay otro Dios, y que fuera del Señor no hay quien pueda salvar (Is 43.10-11).

Los Cánticos del Siervo del Señor

Un tema de fundamental importancia en el libro de Isaías se relaciona con el análisis y la comprensión de los poemas del Siervo del Señor, también conocidos como los «Cánticos del Siervo Sufriente» (véase Is 42.1-4; 49.1-6; 50.4-9; 52.13-53.12 y 61.1-3a). En la segunda sección del libro de Isaías la palabra «siervo» –en hebreo, «ebed»–, o el concepto relacionado, aparece con bastante frecuencia. La idea que se pone de manifiesto y se evoca en el estudio ponderado de los textos es la de un discípulo del Señor que proclama y afirma la verdadera fe, soporta una serie intensa de padecimientos para expiar los pecados del pueblo, y finalmente es glorificado por el Señor.

La iglesia cristiana, desde sus comienzos, ha identificado estos poemas con la vida y el anuncio de la muerte de Jesús de Nazaret, y con la glorificación de Cristo, el Siervo del Señor por excelencia (Hch 8.30-35). Posteriormente la figura del Siervo se interpretó como la personificación del pueblo de Israel, para relacionarlo con el «nuevo» Israel, es decir, la iglesia cristiana.

En el estudio de la palabra y la figura del Siervo en el libro de Isaías se descubren varias peculiaridades de gran importancia teológica. Generalmente la palabra se utiliza en singular (Is 54.17), para describir a algún personaje; además, se relaciona, en la mayoría de los casos, con Israel o Jacob. Aunque esa evaluación inicial podría hacer pensar que el Siervo es claramente el pueblo, la realidad es que en varios casos el Siervo y el pueblo están en posiciones evidentemente contrapuestas (p. ej., Is 49.5-6; 53.8). Los textos, además, presentan características del Siervo que difícilmente se pueden aplicar al pueblo de Israel; p. e., los atributos de paciencia, fidelidad e inocencia.

Los estudios de los poemas del Siervo del Señor se han fundamentado generalmente en los siguientes cuatro pasajes básicos: Isaías 42.1-4; 49.1-6; 50.4-9; 52.13-53.12. Y desde el análisis de esos textos se han ponderado y discutido algunos asuntos medulares referentes a los poemas y el Siervo: p. ej., el número de pasajes y la extensión de cada unidad; el autor de cada uno de los textos; su relación con los contextos en el libro de Isaías, y el asunto fundamental: la identidad del Siervo.

El resultado de los estudios de los Cánticos del Siervo no ha resuelto todas las dificultades que plantean. Las argumentaciones literarias, lingüísticas, teológicas y exegéticas no han podido responder convincentemente a todas las interrogantes; sin embargo, han identificado, por los menos, cuatro teorías básicas para la interpretación de estos importantes poemas: la colectiva, la individual, la mixta y la mesiánica.

1. *Interpretación colectiva*: La interpretación colectiva identifica al Siervo con el pueblo de Israel, y se fundamenta en la lectura de los textos bíblicos disponibles (p. ej., Is 41.8; 44.1,2,21; 45.4; 49.3). La Septuaginta –o traducción griega del Antiguo Testamento–, basada posiblemente en esa comprensión de los pasajes del libro de Isaías, incorporó en su traducción del libro la identificación precisa de «Israel» y «Jacob» en Isaías 42.1.

La mayor dificultad de esta interpretación es que en varios textos y pasajes el Siervo y el pueblo están claramente en posiciones contrapuestas, y que la identificación de los dos personajes dificulta la interpretación de los textos de forma global.

2. *Interpretación individual*: La interpretación individual se fundamenta en las descripciones que se hacen del Siervo en varios pasajes importantes. El análisis de los rasgos de su personalidad ha movido a los estudiosos a identificar un personaje histórico que responda a tales descripciones; p. ej., Isaías, algún discípulo de Isaías, Uzías, Ezequías, Ciro, Zorobabel, o algún contemporáneo del profeta de quien desconocemos el nombre. Sin embargo, las complicaciones exegéticas e históricas que estas identificaciones plantean no parecen ayudar mucho al proceso interpretativo de los poemas.

3. *Interpretación mixta*: De acuerdo a la interpretación mixta, en los poemas del Siervo se habla de un individuo que ciertamente representa a la comunidad: p. e., el rey como la encarnación del pueblo. Es importante notar que algunos textos destacan el aspecto individual del Siervo; otros, su misión colectiva.

Una variante de esta categoría mixta es la que afirma que los poemas no presentan a un solo Siervo, sino a varios: p. ej., a Israel (40-48), a un remanente del pueblo (Is 49.1-6,7-13; 52.13-53.12), al profeta (Is 50.4-11), a Ciro (Is 42.1-9), e inclusive a Dios, que cumple ciertas funciones de Siervo (Is 43.23-24).

Estas interpretaciones mixtas resaltan las complejidades literarias y teológicas de cada uno de los poemas, que aunque deben estudiarse de forma colectiva, revelan peculiaridades contextuales específicas que no deben ignorarse.

4. *Interpretación mesiánica*: los cristianos generalmente han interpretado los Cánticos del Siervo del Señor según la teoría mesiánica. A partir del Nuevo Testamento (Mt 8.17; 12.18-21; Lc 22.37; Hch 8.32-35; 1 P 2.22,24), la iglesia ha relacionado la misión del Siervo con el ministerio de Jesús; es decir, los cristianos han interpretado los poemas como una anticipación profética de la persona y la misión de Cristo. Los Cánticos describen al Siervo, de acuerdo con esta forma de interpretación, como un profeta comisionado por el Señor a llevar a efecto una misión en beneficio no solo de Israel sino de todas las naciones (Is 42.1,4). Para lograr su objetivo, el Siervo debe superar muchas dificultades y padecimientos; pero el Señor lo sostiene y lo eleva a un nivel que genera la admiración de las naciones y sus gobernantes (Is 52.12-15).

Restauración y glorificación de Sión

Relacionados con los Cánticos del Siervo del Señor en el Deutero Isaías se incluyen una serie de pasajes que destacan la restauración y glorificación de Sión (Is 49-45). Jerusalén, en algunos poemas, se presenta como ciudad, y en otros como esposa. El contraste entre la figura femenina de Sión y la masculina del Siervo no debe ignorarse, pues pone claramente de manifiesto un entorno literario y teológico de importancia. Sión está abandonada y deshonrada, mientras el Siervo confía en el Señor y en su triunfo definitivo; Sión se queja y sufre, mientras el Siervo consuela o calla; y el pasado de Sión es la ira divina, mas el del Siervo es de intimidad y amor. Finalmente, el tema del triunfo y la prosperidad es común en ambos personajes, pero la forma de conseguirlo es diferente.

El juego literario y teológico entre el Siervo y la ciudad, en un momento de exilio, es fuente de esperanza y consolación. El Siervo, en su misión redentora, transformará la ciudad para que se convierta en el centro espiritual y de culto de la humanidad.

Pertinencia y aplicación

El gran mensaje del libro de Isaías es que el Dios bíblico es justo y tiene la capacidad y voluntad para intervenir en medio de la historia humana para responder al clamor de su pueblo. Esa intervención divina se hace realidad frente a las amenazas expansionistas de los imperios de la época: Siria, Asiria, Babilonia, Egipto y Persia. El mensaje de Isaías fue firme y decidido: la esperanza del pueblo de Dios no puede estar fundamentada en el poderío militar ni en la sagacidad de las estrategias diplomáticas, sino en la voluntad y fidelidad de Dios.

Ese gran mensaje antiimperialista tiene repercusiones de importancia para la sociedad actual, que es testigo de las múltiples luchas políticas, económicas y militares internacionales para demostrar hegemonía y poder. La grandeza de la santidad de Dios se contrapone a los ídolos contemporáneos que afirman la muerte, como las armas de destrucción masiva (p. ej., biológicas o nucleares). La teología de Isaías contra los ídolos toma dimensión nueva en la actualidad, cuando las perspectivas de futuro de naciones e individuos se basan en la extensión de sus capacidades militares, y en la infraestructura de inteligencia o diplomacia que poseen.

La imagen del Siervo del Señor es de importancia capital para el libro de Isaías, y también para su aplicación. La iglesia cristiana, desde muy temprano en su historia hermenéutica, relacionó los pasajes del Siervo Sufriente con la vida y pasión de Jesús de Nazaret. Esa importante interpretación, sin embargo, no debe agotar las múltiples posibilidades de interpretación de los pasajes. La iglesia también es sierva y los creyentes en su carácter individual son ciertamente siervos y siervas del Señor.

La iglesia cristiana es sierva cuando se presenta ante Dios en santidad, humildad y obediencia, y también cuando representa al pueblo para actuar como agente de su transformación, liberación y esperanza. Servir, de acuerdo a la teología del libro de Isaías, es el acto que permite la iluminación de las naciones y propicia la vida y la resurrección de la gente que está cautiva en la necesidad y la desesperanza.

Los temas de restauración son cruciales para la aplicación del mensaje isaiano. El Dios bíblico no desea la aniquilación del mundo, ni espera la destrucción de la humanidad, ni se contenta con el caos de la sociedad. La voluntad divina se relaciona con la vida, la esperanza, la justicia, la paz, la dignidad humana, la salud, el respeto, la nobleza, el perdón y la integridad. No aprecia el Señor la miseria humana que se pone de manifiesto en grandes sectores de la sociedad contemporánea; ni se alegra Dios de la injusticia social, económica y política que caracteriza las relaciones internacionales de comienzos del siglo veintiuno; ni se contenta con la destrucción de la infraestructura de la naturaleza que propicia la vida. En efecto, el Dios de Isaías rechaza abiertamente las componendas que traen como consecuencia las pérdidas políticas, las derrotas militares, los conflictos sociales y las dificultades espirituales.

La vocación del profeta es un tema teológico y pastoral de importancia capital en la obra. Isaías fue llamado por Dios a través de una visión. ¡Solo una visión bastó para transformar su vida! ¡Solo una visión fue necesaria para cambiar el sentido de dirección del profeta! ¡Solo una visión hizo que Isaías descubriera la voluntad divina y se dedicara a comunicar ese mensaje! Eso es posible porque las visiones verdaderas de Dios transforman, redimen, liberan, salvan, sanan y bendicen. El objetivo de esas visiones no es entretener, sino modificar positivamente y de forma sustancial la conducta humana.

Fundamentados en esas particularidades teológicas, las iglesias y los creyentes se esfuerzan por transformar la realidad del dolor presente en el reino de paz anunciado por el profeta, donde las armas de guerra sean sustituidas por los instrumentos de paz. Nuestra tarea misionera fundamental es contribuir a que se creen las condiciones espirituales, sociales, económicas y políticas necesarias para que «el león y el cordero» estén juntos.

Presentación del mensaje y del profeta (1.1–12.6)

Capítulo 1

Una nación pecadora (1.1-31)

El primer capítulo del libro del profeta Isaías presenta una introducción a toda la obra, e incluye una especie de prefacio al mensaje del profeta durante su ministerio. Expone los temas de juicio y salvación que manifiestan gran importancia en el libro, y que posteriormente van a destacarse en el resto de la obra: p. ej., mensajes contra la apostasía (vv. 2-9 y 7.12-8.6,17); oráculos contra el culto superficial y externo (vv. 10-17 y 29.9-16); palabras sobre el «resto» o «remanente» (v. 9 y 30.1, 8-12); revelaciones en torno a la misericordia de Dios al perdonar (vv. 18-20 y 13.10-20); afirmaciones referentes al amor divino hacia Sión (vv. 21-26 y 29.5-8; 31.4-5); y algunas profecías referente al futuro glorioso de Sión (vv. 27-31 y 2.2-4; 28.16). Estos temas proveen un sentido de dirección teológica al libro y revelan las prioridades espirituales de la obra.

El mensaje profético afirma la importancia de la experiencia religiosa que tiene repercusiones transformacionales en las personas. Posiblemente esta particularidad teológica y temática le brinda a la palabra de Isaías una particular pertinencia en Latinoamérica, y pone claramente de manifiesto la relevancia de su mensaje para las iglesias y los creyentes contemporáneos. El culto que agrada a Dios es el que está acompañado de manifestaciones concretas de justicia.

La estructura temática del capítulo puede ser analizada de la siguiente forma:

• título de la obra y una referencia histórica y teológica inicial (v. 1),

• devastación de Judá (vv. 2-9),
• mensaje en torno a la verdadera adoración (vv. 10-17),
• llamado al arrepentimiento (vv. 18-20), y
• mensaje de juicio y redención (vv. 21-31).

Por otra parte, la estructura alterna del capítulo identifica la disposición temática en forma de quiasmo o en paralelos de las ideas. Un quiasmo es una estructura retórica en la que lo que se quiere destacar en el texto se coloca al centro, y alrededor de ese centro, como en círculos concéntricos, van apareciendo temas paralelos entre sí. Así, por ejemplo, en el cuadro que sigue «A» y «A'» son paralelos, como lo son también «B» y «B'», etc. Veamos:

A. Desconocimiento del Señor (vv. 2-4)

   B. Enfermedad y desolación de Jerusalén (vv. 5-9)

      C. Culto deshonesto y abominable al Señor (vv. 10-15a)

         D. La ciudad llena de crímenes y prácticas injustas (vv. 15b-18a)

            *Posibilidad de perdón y bienestar (vv. 18b-20)

         D.' La ciudad sede de la opresión (vv. 21-25a)

      C.' La ciudad purificada será sede de la justicia (vv. 25b-27)

   B.' Destrucción de los pecadores (v. 28)

A.' Reconocimiento de otros dioses y sus cultos (vv. 29-31)

En esta estructura concéntrica, el centro temático y poético del pasaje se encuentra en los versículos 18b-20, que ponen en clara evidencia el propósito teológico del mensaje: el Dios bíblico está interesado en el perdón y el bienestar de su pueblo.

La primera sección (v. 1), que incluye posiblemente el título de la obra –Visión de Isaías–, presenta la «visión» del profeta, que más que una experiencia visual momentánea alude a la toma de conciencia, particularmente al acto de descubrir, comprender y presentar la voluntad de Dios a su comunidad.

El objetivo específico del primer versículo es afirmar la importancia del mensaje de Isaías y ubicar su ministerio en su justa perspectiva histórica, social, política y geográfica: según el texto bíblico, Isaías llevó a efecto su vocación profética en Judá (c.740-701), durante los reinados de Uzías (conocido también como Azarías), Jotam, Acaz y Ezequías, quienes gobernaron a Judá del 781 al 687 a. C. Aunque el mensaje del profeta se dirige principalmente a Judá y a Jerusalén, su libro contiene oráculos dirigidos a otros pueblos y naciones.

Este título o encabezamiento –que posiblemente proviene no del profeta Isaías, sino de algún editor posterior– se asemeja a los que se incluyen en otros libros proféticos (p. ej., Jer 1.1-3; Os 1.1; Am 1.1; Miq 1.1) y sugiere la idea de que las introducciones a esos libros fueron añadidas luego que los mensajes de los profetas habían sido recopilados. Generalmente, estos títulos incluyen el nombre del profeta, su ubicación histórica y geográfica, y alguna indicación de los destinatarios del mensaje. En este caso, aunque el mensaje alude específicamente a Jerusalén y Judá, se dirige también a otras naciones (Is 13-23).

En la sección segunda del capítulo (vv. 2-9) se presenta la severidad de la devastación del pueblo de Judá con una queja divina. Se describe poéticamente a Sión y se presenta la extensión del juicio. Isaías, sin embargo, identifica el origen de la destrucción en la infidelidad del pueblo: por haberse olvidado del Santo de Israel, le ha sobrevenido a Judá una serie de calamidades que ponen de relieve la naturaleza santa de Dios y la maldad del pecado del pueblo.

La línea inicial del mensaje, «Oíd cielos, y escucha tú, Tierra» (1.2), alude claramente a la ruptura del pacto o la alianza que se describe en Deuteronomio 32.1. De esta forma, el texto relaciona la infidelidad del pueblo con el pacto o la alianza de Dios con Israel en el Sinaí; es una manera figurada de referirse al acto de la liberación de Egipto, y es una forma sutil de describir la respuesta infiel del pueblo a esa manifestación liberadora de parte de Dios. ¡Los animales conocen a sus dueños, pero Israel no conoce a su Señor, al Dios Santo de Israel!

El pueblo demostró su infidelidad y rechazo a la voluntad divina no tanto por servir a las divinidades paganas, sino por excluir y rechazar sus mandamientos y enseñanzas en los asuntos personales, públicos, privados y nacionales, e ignorar el llamado del profeta a afirmar la justicia social como un valor preponderante en la sociedad. El pueblo insistentemente rechazaba los planes divinos. El problema es aún mayor porque el pueblo rechaza las directrices del Dios Santo, que se interesa en la conducta justa y en el estilo de vida ético de la comunidad.

Uno de los títulos típicos y expresiones preferidas del profeta Isaías para referirse a Dios es «El Santo de Israel» –que aparece unas veintiséis veces en el libro, p. ej., 5.16,19,24; 10.20; 30.11–, cuyo propósito teológico es doble: en primer lugar, afirma la santidad divina al apelar a la majestad, virtud, bondad y poder de Dios; al mismo tiempo, pone de manifiesto la misericordia del Señor que se revela al pueblo y se manifiesta en medio de sus realidades cotidianas. Un Dios santo requiere un pueblo santo (Lv 19.2). Esa percepción teológica se grabó profundamente en la vida y mensaje del profeta.

En esta ocasión, el profeta no está particularmente interesado en identificar cómo el pueblo ha ignorado alguna ley o ha rechazado un mandamiento específico. Su objetivo primordial es poner de relieve la falta de compromiso religioso que debe informar y guiar las decisiones personales y colectivas, y los estilos de vida de la comunidad judía. La referencia a Sión es una forma poética de referirse a la ciudad de Jerusalén.

En este mensaje (vv. 2-9) el profeta posiblemente se dirige al rey Ezequías, en el contexto de la destrucción producida por Senaquerib en su campaña militar contra Judá (701 a. C.). De acuerdo con Isaías, el juicio se fundamenta en el rechazo del pueblo a la palabra divina, que amonestaba al pueblo a vivir a la altura de las promesas de Dios. Las incursiones del famoso general asirio se ponen en evidencia con abundancia de detalles en las inscripciones acerca de Palestina que se han descubierto en Asiria.

En el versículo 9 se introduce por primera vez en el libro el tema del «resto» o «remanente», que revela el interés salvador de Dios y el compromiso con la esperanza que tenía el profeta. El Señor va a conservar una parte de su pueblo y no permitirá que sea destruido totalmente. A esos sobrevivientes, que son salvados únicamente por la misericordia de Dios, se les llama «remanente» o «resto». La salvación del pueblo es una manifestación exclusiva de la misericordia divina, pues sus pecados se asemejan a los de Sodoma y Gomorra.

La tercera sección del capítulo (vv. 10-17) presenta un tema de fundamental importancia en la predicación profética: Dios no se agrada de los sacrificios o la práctica de la religión que no están acompañados con manifestaciones concretas de justicia y con expresiones reales de misericordia. Los actos religiosos que no se fundamentan en la moral y la justicia generan el rechazo divino. Dios mismo se opone a la religión desprovista de moral y ética.

El poema comienza con una referencia a las ciudades ancestrales de Sodoma y Gomorra, para enfatizar la naturaleza de los pecados de Judá y porque posiblemente el versículo anterior las menciona. De acuerdo con los relatos de Génesis 19, esas ciudades fueron totalmente destruidas por Dios a causa del pecado y la corrupción. En el versículo 9 se indica que Judá correrá la misma suerte que esas dos ciudades, y en el versículo 10 se afirma que los líderes del pueblo son como los «príncipes de Sodoma», igualmente corruptos. Estas dos ciudades son símbolo y prototipo de la perversidad moral y de las acciones injustas hacia las personas en necesidad.

El tema fundamental del mensaje es la verdadera adoración. El Dios bíblico no se complace de los sacrificios humanos que no están acompañados con manifestaciones reales de justicia. La experiencia religiosa saludable es la que relaciona los símbolos de culto con la práctica diaria. La referencia a las «manos llenas de sangre» (v. 15) no solo alude a los sacrificios de animales, sino a los actos de injusticia que generaban dolor y muerte entre los inocentes del pueblo.

El profeta no está necesariamente opuesto a los rituales; lo que el libro de Isaías rechaza abiertamente son los sacrificios religiosos sin repercusiones morales ni transformaciones éticas. Para el profeta, lo fundamental de la experiencia de culto es cómo la gente religiosa trata a las viudas y a los huérfanos. La piedad debe estar al servicio del bienestar de la humanidad. La exhortación a practicar la justicia, particularmente con las personas pobres y la gente oprimida y marginada de la sociedad, es uno de los temas predominantes en el libro (8.21-9.5; 29.18-21; 58.6-7; 61.1-2).

En este sentido, el mensaje de Isaías es similar al de Amós, que también relacionó el culto con la implantación de la justicia (Am 5.18-27). El sacrificio verdadero y agradable a Dios es el que se fundamenta en el aprecio de los valores divinos que son importantes. Las actividades religiosas externas sin espíritu interior de humildad no tienen significación ni sentido. Inclusive, los ritos son peligrosos cuando se entienden con capacidad de merecer el favor divino. Solo cuando se practica la justicia, es que las actividades de culto cobran sentido transformador.

Luego del mensaje de afirmación ética, el libro incluye uno de los pasajes más famosos de Isaías: «Venid luego, dice el Señor, y estemos a cuenta...» (vv. 18-20). Según el texto, el arrepentimiento y la obediencia son valores fundamentales en la vida. La prosperidad se fundamenta en el arrepentimiento verdadero y en el compromiso con las enseñanzas de la palabra de Dios. La llave del éxito en la vida es la capacidad de escuchar la voz divina e incorporar en el estilo de vida diario los valores que esa voz divina representa.

El Dios bíblico está interesado en el perdón, que se basa en el arrepentimiento verdadero. En este caso, los reproches divinos se articulan en un lenguaje típico de los procesos judiciales en la antigüedad (Miq 6.1-8).

La sección final del capítulo (vv. 21-31) presenta una serie de amenazas divinas por la corrupción política y social del pueblo y sus líderes. El huérfano y la viuda son representantes de la gente marginada y oprimida en la sociedad. Los gobernantes perversos son acusados directamente por abandonar sus responsabilidades morales y legales de defender y apoyar a los necesitados, para en su lugar actuar en beneficio propio de manera corrupta. ¡Recibirán el castigo divino en el crisol del sufrimiento!

Un punto teológico que debe destacarse en el pasaje es que el juicio divino tiene un propósito redentor, como la purificación de los metales mediante el fuego. Según el texto bíblico, ¡Sión será purificada! El pueblo de Judá, que se caracterizó, según los versículos 10-16, por sus infidelidades y por sus actos religiosos sin valor ético, moral, teológico ni espiritual, será transformado mediante una intervención extraordinaria de Dios. La justicia será un valor fundamental para la transformación y redención de la ciudad.

Las referencias a las encinas y los huertos aluden a los lugares cananeos que se utilizaban para celebrar los cultos paganos. El propósito era hacer sacrificios a las divinidades paganas para que estas proveyeran la fertilidad de los campos y los animales (Os 4.14). La reacción del profeta a esas prácticas es de rechazo total y absoluto. La gente que siga esas prácticas politeístas, según el mensaje profético, perecerá al igual que los objetos que se utilizaban en esas ceremonias paganas (véase Os 9.11-12).

Reinado universal del Señor (2.1-5)

Con el capítulo dos se inicia una nueva sección del libro de Isaías, que generalmente pone de relieve una serie de mensajes de juicio contra Jerusalén y Judá. A los mensajes sociales de los capítulos 2-5 se unen una sección de memorias del profeta (Is 6-8), dos oráculos mesiánicos (Is 9 y 11), separados por los oráculos a Samaria y Asiria (Is 10), y finalmente, un salmo de acción de gracias (Is 12). Esta sección parece provenir de los primeros años del ministerio profético de Isaías.

Los capítulos 2-4 forman una particular unidad teológica y literaria, que destaca el pleito y el juicio divino contra la gente poderosa. En forma de quiasmo o en una estructura concéntrica en paralelo de ideas, la sección se dispone de la siguiente forma:

A. Jerusalén es la luz de los pueblos (2.2-5)

B. Altanería de los hombres de Jerusalén (2.6-22) y anarquía en

Jerusalén (3.1-11)

*Pleito y juicio del Señor contra los poderosos del pueblo (3.12-15)

B'. Altanería de las mujeres (3.16-24) y desconcierto de las viudas

de Jerusalén (3.25-4.1)

A'. El remanente de Jerusalén es purificado para el nuevo éxodo

(4.2-5)

El primer versículo del capítulo (2.1) incluye un nuevo encabezamiento (véase también 1.1), que delata cierta unidad temática y literaria en toda la sección de los capítulos 2-12; además, pone de relieve la importancia del mensaje o la «visión» y revelación de Isaías. Se repite el nombre del padre del profeta y también se indica la identidad de los destinatarios principales del mensaje: Judá y Jerusalén. Este nuevo título puede ser un buen indicio de las diferentes etapas en el proceso de redacción y edición del libro.

La revelación inicial (2.2-5) afirma el reinado universal de paz del Señor sobre la humanidad al final de los tiempos, y se encuentra en una forma similar en Miqueas 4.1-3. El propósito es enfatizar la importancia de Sión (que es una forma poética de referirse a Jerusalén) y la relevancia del Templo, que será lugar de reunión de las naciones, para delatar el sentido teológico universalista del mensaje. La promesa del reinado de paz (v. 4) aparece también en Isaías 9.2-7 y 11.1-9, y enfatiza la transformación de las armas de guerra en instrumentos de paz y prosperidad (véase también Miq 4.3; Jl 3.10), lo que describe elocuentemente las aspiraciones de justicia y paz de las Naciones Unidas. El tiempo del fin se caracterizará por la paz, que se fundamenta en la justicia, es decir, el acto de caminar en la luz del Señor (v. 5).

El «monte del Señor» o «monte de Sión» se refiere a la colina en Jerusalén donde estaba enclavado el Templo del Señor. La palabra hebrea «torá», traducida generalmente como «ley», se refiere más bien a las instrucciones y enseñanzas que debía recibir y asimilar el pueblo de Dios, no a un grupo de regulaciones estrictas que debían ser obedecidas fielmente. La Ley, en este sentido, es más que un documento estático y cautivante; es una forma de vivir y de actuar a la altura de las exigencias divinas (Sal 19.7-10).

Este mensaje tiene una importante perspectiva teológica y contextual. Pone de relieve la voluntad de Dios para la humanidad, y enfatiza la prioridad divina para los seres humanos. El reinado de la paz es un ideal fundamental para los creyentes porque se fundamenta en la revelación divina. Ese tipo de reinado no debe ser tema de especulación filosófica abstracta, ni debe convertirse en asunto secundario en la misión del pueblo de Dios. El Señor mismo se convertirá en maestro para dirigirnos por sus caminos y sus sendas. En este sentido es necesario afirmar que el ideal de la paz que se fundamenta en la justicia debe convertirse en norte teológico y en la prioridad misionera del pueblo de Dios.

Juicio del Señor contra los soberbios (2.6-22)

La sección que sigue (vv. 6-22) presenta el juicio del Señor contra los soberbios, pues se afirma categóricamente que «el día del Señor» (v. 12) vendrá de forma extraordinaria. El profeta denuncia claramente las actitudes caracterizadas por altanería, altivez, prepotencia, orgullo y soberbia, que se representan simbólicamente en el mensaje por «cedros», «encinas», «montes», «collados», «torres», «muros fortificados» y «barcos lujosos». Las claras alusiones a las riquezas y al poderío militar revelan que el mensaje se presentó al pueblo en un período de bonanza económica y prosperidad material, posiblemente cerca del llamado al profeta a ejercer su misión (c. 740 a. C.).

De acuerdo con el pensamiento bíblico, el «día del Señor» se concebía como el momento cuando Dios iba a castigar de forma definitiva a los enemigos de Israel. Sin embargo, para Isaías y los profetas del siglo octavo, ese día también significaba juicio y castigo para el pueblo de Dios. Amós se refirió a ese día como «de tinieblas» (Am 5.19); Sofonías lo describe como una guerra (Sof 1.14-18); Joel lo representa como una plaga de langostas (Jl 2.1-11); e Isaías lo presenta como un huracán o terremoto (2.9-11).

En este pasaje, el «día del Señor» adquiere una dimensión de conquista en la que los enemigos de Dios se esconderán en las cuevas para evitar y evadir el juicio divino. Dios derribará toda la altivez humana representada en la naturaleza o en las construcciones humanas. El fundamento teológico del juicio es la actitud idolátrica de la comunidad que ha incorporado las prácticas religiosas de pueblos extranjeros.

El mensaje se mueve de la descripción general del «día del Señor» a las descripciones concretas de la catástrofe. El castigo de Jerusalén y Judá será abundante y extenso. Esta decadencia de la ciudad, junto a la violencia y la corrupción de sus líderes religiosos y políticos, puede relacionarse con el reinado de Acaz, alrededor del 734 a. C.

Juicio del Señor contra Judá y Jerusalén (3.1-15)

El «día del Señor» produce en Jerusalén anarquía y desolación (3.1-15). El orden social de la ciudad se afectará de forma extraordinaria, y la violencia reinará en el pueblo. Para el profeta, esa dinámica de caos y destrucción en la sociedad es el resultado directo de las malas obras y «la lengua» del pueblo (3.8). Judá ha actuado como Sodoma, y no se ha arrepentido de su pecado ni se ha avergonzado de su actitud (3.9).

Como responsables mayores en la debacle institucional el profeta identifica a los gobernantes, que debían implantar la justicia, y a los ancianos, que actuaban como jueces en los pleitos y debían hacer valer las leyes. La frase «devoraron la viña» pone de relieve de forma gráfica la maldad y hostilidad de los líderes políticos y revela la actitud egoísta y pecaminosa que motivaba sus acciones. El lenguaje del oráculo recuerda los procesos legales antiguos (Miq 1.1-5), en los cuales se presenta al Señor como juez. Y el título divino «Señor de los ejércitos» pone de manifiesto la extensión de la cólera de Dios ante las acciones humanas: ¡Las huestes divinas se revelan para poner en evidencia y ejecutar el juicio a Judá y Jerusalén!

Juicio contra las hijas de Sión (3.16-4.1)

La próxima sección del pasaje (3.16-4.1) se dedica a la reprensión de las mujeres pudientes y orgullosas de Judá y de Jerusalén. De la misma forma que en Isaías 2.6-22 se dedica todo un discurso a criticar severamente y presentar el juicio a los hombres soberbios y altaneros del pueblo, este nuevo pasaje enfatiza el juicio divino sobre las mujeres. Como toda altivez será humillada, el castigo también llegará a las mujeres altivas y orgullosas de la alta sociedad jerosolimitana.

Utilizando la imagen de las «hijas de Sión», el texto bíblico indica que el orgullo que las mujeres pueden manifestar al vestirse, caminar o maquilarse será transformado en bochorno, humillación y vergüenza. De acuerdo con el texto, la «cicatriz de fuego» –que es un símbolo de cautiverio– sustituirá la «hermosura» femenina (3.24); es decir, el dolor y el cautiverio suplantará el contentamiento y la libertad. La lista de los artículos de adorno de las mujeres que se mencionan en el pasaje no siempre es fácil de entender y traducir (vv. 18-23).

La intervención divina transformará los objetos que sirven de fuente de vanidad y orgullo en causas de dolor y sufrimiento. Los símbolos de la belleza se cambiarán en instrumentos de la ira divina. Como resultado del juicio divino, experimentarán una escasez de varones, y después de la invasión, siete mujeres –cifra que alude a un buen número, se refiere a lo completo o perfecto– pleitearán por un hombre, para evitar la desgracia que se asociaba con el no tener hijos e hijas. Esas mujeres estaban dispuestas a ceder el derecho legal de ser sostenidas por sus esposos, con el solo hecho de que las libraran de la deshonra de ser estériles (véase Gn 30.23; 1 S 1.6).

Futuro glorioso de Jerusalén (4.2-6)

En 4.2-6 se incluye un mensaje de esperanza y restauración, para responder a las palabras de juicios previos. La palabra hebrea, *semath*, que puede ser traducida como «renuevo» o «germen», también puede significar «vegetación», y en varios mensajes proféticos alude al Mesías que proviene de la Casa de David (Jer 23.5; Zac 3.8). En este pasaje, posiblemente, el término tiene la significación dual: ¡Alude tanto a la gran fertilidad como al desarrollo de la región en la nueva era mesiánica!

La frase «sobrevivientes de Israel» introduce un tema de importancia capital en la literatura isaiana: el resto o remanente. Aunque Dios va a manifestar su juicio sobre Jerusalén, conservará una pequeña parte del pueblo, un resto, remanente o pequeño grupo de personas que le ha sido fiel y que espera en sus promesas. Esos sobrevivientes a la catástrofe se salvarán únicamente por la bondad y misericordia divina (Is 1.9; 10.20-22; 11.10-16; 28.5; 37.430-32).

La referencia a la nube y a la oscuridad durante el día y la alusión a la iluminación nocturna son expresiones que evocan la liberación del pueblo de Israel de las tierras de Egipto (Ex 13.21-22; 40.34-38). El mensaje del profeta no solo presenta el juicio divino, sino que provee para su restauración. El juicio no es la palabra final de Dios para su pueblo, sino la esperanza de renovación y restauración.

Parábola de la viña (5.1-7)

Este pasaje contiene una parábola en forma de cántico, similar a los que se entonaban en la antigüedad durante la Fiesta de los Tabernáculos (Dt 16.13-15). Luego de la presentación inicial del tema, en la que el amado representa a su amigo –el Señor– y la viña a los pueblos de Israel y Judá (v. 1a), se incluye el asunto fundamental de la parábola (vv. 1b-2): el dueño de la viña había trabajado arduamente para hacer que la viña diera buenos frutos, pero se sintió profundamente frustrado al percatarse del resultado de su gestión, de los malos frutos que recibió. En la próxima sección (vv. 3-4) el dueño se lamenta de la situación e indica lo que hará con el campo (vv. 5-6): le quitará la protección y permitirá que la naturaleza, con sus fuerzas destructivas, se encargue de ella. Finalmente se explica la parábola (vv. 8-30).

Esta parábola –que es un magnífico ejemplo de ese género literario en la Biblia hebrea– es similar a otras que se encuentran en el Nuevo Testamento (véase p. ej., 2 S 12 y Mt 21.33-42; Mr 12.1-10; Lc 20.9-18), y es muy probable que represente uno de los primeros mensajes del profeta. El tema de la viña como representación de Israel es común en la Sagrada Escritura (Os 10.1; Jer 2.21; Ez 15.1-8; 19.10-14). Posiblemente, el pueblo al principio acompañó con agrado el cántico, aunque al final, al percatarse de la condena que contenía el mensaje, rechazó su contenido.

La imagen de la viña puede evocar dos significados básicos: el primero, relacionado con la agricultura, puede ser una alusión a la infidelidad religiosa del pueblo. El Señor invirtió tiempo y esfuerzos en el pueblo, que no produjo los frutos de fidelidad esperados. Por otro lado, la viña era una propiedad de gran valor en una sociedad productiva como la judía del siglo 8 a. C. Esa producción vinícola contribuyó a las riquezas injustas, que fueron el fundamento de la crítica profética. La amenaza de quitar la protección de la viña puede ser una referencia a permitir que los asirios lleguen al pueblo de Judá y saqueen y destruyan sus ciudades.

«Ayes» sobre los malvados (5.8-30)

El tema del juicio divino continúa en la próxima sección (5.8-30). El poema incluye seis «ayes» o pronunciamientos proféticos que anuncian el juicio del Señor sobre su pueblo. Entre los sectores sociales y personajes que el profeta identifica se encuentran los siguientes: los que acaparan casas y terrenos (vv. 8-10); los poderosos (vv. 11-17); los que se burlan de Dios con sus acciones (vv. 18-19); los que pervierten los valores éticos y morales (v. 20); los que se creen sabios (v. 21), y los jueces corruptos (vv. 22-24). El fundamento del mensaje es la injusticia que los ricos hacían con los sectores más pobres de la comunidad, particularmente en la sociedad judía del siglo 8 a. C., que era esencialmente agraria (véase Miq 1.1-2,9).

El severo proceder de Dios, según la parábola y su interpretación, tiene un propósito básico y fundamental: destruir a las personas que gestan la maldad en el pueblo y propician la injusticia en la comunidad, al mismo tiempo que le permite al resto santo o remanente sobrevivir. De acuerdo con el mensaje, si luego de un período inicial de juicio no se manifiestan señales de arrepentimiento, entonces sobrevendrá una manifestación mayor de la ira de Dios.

Como el refrán o estribillo del versículo 25 se incluye también en Isaías 9.12,17,21; 10.4, algunos intérpretes del pasaje relacionan los versículos 25-30 con el poema de Isaías 9.8-10.4.

El poema incluye tres temas fundamentales: la denuncia por los abusos sociales, la crítica a los líderes –particularmente a los encargados de implantar la justicia– y los peligros que representan «las naciones lejanas», lo que es una posible alusión a Asiria. El juicio divino se relaciona en este pasaje con la presencia de otras naciones que pueden cometer contra ellos las mismas injusticias.

La sección final del pasaje (vv. 26-30) describe de forma poética una inminente invasión militar en Palestina. El ejército invasor se mueve a las órdenes divinas, y no encuentra obstáculos ni dificultades para la conquista y la victoria. Es posible que la descripción sea una alusión a las campañas militares de Asiria –p. e., «naciones lejanas». Particularmente puede referirse a las invasiones violentas de Tiglat-Pilasar III, que llenaron las comunidades palestinas de temor y desesperanza. Posteriormente, el profeta describe al poderoso imperio asirio como instrumento en las manos de Dios (10.5-7).

La vocación de Isaías (6.1-13)

El relato de la vocación de Isaías no se incluye al principio de su libro, como es el caso de Jeremías (Jer 1) y Ezequiel (Ez 1-3), pues sirve de introducción a la sección conocida como «El libro de Emanuel» (6.1-12.6), que presenta una serie bastante importante de memorias del profeta e incluye varios mensajes mesiánicos. Con su visión y relato de vocación, Isaías pone de manifiesto las credenciales necesarias que le permiten ejercer con autoridad como profeta en medio de su pueblo. Posiblemente esta «visión» se relaciona con el inicio de la actividad profética de Isaías, por el año 740 a. C. (2 R 15.7; 2 Cr 26.23).

Esta sección se compone de materiales que provienen de fuentes variadas. El material biográfico (Is 7) y autobiográfico (Is 6 y 8) proviene del tiempo del reinado de Acaz. La sección de mensajes mesiánicos se incorporó posteriormente a la colección de mensajes del profeta (Is 9-12).

La visión de Isaías, que llegó al morir el rey Uzías, ubica al vidente en el Templo del Señor o ante el trono celestial. Según el relato, el profeta «vio» al Señor sentado en su «trono alto y sublime». El «trono» del Señor era una posible alusión al Lugar Santísimo del Templo, que constituía la silla real del trono visible del Dios invisible (Ex 25.21-22; Sal 99.1). Allí se escondía la gloria de Dios. El profeta ve al Señor como rey del mundo, sentado en su trono extraordinario, con el esplendor de un monarca oriental.

Los serafines eran unos seres celestiales alados que se mencionan únicamente aquí en las Escrituras. La referencia a las alas destaca su movilidad. Se cubrían el rostro, para no ver la gloria de Dios y morir (Ex 3.6). La referencia a que se cubrían los pies puede ser un eufemismo para referirse a sus partes íntimas, o también puede aludir a la costumbre oriental de no mostrar la planta de los pies. En la descripción se presentan como criaturas compuestas de parte humana y parte animal. La palabra hebrea «serafines» significa «los ardientes».

La triple repetición del «Santo, santo, santo» −que se ha incorporado en la adoración cristiana, y que se conoce como el «trisagion»− tiene la fuerza del superlativo en el hebreo bíblico; además, subraya la teología de santidad que se afirma y manifiesta en el libro. El Señor se presenta como un guerrero, y se indica que la Tierra está llena de su gloria. La alusión a la «gloria» divina pone de relieve su poder y autoridad en el mundo. El mundo entero es parte del escenario divino; ningún lugar del globo terráqueo está ajeno a la intervención de Dios.

El profeta indica que ha visto al Señor −reclamo que, de acuerdo con el Antiguo Testamento, debe ser explicado con cautela. Según Éxodo 33.11, Moisés hablaba con el Señor «cara a cara», aunque posteriormente se indica que únicamente podía ver sus espaldas, pues quien veía a Dios moría (Ex 33.20). En la visión, Isaías vio al Señor sentado en su trono y escuchó la adoración de los serafines, en una manera similar a la del profeta Micaías, hijo de Imla (1 R 22). Fue una experiencia de llegar al trono celestial para dialogar con el Eterno, quien en la teología del libro se afirma como el Dios Santo de Israel.

Ante la revelación divina, los fundamentos del Templo se estremecen y el lugar se llena de humo. Las teofanías, o manifestaciones de Dios, en la Biblia están acompañadas por demostraciones de poder, como los terremotos y los fuegos (p. ej., Ex 20). Se percibían como intervenciones divinas que manifestaban la voluntad divina al pueblo, que en este caso se hacía por medio de Isaías. Ante la revelación extraordinaria de la gloria divina, el profeta reconoció su condición pecaminosa, y se identificó con su pueblo. Su expresión de asombro revela humildad, temor y capacidad de reconocer su condición humana, frágil y pecaminosa.

Luego del versículo 6 el profeta deja de ser un espectador asombrado y silente de la teofanía para convertirse en parte del drama, para interaccionar con la revelación. Uno de los serafines trajo un carbón encendido del altar para tocar sus labios y quitar su culpa. De esta forma se preparaba a Isaías para su ministerio profético.

El relato de vocación pone de relieve varios temas de importancia teológica. El profeta fue llamado luego de la muerte del rey. Esa afirmación puede ser una referencia solapada a que el rey impedía de alguna forma el desarrollo del ministerio profético de Isaías. También puede significar que ante la muerte del monarca, Isaías buscó refugio en el Templo, y allí le alcanzó la revelación divina.

El Dios Santo de Israel es en esta visión presentado como «de los Ejércitos». La expresión puede referirse tanto a las milicias del pueblo de Israel, como a los astros celestiales. En el contexto histórico del pasaje, posiblemente es una referencia al ejército del pueblo, pues la amenaza de la guerra siro-efraimita era inminente.

Un componente fundamental del pasaje es la solidaridad que manifiesta el profeta con su pueblo: «Soy hombre inmundo de labios y habito en medio de un pueblo de labios inmundos». Reconoció el profeta su condición personal y la situación nacional; además, decidió identificarse plenamente con las personas que debía servir. Esa solidaridad e intimidad del profeta con su pueblo es un requisito indispensable para el desempeño efectivo de su labor ministerial. Y ese acto de humildad fue recompensado por Dios al «tocar sus labios» para «quitar su culpa» y «limpiar su pecado».

El mensaje del relato de la vocación de Isaías no finaliza con el versículo 7; la verdad es que la unidad literaria y temática del pasaje continúa hasta terminar el capítulo. Luego del llamado al profeta se le presenta la razón de ser de su misión: se articula de forma directa el propósito del llamado y se describe la finalidad de su tarea. Isaías ha sido llamado por el Señor para que anuncie un mensaje de juicio al pueblo, que vivía un período de prosperidad y bonanza, que le hacía olvidar sus compromisos éticos, morales, espirituales, económicos y políticos con el Dios que les había llamado y con quien había establecido un pacto o alianza.

Luego de la ceremonia de purificación de labios, el profeta escucha una voz que inquiere: «¿A quién enviaré y quién irá por nosotros?». El Señor mismo se revela al profeta para entablar un diálogo, para iniciar una conversación. ¿Quién desea responder al llamado divino? ¿Quién desea ser fiel a la vocación profética de servir? ¿Quién desea incorporarse al grupo de personas que entienden que la profesión más importante en la vida es la de apoyar al prójimo? ¿Quién desea invertir su vida y existencia en el compartir, amar y perdonar?

Ante la trascendental e importante pregunta divina, Isaías respondió en la afirmativa: «Heme aquí, Señor, envíame a mí». El profeta respondió positivamente al llamado divino, porque quería ser obediente a la revelación de Dios, además de estar seriamente preocupado por su pueblo. Ante el reclamo del Señor, Isaías no escatimó esfuerzo alguno ni puso objeción para articular una respuesta efectiva.

La construcción de la pregunta divina se hace en plural («por nosotros»), pues Dios, que llama al profeta, está en diálogo con su «corte celestial». Tradicionalmente muchos cristianos han leído en este pasaje una referencia bíblica a la Trinidad.

El mensaje que Isaías debe presentar es de juicio severo y firme. Su ministerio consistiría no solo en el anuncio de los mensajes del juicio que se aproximaba, sino que debía «embotar el corazón del pueblo» para que no entendieran y procedieran al arrepentimiento. En efecto, el pueblo no quería escuchar su palabra ni deseaba obedecer el llamado divino.

Este mensaje tan severo es muy difícil de comprender en la actualidad, pues generalmente la finalidad de la predicación profética es la conversión y redención de los destinatarios del mensaje. Sin embargo, en este caso específico, el propósito es diferente: el Señor mismo es quien comisiona al profeta a «cegar» los ojos del pueblo, para que no vean el potencial de arrepentimiento y perdón.

Este mensaje de juicio puede relacionarse con un período en el cual el pueblo no desea escuchar el llamado divino. Las condiciones de prosperidad económica y riquezas materiales le impedían al pueblo judío reconocer su condición pecaminosa para proceder al arrepentimiento. El profeta recibe del Señor no solo el mensaje, sino las posibles reacciones del pueblo.

Referente al juicio severo, el profeta pregunta: «¿Hasta cuándo?». Le preocupa al profeta seriamente el tiempo para que termine el castigo divino, pues no se pone en duda lo imperioso e inminente del mensaje. La respuesta divina no es consoladora: la destrucción sobre Judá y Jerusalén será mayor, pues la ciudad quedará vacía y desolada, y sus habitantes serán llevados al destierro. Inclusive, si en el proceso de destrucción quedare una décima parte, esta, a su vez, será reducida hasta que quede únicamente un resto, un pequeño remanente como un árbol sin hojas. La idea es que Dios comenzará un particular tipo de juicio sobre su pueblo: un proceso continuo y permanente de destrucción purificadora, hasta que quede únicamente un remanente o resto fiel y depurado. Entonces, y solo entonces, el árbol florecerá nuevamente.

Las palabras finales de la sección no se incluyen en el texto de la versión griega del Antiguo Testamento –la Septuaginta–, pero están presentes tanto en el Tárgum (versión en arameo), como en la Peshita (versión en sirio) y también en los manuscritos de Qumrán (en hebreo). Algunos intérpretes indican que esta sección final del capítulo es una añadidura tardía al pasaje, pero pensamos que es importante pues le brinda al texto un pertinente sentido de esperanza. En medio de ese mensaje de destrucción y en el entorno de las palabras de juicio, se nota, aunque de forma tenue, un aliento de esperanza: «¡El tronco que quede de la destrucción será simiente santa!».

Mensaje de Isaías a Acaz (7.1-25)

Esta sección del libro de Isaías se relaciona con la crisis surgida por las amenazas de la alianza de los reinos de Siria –con su capital Damasco y su rey Rasín– y Efraín –que es una forma de identificar a Israel, con su capital Samaria y su rey Pecaj– contra Acaz, rey de Judá, por los años 735-733 a. C. Este conflicto, conocido como la guerra siro-efraimita (véase 2 R 16.4; 2 Cr 28.5-6), se fundamentó en el deseo de los reyes de Siria e Israel de romper con el vasallaje que tenían ante el imperio de Asiria. Como Judá no quiso unirse a sus planes rebeldes, decidieron conspirar contra el joven rey Acaz, y sustituirlo por un tal Tabeel, quien posiblemente era el hijo del rey de Tiro, quien también estaba involucrado en la conspiración siro-efraimita.

La verdad histórica es que la amenaza de Asiria a Palestina era real, inminente e inmediata. El poder del imperio se cernía sobre el Oriente Medio, y los vecinos de Judá se habían percatado de la gravedad de la situación. Isaías, ante tal conspiración internacional, presentó al rey judío la teología de la supervivencia e inviolabilidad de Sión, fundamentada en las promesas a David. Sin embargo, el monarca de Judá desatendió los sabios consejos del profeta y solicitó ayuda contra sus vecinos al famoso rey asirio Tiglat-pileser III (2 R 16.7), convirtiéndose así en su vasallo.

El profeta Isaías llegó ante el rey «en el acueducto» (v. 3), cuando el monarca posiblemente inspeccionaba alguna de las reservas de agua, en previsión de un ataque y sitio militar prolongado. La presencia del hijo del profeta en el lugar de encuentro es reveladora: «Sear-jasub» significa «un resto volverá», que se convertía, al mismo tiempo, tanto en mensaje de amonestación como de esperanza para el rey. La figura del niño le decía al rey que el Señor mantendría sus promesas hechas a David.

¡Pero el monarca judío prefirió someterse al poder asirio antes de entrar en conflicto contra sus vecinos u obedecer las recomendaciones de Isaías! De acuerdo con la interpretación del profeta, ni Siria ni Israel, llamados irónica y despectivamente «dos cabos de tizón que humean», representaban una amenaza inminente para Judá, pues estaban en medio de francos procesos internos de decadencia económica, política y militar. Isaías presentó su mensaje con autoridad y firmeza: la coalición de Siria e Israel no prevalecerá contra Judá.

La próxima sección del mensaje de Isaías (7.10-17) contiene una porción bíblica de gran contenido histórico y teológico. Una vez más el profeta se allegó al rey para convencerlo de los peligros que representaba para la nación su política internacional. Acaz no le hacía caso al profeta, y estaba empeñado en pedir ayuda a los asirios. Para convencerlo de lo nefasto y de la falta de sabiduría de esa decisión, Isaías le ofrece al rey una señal divina. El monarca rechaza la señal en un gesto de aparente humildad y piedad, pero que revela ciertamente que ya la decisión política y militar del rey era irreversible.

Según el relato del libro de Isaías, la «señal» que ofrece el profeta al rey no es necesariamente de carácter milagroso (véase 8.18; 20.3; 37.30; 38.7-8). Era posiblemente una alusión al cumplimiento de algún hecho presente o cercano, cuya realización garantizaba el cumplimiento posterior de lo dicho por el profeta. Isaías deseaba afirmar la derrota de la coalición siro-efraimita que intentaba destronar la dinastía de David en Judá.

La señal al rey es que una joven concebirá y dará a luz un hijo, cuyo nombre destaca la presencia divina en su pueblo: «Emanuel, que significa Dios (está) con nosotros». En torno a la identificación de la mujer, hay dos posibilidades exegéticas principales: puede ser la esposa del profeta o, inclusive, una de las esposas del rey. Como la señal divina era para el monarca, la mujer aludida debía estar relacionada con el rey, y el niño por nacer debió ser un nuevo hijo para el monarca.

El mensaje del profeta consistía en que antes de que el niño tuviera edad para tomar decisiones y discernir entre lo bueno y lo malo, los reinos de Siria e Israel no constituirán una amenaza para Judá. Para el profeta, la preocupación real del rey Acaz no debía ser la coalición siro-efraimita, sino la política expansionista e imperialista de Asiria. La «mantequilla y la miel» eran alimentos relacionados con la vida nómada (Dt 32.13-14), y pueden referirse a que la invasión de Judá y la destrucción relacionada con la conquista militar de Asiria reducirían la nación a una etapa elemental de vida campesina.

Las versiones castellanas tradicionales de la Biblia traducen la referencia a la señal como: «la virgen concebirá» (7.14). La palabra hebrea *alma* significa «mujer joven de edad casadera», que, aunque incluye la posibilidad de ser virgen, destaca primordialmente el componente de su juventud. El término hebreo específico para describir o aludir a alguna mujer virgen es *betulah*, que no se utiliza en el pasaje.

La traducción griega del Antiguo Testamento, conocida como la Septuaginta (LXX), vertió la palabra hebrea *alma* por el término griego *parthenos,* que ciertamente significa «virgen». Esta lectura del texto bíblico y esa particular traducción de la palabra hebrea dio a los cristianos primitivos la posibilidad de enriquecer la perspectiva teológica del pasaje, y permitió que se relacionara este texto de Isaías con el nacimiento milagroso y virginal de Jesús de Nazaret (Mt 1.23). Y esta interpretación mesiánica del relato bíblico ha sido fuente de esperanza y recurso apologético para muchos cristianos a través de las edades.

La próxima sección del pasaje (vv. 18-25) incluye una serie de profecías que continúan el tema de la devastación que vendrá sobre Judá, y utiliza la frase «en aquel día» o «en aquel tiempo» para relacionar la crisis nacional con el tema del «día del Señor». La descripción poética de la destrucción y del estado del país es extraordinaria. Asiria llegará con sus ejércitos y dejará el país en ruinas: Judá «quedará para pasto de bueyes y los montes serán pisoteados por las ovejas» (v. 25).

Este pasaje pone en evidencia varias enseñanzas que deben destacarse. En primer lugar, presenta las reacciones del rey ante la amenaza de la coalición de Siria e Israel. Ante la crisis, el monarca judío no reaccionó con sabiduría y prudencia. Para evitar un conflicto con sus vecinos, decidió solicitar ayuda a una potencia mayor, Asiria, lo que significó un problema más complejo del que tenía. ¡El monarca judío cedió su independencia nacional voluntariamente y se hizo vasallo asirio! La naturaleza del conflicto cegó al rey, que no tomó las mejores decisiones en el momento adecuado.

La reacción del profeta fue diferente. En medio de la dificultad invocó la teología adecuada de intervención divina. La esperanza del pueblo no podía estar en su poderío militar ni en sus alianzas estratégicas. Para Isaías, el fundamento de la seguridad nacional residía en la confianza en Dios.

El rey, sin embargo, no prestó atención a los consejos del profeta. La falta de sabiduría del rey provocó una serie de eventos que culminaron con la humillación histórica, económica y política de Judá ante Asiria. Después de esa decisión del rey judío, toda conspiración anti-asiria del pueblo era considerada como una sublevación, y recibía una respuesta militar violenta y firme por parte del imperio.

El hijo del profeta (8.1-22)

El Señor nuevamente habla al profeta y le presenta otra señal en el nombre de su hijo: «Maher-salal-hasbaz», que significa «muy pronto habrá saqueo y destrucción». Este nombre confirma una vez más la naturaleza y la destrucción que se relacionan con la desconfianza que mostró el rey Acaz hacia la palabra del profeta, y también pone de manifiesto el poder del imperio asirio. La conspiración de Siria e Israel, según Isaías, no debe ser causa de temores para el rey, pues la confianza del pueblo y sus líderes debe estar en las promesas del Señor.

El monarca judío no se percató de que las condiciones sociales y políticas de esos estados no les permitía mantener un conflicto extenso contra Judá. La conquista de Damasco (732 a. C.) e Israel (721 a. C.) por los ejércitos asirios confirmó la veracidad de la profecía y la verticalidad del profeta.

El término «profetisa» utilizado en el pasaje es una alusión a la esposa del profeta (v. 3). Zacarías es posiblemente el suegro de Acaz (2 R 18.2). Las «aguas de Siloé» son una referencia al canal que conducía el agua desde los lugares superiores de la ciudad de Jerusalén hasta el sur, donde propiamente estaba ubicado el «Estanque de Siloé», que almacenaba las aguas de uso común del pueblo. Ese canal es símbolo de tranquilidad y bienestar, valores que, al no ser aceptados por el rey Acaz, se transformarán en «aguas de ríos impetuosos», lo que alude al río de Asiria, el Éufrates, cuyas aguas impetuosas y abundantes llegarán a Judá hasta inundarla y destruirla.

La referencia al «Emanuel» en estos versículos (vv. 8,10) indica que la presencia divina no siempre es una señal de salvación y liberación, sino que también puede referirse a una manifestación de la ira divina. De esta forma el profeta reafirma el corazón de su mensaje: «Al Señor de los ejércitos, a él temed; sea él vuestro temor, y él sea vuestro miedo» (v. 13), expresiones que ponen de manifiesto la confianza que el pueblo debía tener en el Señor. La imagen del ave con alas extendidas que cubre la región sustituye a la de los ríos desbordados que inundan la ciudad. En los versículos 9-10 se concentra la afirmación de esperanza del profeta, pues, en efecto, Dios está con su pueblo (Emanuel).

Los versículos 16-22 son muy importantes para la comprensión de la literatura profética en general y del libro de Isaías en particular. Por el año 734 a. C., luego de la crisis de la coalición siro-efraimita, cuando el rey Acaz hizo caso omiso de las sabias recomendaciones proféticas, Isaías se apartó algún tiempo de su actividad ministerial. Esta sección posiblemente contiene las recomendaciones del profeta a sus discípulos durante ese período. El significado particular del pasaje es que las palabras proféticas debían ser escritas y guardadas para que nuevos grupos de «discípulos» y generaciones posteriores tuvieran acceso a ellas. Posiblemente, de esta manera se inició la redacción de la literatura profética. Se afirma en este relato el descubrimiento de la importancia de la preservación de los oráculos.

Tanto el profeta como sus hijos son señales de Dios para el pueblo, y sus palabras tendrían la autoridad religiosa y moral que no tenían los mensajes de los encantadores y adivinos (Dt 18.10-14). Los versículos

21-22 pueden poner claramente de manifiesto la situación del pueblo, que se asemeja a la que se revela en 5.30: ¡Aluden posiblemente a la desesperación y dolores producidos por la invasión asiria!

El pueblo que andaba en tinieblas vio gran luz (9.1-7)

Esta importante sección del libro (vv. 1-7) comienza –utilizando las imágenes de la luz y las tinieblas– con un extraordinario mensaje de esperanza y liberación para el pueblo de Judá. La oscuridad del juicio divino se transformará en esperanza, futuro, iluminación y restauración. En contraposición al oráculo anterior, que enfatizaba la destrucción, el hambre, la tribulación y las tinieblas (8.21-22), se anuncia ahora un período de gozo, un tiempo de esperanza, una época de alegría, una hora de contentamiento, un momento de restauración. ¡Finalmente llegará la «gloria» divina para disipar las tinieblas de la devastación nacional; el dolor cederá el paso a las manifestaciones de felicidad y liberación!

Zebulón y Neftalí, que experimentaron «la oscuridad», representan las tribus del norte, que habían estado directamente expuestas a las recurrentes incursiones militares de sirios y asirios (2 R 15.29). En este contexto, la luz –que generalmente simboliza salvación, esperanza y liberación en la literatura isaiana (Is 60.1)– posiblemente alude y representa a Ezequías, el nuevo monarca judío, hijo de Acaz. El rey, que debe gobernar con justicia y equidad, se compara en 2 Samuel 23.2-4 a la luz del alba, y en varios salmos se relaciona con el rocío que nace de la aurora, como una referencia al rey en el día de su entronización (Sal 110.3). La sección castellana de 9.1-21, corresponde al hebreo 8.23-9.20. Los versículos 1-2 fueron citados por varios evangelistas como referencias proféticas al nacimiento y ministerio de Jesús (véase Mt 4.15-16; Lc 1.79).

«El pueblo que andaba en tinieblas vio gran luz», pues al finalizar el período de dolor y destrucción regresarán la felicidad y el contentamiento, como «en el día de Madián». Esta referencia histórica alude a la victoria israelita al mando de Gedeón sobre los madianitas (Jue 7-8; Sal 83.7). Esta cita es teológicamente muy importante, pues indica que la victoria anunciada por Isaías también se debe a una intervención extraordinaria del Señor. La fuente de esperanza del pueblo, de acuerdo con el pasaje, no se fundamenta en la fuerza de las armas ni en lo elaborado y eficiente de las estrategias militares, sino en la capacidad divina de intervenir en medio de la historia para salvar a su pueblo.

Las referencias a «calzado del guerrero» y «el manto revolcado en sangre» sugieren que el profeta tiene en mente un ejército específico. Posiblemente piensa en las milicias asirias, que ya habían invadido y conquistado parte del territorio israelita. Como se pone de manifiesto en sus inscripciones militares, los generales asirios de la época se recreaban y regocijaban con el recuento de las naciones y los reyes que tenían oprimidos bajo su poder, en el yugo de la esclavitud.

Al igual que en el capítulo siete, la imagen del niño que nace se convierte nuevamente en símbolo de esperanza y restauración. En este contexto específico la misma idea es una posible referencia al día en que el rey era entronizado. Cuando el rey de Judá tomaba posesión del trono, se convertía en hijo de Dios por adopción (2 S 7.14; Sal 2.7; 89.26-27). Posteriormente, cuando el pueblo judío no tuvo más reyes, este pasaje fue interpretado mesiánicamente (véase Is 7.14; Miq 5.2-3). La comunidad cristiana ha relacionado este mensaje con el nacimiento de Jesús, que se convirtió en el Mesías de la Casa de David, cuyo reino es permanente, «desde ahora y para siempre» (v. 7).

«El principado sobre su hombro» alude posiblemente al manto real, que era un símbolo del poder y la autoridad (véase Mt 27.28-29; Jn 19.2-3). Los nombres del niño revelan que el profeta pensaba en una figura que sobrepasaba los límites de la humanidad común; lo extraordinario de los nombres pone de manifiesto la teología que presupone el profeta. El rey debía administrar la justicia con las características que revelan los nombres del Mesías: sabiduría admirable, fortaleza divina, sentido de paternidad y familiaridad continua, y afirmación de la paz. Los nombres en la antigüedad eran más que una identificación personal, pues se constituían en una especie de descripción de la personalidad, en una caracterización de quien lo llevaba.

En este pasaje se transforma completamente el mensaje de juicio del profeta a Judá. De la devastación del capítulo anterior, aludida como oscuridad (8.21-22), se anuncia el nacimiento del rey mesiánico que transformará la vida y la esperanza del pueblo. La llegada del nuevo rey traerá alegría y esperanza al pueblo, que reconoce las capacidades y el programa transformador del nuevo monarca: un reino novel fundamentado en los principios de sabiduría, fortaleza, fraternidad y paz, permanece para siempre.

Asiria, instrumento de la ira divina (9.8-10.4)

El pasaje que continúa (9.8-10.4) retoma el tema del juicio divino y articula cuatro mensajes diferentes que finalizan con la repetición del refrán «Ni con todo esto ha cesado su furor...» (9.8-12;13-17,18-21; 10.1-4). Posiblemente esta sección se relaciona con 5.25-30, que también incluye el tema de la ira divina y utiliza el mismo estribillo. Los primeros tres mensajes, que son similares a los que incluye Amós en 4.6-12, están dirigidos a Israel, y el último critica severamente a los jueces del pueblo, junto a todo su sistema de justicia.

El mensaje está dirigido principalmente al reino del norte, Israel, pues para Isaías la separación de los dos reinos era artificial. Posiblemente el mensaje se presentó en el contexto de la guerra siro-efraimita. Los fundamentos teológicos del oráculo eran la arrogancia, la injusticia social y la falta de conversión. Como el pueblo no cambió su estilo de vida con los primeros mensajes del profeta, ni luego de experimentar varias catástrofes, el juicio divino iba a continuar.

Asiria es instrumento de la ira divina (10.5-34)

El mensaje de juicio continúa y se presenta con claridad el instrumento que llevará a efecto la ira de Dios: Asiria, llamada en el poema «vara y bastón de mi furor» (10.5). Ante los pecados de Israel y Judá, el Señor levantará una nación poderosa para que con sus ejércitos ejecute el juicio divino. Asiria no era, en la cosmovisión del profeta, una nación independiente que llegaba para conquistar las naciones palestinas sin un propósito teológico ulterior. A los ojos de Isaías, la poderosa nación asiria era únicamente un instrumento del juicio divino.

El pasaje pone de relieve un componente fundamental de la teología del profeta: el Dios bíblico no solo es el Señor de Israel, sino que gobierna la historia y tiene poder sobre los pueblos de la tierra. Como soberano de la historia humana y Señor de las naciones, utilizó al rey de Asiria como un mero instrumento para demostrar su poder: lo envió para castigar los pecados de su pueblo. Ese acto divino revela no solo su capacidad de intervenir en la sociedad, sino que también pone de relieve su deseo de impartir la justicia. La injusticia en la sociedad impele al Señor a intervenir en la historia de forma extraordinaria.

Asiria, en el desempeño de sus funciones de agente de Dios contra Judá, sobrepasó los límites de la justicia y se convirtió también en objeto del castigo divino. La arrogancia del monarca asirio propició la humillación (vv. 12-13). La frase «lo he hecho con el poder de mi mano y con mi sabiduría, porque he sido inteligente», revela la actitud prepotente del monarca que generó la respuesta divina, pues «castigará el fruto de la soberbia del corazón del rey de Asiria y la arrogante altivez de sus ojos» (10.12).

Calno, Carquemis, Hamat, Arfad, Samaria y Damasco (v. 9) aluden a las ciudades conquistadas por los ejércitos asirios. Posteriormente, el monarca de Asiria les imponía reyes títeres para entonces autoproclamarse «rey de reyes». Damasco cayó ante Tiglat-Pileser III (731 a. C.), y Samaria sucumbió ante los ataques de Sargón II (721 a. C.). La referencia a los ídolos y las imágenes (vv. 10-11) es una posible alusión a la creencia antigua de que las ciudades eran tan poderosas como el número de dioses o ídolos que tenían.

El versículo 15 retoma la idea del versículo 5, y enfatiza la soberanía divina sobre los instrumentos de su ira: Asiria no debe gloriarse de su poder. Las vivas imágenes de «hoguera», «ardor de fuego» y «llama» se relacionan posiblemente con el episodio relatado en Isaías 37.36 (véase también 2 R 19.20-32).

Los versículos 20-23 incorporan nuevamente el tema del «resto» o «remanente». El profeta alude a las imágenes que se desprenden de la simbología del nombre de su hijo, «Sear-jasub», para poner de relieve los dos componentes fundamentales de la esperanza en medio del juicio a Judá. De un lado, «un resto» volverá, idea que enfatiza el componente de la esperanza: ¡la destrucción no será total ni definitiva! Del otro, ¡solo serán unos pocos, pues la devastación será extensa e intensa! Los versículos 24-27 elaboran un mensaje de esperanza fundamentado en que el Señor se levantará contra Asiria.

La parte final del poema (vv. 27-34) enumera las ciudades invadidas por Asiria en su marcha guerrera contra los pueblos de Judá. El poema es intenso y describe el incontenible ataque enemigo; incluye, además, el nombre de las comunidades por las que tenía que pasar el invasor del norte, antes de llegar a la ciudad de Jerusalén. La intervención militar enemiga es semejante a la tala de un bosque, que deja el lugar desolado (vv. 33-34).

Los poemas de juicio que se incluyen en el pasaje revelan varias actitudes que acarrean juicio y destrucción a la humanidad. Entre esas actitudes se pueden identificar la arrogancia, la prepotencia y la altivez. A esos estilos de vida se unen la injusticia social y la falta de conversión del pueblo. Únicamente el tema del «resto» trae esperanza a la comunidad.

Reinado justo del Mesías (11.1-16)

La profecía que se incluye en 11.1-9 presenta el reinado justo que se implantará en la Tierra con la llegada del Mesías. Alude el mensaje a un tiempo ideal en que el descendiente de David, llamado «la vara del tronco de Isaí» y el «vástago (que) retoñará de sus raíces», establecerá un gobierno de justicia y equidad (vv. 3-5) que se fundamentará en la paz (vv. 6-9) y traerá armonía a toda la creación (cp. Is 9.1-7 con Miq 5.2-5). Este reinado ideal y especial del Mesías hará que la Tierra vuelva a su etapa paradisíaca, pues la descripción del comportamiento de los animales evoca el jardín del Edén, en el relato de creación de Génesis 2 (cp. Is 65.25; Ez 34.25-31; Os 2.18-20).

Posiblemente Isaías se percató, luego del mensaje incluido en 9.1-7, que el rey Ezequías no sería un monarca perfecto, y articuló una nueva profecía en torno al monarca ideal. Entre las cualidades reales necesarias, se incluye la investidura especial del Espíritu de Dios, que, de acuerdo con el poema, se explica como sabiduría, inteligencia, consejo, poder, conocimiento y temor del Señor. El Espíritu, además, capacitará al rey para juzgar con equidad y hacer justicia a los pobres, característica que debía tener todo buen monarca (1 R 3.8-9; Sal 72). Según el mensaje profético, el verdadero conocimiento divino es más que una ciencia o ejercicio intelectual: alude a la aceptación e incorporación de la presencia y voluntad del Señor en la conducta diaria (Os 4.1).

Una vez más el profeta incluye en su mensaje la imagen del niño «de pecho» o «recién destetado» (véase Is 7; 9). En este caso particular, la idea es que el pequeño estará presente en el entorno ideal de la «morada del lobo y el cordero». Esta singular referencia es contradictoria y aleccionadora para la gente poderosa de la época, pues humilla tanto a políticos como a militares. Para Isaías, la sabiduría y el poder que debían residir y representar a los monarcas y a los líderes del pueblo, está depositada en un niño que «pastoreará» o dirigirá al pueblo, «porque la Tierra se llenará del conocimiento del Señor, como las aguas cubren la mar» (11.9). La gracia divina no llegará a los poderosos sino al niño, que representa lo humilde y sencillo, en contraposición al poder y la autoridad de los gobernantes.

La sección final del capítulo (vv. 10-16) procede de una época posterior, posiblemente del exilio en Babilonia, y se refiere al retorno de los deportados a Palestina. Este tema, que se presenta con frecuencia en Isaías 40-55, identifica los lugares desde donde los deportados regresarán a Jerusalén: Patros es la parte sur de Egipto; Etiopía se refiere, más bien, a la actual Sudán; Elam, ubicada al sureste de Mesopotamia, corresponde al territorio ocupado en la actualidad por Irán; Hamat es una ciudad de Siria; Edom y Moab eran regiones ubicadas al este del Mar Muerto, mientras que los hijos de Amón habitaban al este del río Jordán. El Señor llamaría a su pueblo de los diversos lugares en que habitaban como extranjeros y les devolvería la Tierra Prometida.

El poema finalmente indica que el regreso de los exiliados será un evento extraordinario y notable (vv. 15-16). Se compara a la experiencia del éxodo de los israelitas de Egipto (Ex 14), tema que se enfatiza en la segunda sección del libro de Isaías (40-55).

Cántico de acción de gracias (12.1-6)

El capítulo 12 finaliza la primera sección del libro de Isaías (1.1-12.6), que incluye esencialmente mensajes de juicio a Judá y Jerusalén, y añade algunas referencias en torno al «resto» o al remanente que se salvará de la ira divina. De la misma manera que la liberación de Egipto se celebró con un cántico de alabanza y gratitud (Ex 15.1-18), el retorno de los deportados de Babilonia, que se veía como un nuevo éxodo, se afirma con un salmo de acción de gracias.

El poema enfatiza que, aunque el Señor se enojó con su pueblo, su indignación cesó y dio paso al momento esperado de la consolación. Como el Señor es la salvación y la fortaleza de su pueblo, los judíos no temerán y cantarán al nombre de Dios. El pueblo se regocija y canta porque con ellos habita el Santo de Israel (12.6).

Los cristianos han leído estos poemas como una referencia al reinado de paz y armonía que inaugurará la llegada del Mesías. Ese reinado extraordinario de concordia, respeto y dignidad es una característica fundamental de esa época futura. La referencia al Espíritu de Dios pone de relieve la importancia de la intervención divina para hacer realidad las esperanzas de la llegada del Mesías. El Espíritu es quien interviene para que la acción divina sea eficaz y pertinente.

El tiempo ideal, caracterizado por el liderato de un niño, puede convertirse en la meta de los creyentes, que llevan a efecto un ministerio transformador para contribuir a que la idealidad se haga realidad. Ese esfuerzo de servicio produce esperanza, que les hace cantar y regocijarse con gratitud. El ideal de justicia no puede apagarse por las manifestaciones de maldad que azotan a la humanidad; por el contrario, deben inspirar a trabajar aún más para transformar la idealidad en realidad que pueda contribuir a la redención de la humanidad.

Oráculos contra las naciones extranjeras (13.1–23.18)

Capítulo 2

C on el capítulo 13 se inicia una nueva sección en el libro de Isaías que generalmente contiene oráculos de catástrofes contra los pueblos extranjeros (13.1-23.18). En estos mensajes se incluyen palabras de juicio contra las naciones extranjeras vecinas de Judá, aunque también se incorpora una profecía contra Judá y Jerusalén (22.1-14) y un mensaje contra Sebna, un alto oficial judío (22.15-25). La incorporación de la profecía al Reino del Norte, Israel (17.1-11), se relaciona con el mensaje contra su aliada Damasco. Algunas profecías provienen de diversos períodos de la época de Isaías (p. ej., 14.24-27; 17.1-11); otras, de la mano de sus discípulos, quienes redactaron el material en diversos momentos de la historia de Judá.

La palabra hebrea «massá», que inicia la sección, y que se ha traducido como «visión», «profecía» u «oráculo», alude más bien a algo que se evalúa y sopesa con detenimiento y profundidad, no a alguna experiencia visual momentánea. La expresión introduce no solo el mensaje de juicio a Babilonia sino a toda la sección contra las naciones.

El mensaje profético se dirige específicamente a las siguientes naciones y personajes:

- Babilonia (13.1-14.23)
- Asiria (14.24-27)
- Filistea (14.28-32)
- Moab (15.1-16.14)
- Damasco y Efraín (17.1-14)

- Etiopía y Egipto (18.1-20.6)
- Babilonia (21.1-10)
- Duma (21.11-12)
- Arabia (21.13-17)
- Jerusalén (22.1-14)
- Sebna y Eliaquim (22.15-25)
- Tiro y Sidón (23.1-18)

Esta colección de oráculos es similar a la que se encuentra en otros libros proféticos; p. ej., Jeremías 46-51 (LXX Jer 25.13-32.28); Ezequiel 25-32; Amós 1.3-2.6. Que se hayan conservado varios de estos mensajes de juicio en los libros proféticos puede indicar que los profetas acostumbraban incluir este tipo de predicación en sus ministerios; y su ubicación en la literatura profética –p. ej., en el centro de sus mensajes– puede ser una afirmación teológica: en medio de lo que Dios dice a su pueblo se encuentra la revelación divina al resto de las naciones, su palabra a la humanidad entera.

Generalmente la predicción de juicio a los enemigos se convertía en palabras de apoyo a los oyentes; es decir, el juicio a las naciones paganas era fuente de esperanza para Judá y Jerusalén. Estos mensajes no son únicamente la manifestación del apoyo nacionalista de los profetas, sino la afirmación teológica de la soberanía y la justicia divina: ¡Dios está en control de la historia! Y esa autoridad extraordinaria se revela no solo en Israel y Judá, sino entre los pueblos vecinos, en medio de todo gobierno humano (véase en torno a este tema a Jer 2.15, 27-29).

La lectura de estos oráculos (Is 13-23), que no se incluyeron en orden cronológico en el libro, revela ciertos deseos de venganza que no necesariamente se relacionan bien con la teología del perdón y la reconciliación que se destaca en la iglesia cristiana. El texto bíblico refleja las percepciones teológicas de la época del profeta; posteriormente esas ideas, con el ministerio y ejemplo de Jesús, cobran nueva significación. El entorno psicológico y legal de esos deseos vengativos, sin embargo, se relaciona con el tema de la retribución temporal, que es un componente importante de la justicia, de acuerdo con la Ley de Moisés.

De particular importancia teológica son estos capítulos para los creyentes hispanoamericanos. En un mundo donde el poderío militar es un criterio determinante en las relaciones entre las naciones, y en medio de una sociedad que valora de manera extraordinaria las transacciones comerciales y el poder económico, el libro del profeta Isaías pone claramente de manifiesto una afirmación extraordinaria de confianza en las promesas divinas y en la palabra del Señor. La fe de los individuos y los pueblos no debe fundamentarse en el poder de sus equipos militares, ni en la extensión de sus virtudes económicas, sino en la seguridad de que el Dios bíblico está en control de la historia humana e intervendrá de manera extraordinaria en el momento oportuno para afirmar y traer paz a su pueblo.

Mensaje contra Babilonia (13.1-22)

El primer mensaje de juicio a las naciones está reservado a Babilonia (13.1-22) y su monarca (14.1-23). La profunda crítica y animosidad del profeta se revela en la severidad de sus palabras: «Y Babilonia, hermosura de los reinos, gloria y orgullo de los caldeos, será como Sodoma y Gomorra, a las que trastornó Dios» (13.19). El juicio a esta nación se compara a la manifestación extraordinaria de la ira de Dios a las dos ciudades antiguas del Génesis (Gn 19), Sodoma y Gomorra, tradicionalmente conocidas por sus pecados e injusticias (Jer 23.13-14; Ez 16.44-52).

La referencia a Babilonia presupone los cambios y las transformaciones que vivió la ciudad luego de los trabajos de embellecimiento de Nabucodonozor (605-562 a. C.). Durante la época de Isaías, era esencialmente una ciudad provincial que no se distinguía del resto del imperio asirio. Este poema posiblemente es una composición de la época del exilio, que revela las reacciones de los deportados ante la potencia mundial que les derrotó y deportó. La descripción tan viva de la catástrofe forma parte de un particular género literario que gustaba enfatizar la descripción de los juicios divinos.

El mensaje se puede dividir en varias secciones: luego de la nueva presentación de Isaías como el receptor de estos mensajes (v. 1), se incluyen dos oráculos que presentan a Babilonia como instrumento del Señor (vv. 2-3, 4-5); posteriormente se añaden dos mensajes adicionales en los cuales predomina el tema del «día del Señor» (vv. 6-8, 9-16), y se indica que Babilonia será el instrumento de la ira divina contra Judá; la quinta y última sección (vv. 17-22) anuncia la destrucción inminente de Babilonia.

El mensaje profético es claro: Babilonia, con todo su poder y esplendor, finalmente caerá ante el ataque fulminante de una nación enemiga. El pueblo interpreta esa palabra de juicio como una manifestación real del «Día del Señor», que también es una forma de implantación de la justicia divina. Esa derrota babilónica se materializó con los triunfos de Ciro por el 538 a. C. Posteriormente, la ciudad fue destruida y abandonada, y sus ruinas fueron testigo de la palabra profética.

Los medos (v. 17) eran los habitantes de una nación al noreste de Babilonia que fue incorporada al imperio persa en el 550 a. C. Y las referencias a Sodoma y Gomorra, que son comunes en el libro de Isaías (p. ej., 1.9-10), enfatizan las actitudes pecaminosas del pueblo, que pueden llegar a niveles proverbiales.

El profeta se burla del monarca babilónico (14.1-23)

En el capítulo 14 el profeta anuncia y afirma la restauración de Judá y el retorno de los deportados, luego de la destrucción definitiva de Babilonia (vv. 1-2). El pasaje pone de relieve y subraya la caída de su poderoso monarca (vv. 3-23).

Los primeros dos versículos de este capítulo son la transición entre los mensajes de los capítulos trece y catorce. La infidelidad del pueblo escogido a su Señor es la causa primordial del castigo, que posteriormente desembocó en el destierro. Dios mismo rechazará a su pueblo, al echarlo de su casa a una tierra inmunda, como una imagen del exilio.

Luego del castigo que los lleva al destierro, el Señor hará regresa al pueblo de Israel a Palestina, en un acto extraordinario de intervención y liberación divinas, que hará que las naciones acepten la fe judía y adoren al Dios de Israel (Is 2.2-3; 56. 6-8; Zac 8.20-22; Hch 2.8-12; 6.5). Los versículos 22-23 finalizan el poema, y reafirman el mensaje contra el rey de Babilonia. La fraseología del mensaje se asemeja al lenguaje que se utiliza en el libro del Éxodo para describir la liberación de Egipto (Ex 1.13-14).

En el año 612 a. C., Babilonia sustituyó a Asiria como potencia mundial, luego de triunfar y destruir su capital, Nínive. Este mensaje de juicio posiblemente tiene como marco de referencia histórica inicial la destrucción de Jerusalén por los babilonios en el 587/6 a. C., y posteriormente los años alrededor del 540 a. C., cuando los medos y los persas triunfaron contra el imperio babilónico. Esta destrucción se interpreta teológicamente como la manifestación del «día del Señor», que es un tema teológico importante, que ya se ha presentado en el libro de Isaías (p. e., Is 2.11). Ese «día» representa la intervención divina en forma de ira y juicio.

Aunque el profeta posiblemente se refiere en el pasaje a alguna intervención militar precisa (13.5), el «día del Señor» se describe metafóricamente en términos cósmicos: «haré estremecer los cielos y la tierra se moverá de su lugar» (13.13); la idea que se transmite es la de una serie de cataclismos universales que afectarán adversamente a Babilonia. La referencia a la «ciudad codiciosa de oro» (v. 4), según el texto hebreo, debe leerse como «ciudad violenta», de acuerdo a los manuscritos de Qumrán. El idioma figurado que se utiliza en este mensaje influenció de manera importante el desarrollo y la teología de la literatura apocalíptica.

El poema contra el monarca babilónico contiene un tema de importancia capital para la teología bíblica (véase 14.3-23; Ez 27-28). El profeta compara al rey de Babilonia con «Lucero, hijo de la mañana» (v. 12). Este «Lucero» era un dios antiguo que se había tratado de poner a la cabeza del panteón cananeo, sustituyendo a Baal. Este dios –que, de acuerdo con las creencias de los antiguos pobladores de Canaán, habitaba en un monte indeterminado en el norte– representa el deseo de poder y el anhelo de conquistar, sin tomar en consideración el costo material y humano de esas metas bélicas.

Con la sugestiva imagen de «hijo de la mañana», el profeta ridiculiza la vanidad, prepotencia y soberbia del monarca babilónico, y también predice su caída repentina junto a la destrucción absoluta de lo que él representa. El tema recurrente es el orgullo de las personas que tratan de representar más de lo que son; el asunto fundamental teológico y existencial es cuestión de poder. El mensaje del profeta es claro: como cayó Lucero, caerá también el rey babilónico.

La referencia a que los cipreses y los cedros se regocijan de su caída puede relacionarse con la crítica profética a los monarcas que explotaban excesivamente los bosques para satisfacer sus programas de construcción de edificios. La preocupación profética incluye no solamente la alusión a los derechos humanos, sino que tiene implicaciones ecológicas. La política oficial babilónica, así como la asiria, consistía en quebrantar severamente la infraestructura económica de las comunidades conquistadas con la deportación de los prisioneros de guerra a varias regiones lejanas del imperio (v. 17) y con la explotación de sus recursos naturales. Era una manera de poner de manifiesto su autoridad y poder.

En contraposición a esa actitud de conquista hostil y despiadada, la Epístola a los Filipenses presenta a Jesucristo como el servidor por excelencia, quien siendo igual a Dios no se aferró a esa maravillosa realidad y decidió tomar forma de siervo, humillándose a sí mismo. De esta manera la Epístola pone de relieve una gran enseñanza cristiana: el camino del éxito en la vida no es el del orgullo, el poder o la soberbia, sino el de la humildad, el servicio y el apoyo a la gente necesitada.

La lectura de esta sección revela que el profeta genera cierto grado de satisfacción al anunciar la destrucción de este enemigo de Judá. Aunque esa actitud de resentimiento revanchista se entiende, no representa el trato que los creyentes, de acuerdo con el evangelio de Cristo, deben brindarles a los enemigos (Mt 5.1-7.29). Esta actitud, aunque no es la ideal, describe con claridad la realidad humana con la que hay que trabajar continuamente.

Mensaje contra Asiria (14.24-27)

Esta nueva sección incluye varios mensajes de juicio contra Asiria, Filistea y Moab (14.24-16.14). Presenta una vez más la soberanía de Dios sobre las naciones paganas y enfatiza nuevamente la teología universalista del libro de Isaías: el Dios bíblico interviene en la historia de la humanidad y utiliza a las diferentes naciones y a sus líderes para hacer cumplir su voluntad.

El primero (14.24-27) de este grupo de oráculos indica que el Señor quebrantará a Asiria de forma extraordinaria y contundente; el tema de este mensaje ya se había iniciado en 10.5-34; posiblemente, el contexto histórico del pasaje se relaciona con las amenazas de Senaquerib a Jerusalén en el año 701 a. C.

De la época exílica, relacionada con el mensaje a Babilonia, el libro de Isaías se mueve al tiempo del profeta: Dios es el gobernante de la historia; no lo son Asiria ni sus pretensiones de poder militar y de conquista. ¡Únicamente los planes divinos prevalecerán!

La esperanza del pueblo judío debía estar depositada en la capacidad que tenía el Señor de responder a las necesidades del pueblo, no en el poderío humano. La comprensión adecuada de este mensaje requiere que se consideren otros oráculos en torno a la destrucción de Asiria que se encuentran en el libro de Isaías (p. ej., 10.33-34; 17.12-14; 29.5-8; 31.5-9).

Mensaje contra Filistea (14.28-32)

El próximo mensaje (14.28-32) –que el profeta recibe el mismo año de la muerte del rey Acaz (c. 716 a. C.; véase 2 R 16.20; 2 Cr 28.27)– desalienta la esperanza y las perspectivas de paz futura para los filisteos. La muerte de un monarca de turno no elimina la manifestación del juicio divino que próximamente se pondrá de manifiesto y les llegará.

La referencia a la muerte de «la vara», es una alusión al rey de Asiria, posiblemente Sargón II. Los pobladores de las ciudades filisteas ubicadas cerca de la costa sur de Palestina –Ascalón, Asdod, Ecrón, Gaza y Gat– pensaban que con la muerte del monarca asirio las posibilidades de invasión de los ejércitos de Asiria terminarían, y el inminente peligro de destrucción quedaba superado. No se percataban, sin embargo, que el descendiente del monarca vendría con más furor y fortaleza (v. 29). El profeta les advierte claramente que la alegría sería temporera, pues la intervención militar de Asiria sería total, sostenida, devastadora y firme. Las palabras bíblicas en torno a esta asunto son una especie de sentencia mortal o afirmación lapidaria: «¡Disuelta estás por entero, Filistea!» (14.31).

Al final del mensaje se incorpora una palabra de aliento para Judá y Jerusalén. Se subraya la importancia que tenía para el profeta y para Dios el Templo de Jerusalén, que se «fundó en Sión» (14.32). Dios está interesado en liberar la tierra de los imperialismos, y el mensaje a Asiria es el paradigma.

Mensaje contra Moab (15.1-16.14)

Como en el caso de los oráculos contra Babilonia, el mensaje a Moab –que es una nación enemiga tradicional de Israel– contiene una serie de profecías breves que se han unido por el destinatario común. Se notan en estos oráculos semejanzas importantes con Jeremías 48, y también se revelan similitudes con los mensajes de otros profetas (p. ej., Is 25.10-12; Ez 25.8-11; Am 2.1-3; Sof 2.8-11). Posiblemente la aludida nación enemiga de Moab era Asiria; sin embargo, también existe la posibilidad que el texto se refiera a varias tribus árabes que por los años 650 a. C. merodeaban e invadían intermitentemente la región.

El primer mensaje a Moab (15.1-9) es un poema de lamentación por la derrota que habían sufrido sus ciudadanos a manos de un enemigo que no se identifica con precisión en el pasaje. El ataque, que se perpetró en la noche, dejó a las ciudades de Ar, Kir Bayit y Dibón desoladas y en luto. La imágenes son de destrucción y humillación: p. e., «reducida al silencio» (v. 1), «toda cabeza de ella será rapada y toda barba rasurada» (v. 2), «se vestirán de ropas ásperas» (v. 3), «mi corazón dará gritos» (v. 5) y «las aguas de Dimón se llenarán de sangre» (v. 9). El lenguaje figurado pone de relieve la naturaleza de la destrucción y del dolor.

En el segundo mensaje (16.1-5) se responde a los temas de destrucción de Moab que se exponen en el primero. La finalidad del pasaje es afirmar que el pueblo de Moab se incorporará nuevamente a la casa de David. El poema refleja posiblemente el entorno histórico de la época postexílica temprana, pues revela el deseo de Judá de recuperar sus antiguas posesiones, las tierras que una vez fueron parte del dominio de la dinastía davídica (2 S 8.2). Moab desea ganarse el favor de Judá enviándole tributos, posiblemente corderos.

Un tercer oráculo de juicio se presenta en torno a Moab (16.6-12), en el que se continúa el tema de la ira divina que se inició en 15.1-9. En esta ocasión se enfatizan los pecados de la soberbia, arrogancia y altivez. En los versículos 13-14 se reafirma el mensaje de juicio, y se presenta la extensión de la devastación: «los sobrevivientes serán pocos, pequeños y débiles».

Mensaje contra Damasco y Efraín (17.1-14)

La primera profecía de esta unidad se dirige a Siria, particularmente a su capital, Damasco, y también a Israel, a quien el profeta identifica como «la gloria de Jacob» (17.4). El contexto histórico del mensaje es posiblemente la guerra siro-efraimita (véase Is 6-8), en la cual Siria y Efraín (o Israel) organizaron una coalición para responder militarmente a las amenazas e incertidumbres que representaban las continuas políticas imperialistas y expansionistas de Asiria.

La unión contra el imperio asirio requirió que se organizara una campaña contra Judá, que no se incorporó a los planes antiasirios de sus vecinos. Una parte importante del ministerio de Isaías tiene como marco de referencia esta alianza de Siria e Israel (Is 6-8). La alianza militar siro-efraimita no pudo detener los avances del imperio: Siria fue conquistada por Asiria en el año 732 a. C., y posteriormente Israel sufrió la misma suerte, en el 721 a. C.

El poema contra Damasco e Israel (17.1-11) tiene tres estrofas (vv. 1-3; vv. 4-6; vv. 7-11), que presentan de forma gráfica y elocuente el resultado de la devastación que traerá a esos pueblos la intervención divina. Referente a Damasco (vv. 1-3), el pasaje indica que dejará de ser ciudad para convertirse en ruinas. De Israel (vv. 4-6) se afirma que «menguará la gloria de Jacob» (v. 4), y que el resultado de esa catástrofe será la destrucción total de la ciudad. La estrofa final (vv. 7-11) incluye una serie de referencias al «día del Señor» (vv. 7,9,11), y además identifica con precisión la razón fundamental del juicio divino: «por olvidar al Dios de la salvación y por no acordarse de la roca del refugio» (v. 10). De acuerdo con el mensaje profético, la idolatría del pueblo es la causa fundamental de la ira divina.

Una vez más Isaías interpreta el juicio divino y presenta su mensaje con las imágenes del «día del Señor». En esos contextos, el «día del Señor», que representa la destrucción para las naciones paganas, será al mismo tiempo fuente de esperanza para Judá. En aquel «día» de juicio para las naciones y de restauración para Judá, el pueblo ya no se acercará más para adorar en los altares paganos ni se allegará ante las imágenes de divinidades de las naciones, sino «mirarán al Hacedor y contemplarán al Santo de Israel» (v. 7). La manifestación del juicio divino producirá en el pueblo una experiencia de conversión.

La nueva sección (vv. 12-14) incluye una profecía contra «esa multitud de pueblos» o «las naciones» (v. 12) y proviene de una etapa posterior del ministerio del profeta. El pasaje presenta la invasión de pueblos enemigos con imágenes de tormentas. Posiblemente el texto alude a las recurrentes invasiones asirias a Palestina que se llevaron a efecto por el año 701 a. C. (Is 36.1-21). La liberación aludida le hará recordar al pueblo la experiencia de la antigua salida de Egipto. El tema del éxodo una vez más forma parte de la estructura teológica fundamental del libro de Isaías.

Mensajes contra Etiopía y Egipto (18.1-20.6)

Con el capítulo 18 se inicia una serie de mensajes relacionados con Etiopía y Egipto (18.1-20.6). Posiblemente el entorno histórico de este mensaje fue la llegada a Jerusalén de una importante delegación de diplomáticos etíopes, que tenían el propósito principal de concertar una alianza antiasiria con Judá. La crisis internacional que generaba Asiria requería una respuesta coordinada a las amenazas y las posibilidades de invasión y guerra.

Durante los años 714-687 a. C., gobernó en Egipto la vigésimoquinta dinastía de procedencia etíope; y ese período se relaciona con la administración del rey Ezequías sobre Judá. Los mensajes del profeta prevenían al pueblo de Judá y a su monarca de los peligros de la alianza con Egipto. Etiopía era la región que se extendía al sur del río Nilo y sus afluentes, territorio en el cual se encuentran las actuales Etiopía, Sudán y Somalia, al sur de Egipto.

La primera sección del mensaje (18.1-7) es una especie de respuesta afable del profeta a la delegación etíope. El profeta mantiene su tradicional y constante perspectiva teológica del conflicto internacional: Judá no debía incorporarse a la coalición contra Asiria, pues las consecuencias de las alianzas con potencias extranjeras complicarían considerablemente la vida del pueblo.

La referencia a la «tierra del zumbido de alas» (v. 1) es una posible alusión a las plagas de mosquitos e insectos que eran muy comunes en las regiones cercanas al río Nilo; otros intérpretes relacionan la expresión con las embarcaciones de vela hechas de cañas de juncos que navegaban el Nilo. La «nación de elevada estatura y piel brillante» (v. 2) puede describir a muchas personas de piel lisa, tez oscura y gran estatura que habitaban en Etiopía, que también eran famosos por sus extraordinarias fuerzas y por sus destrezas para el combate.

En los versículos 3-6 se anuncia la gran batalla contra Etiopía (v. 3) y se describe de forma gráfica el conflicto en un idioma figurado (vv. 4-6). Esta sección enfatiza que la destrucción que se avecina será total, pues los cadáveres de los caídos en batalla no serán enterrados, lo que para los antiguos representaba un desastre y una gran calamidad. Posteriormente, en el versículo 7, se repiten algunos temas del versículo 2, y se anuncia la conversión de los etíopes al Señor. ¡El resultado del juicio divino también incentiva y trae salvación para esa comunidad!

Los mensajes de juicio contra Egipto continúan, pues esta nación tenía el potencial real e inminente de convertirse en aliada de Judá para detener la política agresora de Asiria. El profeta rechaza sistemáticamente esas alianzas, fundamentado en su confianza férrea en la capacidad que tenía el Señor de liberar y salvar al pueblo en el instante preciso.

Las circunstancias históricas en las cuales se presentó este mensaje (19.1-15) son difíciles de identificar con certeza y precisión. Posiblemente se relacionan con los sucesos políticos y militares, y con las dinámicas diplomáticas durante el inicio de la administración de los etíopes en Egipto, mientras Ezequías reinaba en Judá (Is 18.1-7), o quizá algunos años más tarde.

El poema tiene, después del título (v. 1a), tres estrofas. La primera sección pone de relieve la anarquía que se experimentará en Egipto tras la intervención justiciera de Dios. Como el Señor llegará a Egipto montado en «una ligera nube» (v. 1b), los ídolos temblarán (v. 1b), el corazón de los egipcios desfallecerá (v. 1b), la anarquía reinará (v. 2), los planes de las ciudades serán destruidos (v. 3), y los adivinos y los hechiceros quedarán desorientados (v. 3). El Señor llegará a Egipto para entregarlos en «manos de un amo duro», el juicio divino los reducirá a ser servidores de un «rey violento» (v. 4); éstas son expresiones que pueden referirse tanto a algún monarca asirio como a un nuevo faraón egipcio.

La segunda estrofa del poema pone de relieve los desastres económicos que traerán la anarquía y la intervención del Señor en Egipto (vv. 5-10). Como la economía egipcia dependía en gran medida del río Nilo y sus afluentes mediante el riego y la fertilización de la tierras, el juicio divino destruiría ese sistema, que era el fundamento de la vida económica y social de Egipto. La agricultura, la pesca y la industria textil se afectarán de forma severa, pues faltará el agua del mar, el río se alejará y las zanjas de riego se secarán (vv. 5-6; vv. 9-10). En efecto, la crisis tendrá dimensiones de catástrofe.

Zoán, posteriormente llamada Tanis, era una ciudad egipcia en el delta del río Nilo, y Menfis se convirtió por algún tiempo en la capital del antiguo imperio egipcio. La estrofa final (vv. 11-15) critica de forma severa y ruda a los funcionarios públicos incompetentes. ¡En Egipto –conocida por sus sabios y sus consejeros eficientes (1 R 4.20)– el faraón no tenía quién le aconsejara con efectividad! El origen de esta confusión gubernamental es que «el Señor mezcló un espíritu de vértigo» entre los líderes egipcios, y sus sabios aconsejan sin la sabiduría requerida.

El corazón de este mensaje contra Egipto es que el juicio divino va a traer confusión general, caos interno, desastre económico e incompetencia política. Ese estado de anarquía política, económica y social se fundamenta en la intervención de Dios, que confunde al liderato nacional e invierte el orden regular de la naturaleza.

La próxima sección del capítulo (vv. 16-25) incluye otro mensaje en torno a Egipto; sin embargo, en esta ocasión los oráculos se presentan en prosa. Contiene cinco anuncios proféticos relativos a la nación egipcia (vv. 16-17; v. 18; vv. 19-22; v. 23; v. 24) que posiblemente se pronunciaron en una época diferente al mensaje anterior (19.1-14). Un elemento distintivo de estos mensajes es la repetición de la expresión «en aquel tiempo» o «en aquel día» (vv. 16, 18, 19, 23, 24), que tradicionalmente se refiere en la Biblia a la teología del «día del Señor» (Is 13.6; Jl 1.15; Am 5.18-20; Sof 1.14-18).

El oráculo comienza con una palabra de burla hacia los egipcios, pues los califica de «mujeres temerosas» ante la presencia de la mano poderosa del Señor (v. 16), y añade que Judá será la fuente de sus temores (v. 17). Posteriormente el mensaje presenta la conversión y la transformación de Egipto. De acuerdo con el mensaje del profeta, Egipto establecerá altares para clamar y hacer sacrificios al Señor; además, harán votos al Altísimo y los cumplirán. El profeta afirma que el Señor herirá a Egipto, pero también indica que posteriormente lo sanará y se convertirá al Señor.

Este sección incluye un oráculo sobre Asiria (vv. 24-25). No solamente Egipto experimentará la salvación del Señor, sino que Asiria también será objeto del favor divino. Tanto Egipto como Asiria servirán al Señor, quien dirá: «Bendito sea Egipto, pueblo mío; y Asiria, obra de mis manos; e Israel, mi heredad» (v. 25). Referente a este tema de la conversión de los egipcios es importante indicar que, con el paso del tiempo, se construyeron templos judíos en las ciudades egipcias de Elefantina (c. 400 a. C.) y Leontópolis (c.150 a. C.).

El mensaje final que se presenta contra Egipto y Etiopía (20.1-6) incluye una referencia directa al rey de Asiria, Sargón. Antes de los descubrimientos de los textos cuneiformes, esta era la única alusión explícita al famoso monarca asirio. Por la lectura de esas inscripciones se puede fechar con bastante precisión el episodio al que se alude en este pasaje bíblico: posiblemente se trata de los años 721-705 a. C., cuando la dinastía etiope incentivó la sublevación en Palestina, prometiendo ayuda militar si se rebelaban contra Asiria.

El mensaje profético de juicio continúa; esta vez, sin embargo, se articula de una manera audio-visual. El profeta, para acentuar la palabra y afirmar su profecía, se presentó desnudo y descalzo por tres años en la ciudad, con lo que aludía a la vergüenza y humillación de la que serían objeto. El propósito de la simbología era enfatizar que Judá no debía confiar en Egipto para enfrentar a Asiria, pues serían derrotados y deportados como prisioneros de guerra.

Por los años 714 y 711 a. C., Egipto conspiró con algunos pueblos de Palestina para rechazar la dominación y el imperialismo asirio. La ciudad filistea de Asdod fue el centro de la rebelión. Como resultado de esos movimientos militares y políticos, Asiria, guiada por Sargón II, invadió Asdod y les derrotó en el año 711 a. C. Egipto no fue invadida en esa ocasión, pero no ayudó a sus aliados en Palestina. El mensaje de Isaías probó ser sabio al impedir que Judá se incorporara a la alianza antiasiria, que terminó en la derrota de las naciones que conspiraron.

Las señales simbólicas eran un medio importante que utilizaban los profetas para subrayar y enfatizar algunos componentes de sus oráculos. En este sentido, Isaías está bien ubicado en esa importante tradición educativa: Jeremías utilizó un cinto podrido (Jer 13.1-11); Oseas se casó con una adúltera (Os 3.1-5); y Ezequiel llevó a efecto varios signos extraños en relación con su mensaje (Ez 4.1-5.17). La simbología profética jugaba un papel muy importante en una sociedad no literaria orientada hacia lo visual. Isaías, al caminar desnudo –posiblemente llevaba puesto algún tipo de «taparrabo» común entre los prisioneros de guerra– enfatizaba de forma pública las consecuencias nefastas de las decisiones del rey de Judá. El pueblo que lo observaba, en primer lugar, debía comprender el mensaje y sus implicaciones, para posteriormente decidir lo que iba a hacer ante la revelación y el desafío de Dios.

Contra Babilonia (21.1-10)

Un nuevo mensaje de juicio contra Babilonia (v. 9) se presenta en la siguiente sección (21.1-10). El objetivo profético es puntualizar que la destrucción de este importante enemigo de Judá será total y definitiva. Según el mensaje del profeta, al caer Babilonia también fueron destruidos sus ídolos y sus dioses (v. 9), pues en la antigüedad los conflictos bélicos de las naciones eran también representados por la guerra entre las divinidades de esos pueblos.

La expresión «desierto del mar» (v. 1) es una posible alusión al actual Golfo Pérsico –aunque algunos intérpretes lo relacionan con algún desierto en Palestina–, y las referencias a Elam y Media (v. 2) identifican a dos países antiguos ubicados en las regiones que en la actualidad ocupa Irán. Generalmente se relaciona este poema con la caída de Babilonia en el 539 a. C., aunque varios estudiosos del pasaje lo relacionan con una conquista previa, que llevó a efecto el rey asirio Senaquerib, en el 689 a. C. El mensaje describe lo terrible de la conquista y destrucción de la ciudad, que tomó por sorpresa a sus líderes: ¡La gran Babilonia y todos sus ídolos han sido derribados!

El poema, que posiblemente proviene de la época exílica, es intenso y refleja la extensión de la destrucción de la ciudad. La caída de esta nación enemiga era fuente de esperanza y regocijo para Judá. El vidente Juan, en el libro de Apocalipsis, utilizó el estribillo de la caída de Babilonia (v. 9) para referirse a la esperada derrota del imperio romano (Ap 14.8; 18.2). La referencia al «león» (v. 8) en el texto masorético posiblemente debe ser enmendada, para la comprensión adecuada del pasaje; a la luz de los manuscritos de Qumrán, la expresión debe ser «el vidente» o «el que vigilaba», pues alude a la persona que debe anunciar el juicio divino.

Mensajes contra Duma y Arabia (21.11-17)

La próxima sección incluye una serie de profecías breves de juicio cuyo entorno histórico es enigmático y su comprensión plena es muy difícil de precisar. El mensaje se presenta directamente contra varios lugares y ciudades en la región de Arabia, e incluye una particular hostilidad y animosidad de Judá contra estos pueblos.

Duma, que la versión de los LXX traduce como Edom, posiblemente se refiere a un oasis bastante importante en el desierto arábico (Gn 25.14). Conocida en los anales asirios como Adúmmatu, Seir es una ciudad de Edom. Dedán era el nombre de una tribu nómada de comerciantes, y alude, además, a un lugar al norte de Arabia (Jer 49.8; Ez 25.13), en la antigua ruta «de las especias». Tema también estaba ubicada al norte de Arabia, y era un lugar necesario de descanso para la caravanas comerciales de la época. Cedar estaba enclavada al noreste de Arabia, y la referencia a «sus valientes» posiblemente alude a sus guerreros que atacaron a Dedán y Tema. Estos países y lugares eran enemigos tradicionales de Asiria.

El texto (v. 12) alude a la preocupación de los edomitas en torno al tiempo de sujeción a Asiria, que les sojuzgaba desde el 710 a. C. Aunque dubitativo y tímido, el profeta, que también se presenta en el pasaje como centinela, responde a los requerimientos del pueblo: viene un período de alivio, aunque le sucede otro tiempo de sufrimiento y dolor.

El profeta demuestra un aprecio especial por esos países árabes (vv. 11-12; 13-15), pues sobre ellos se manifestaba la opresión y el cautiverio que provienen desde Mesopotamia (p. e., asirios, babilónicos y persas). Respecto a Cedar y sus guerreros el texto muestra poco aprecio (v. 16). Fundamentado en esa percepción, se incluye en el mensaje de Jeremías una gran ironía: ¡La gente de Cedar es mejor que la de Israel, pues no cambiaron sus dioses! (Jer 2.10-12).

Caída de Jerusalén (22.1-14)

En la sección de oráculos contra las naciones paganas (caps. 13-23) se incluye un interesante e importante mensaje contra Jerusalén (22.1-14), por una razón básica: el libro de Isaías desea afirmar que los juicios divinos llegan a todos los pueblos, incluyendo a Judá y a su capital, Jerusalén (vv. 8-9). En este sentido se mantiene la teología universalista del profeta y se pone de relieve una vez más el compromiso profético de anunciar el juicio de Dios aun a su propio pueblo (véase Am 1-2).

El entorno histórico del poema es variado. En primer lugar, los versículos 1-2 presuponen un ambiente de regocijo, alegría y celebración que posiblemente se relaciona con el pago de tributos del rey Ezequías al monarca asirio Senaquerib, con lo que evitó una destrucción prematura de Jerusalén, en el 701 a. C. Algunos estudiosos, sin embargo, ubican ese

95

contexto de felicidad, festividad y seguridad algunos años antes, en el 711 a. C., cuando Sargón II invadió Palestina pero no atacó a Jerusalén (20.1-6). En todo caso, Judá llevó a efecto una serie de preparativos militares, que posteriormente no necesitó, sin tomar en cuenta el mensaje de Isaías de confianza y dependencia de Dios. La referencia bíblica a la huida de los príncipes (v. 3) se puede atestiguar históricamente en las inscripciones que dejó Senaquerib de estos sucesos.

En el título del poema se identifica el lugar como «el valle de la visión» (22.1). Esta referencia, que se repite posteriormente en el pasaje (v. 5), puede aludir al valle de Hinom al suroeste de Jerusalén –posteriormente identificado como Gehenna–, como también puede referirse al mensaje del mismo profeta, que se consideraba «una visión» (Is 1.1; 2.1; 6.1). De acuerdo con este último sentido, «el valle de la visión» sería el lugar del mensaje profético. Posteriormente en el pasaje se identifica claramente a la comunidad aludida, y se indica que es Judá (v. 8), y más específicamente se refiere a Jerusalén, llamada «la ciudad de David» (v. 9), que era la parte fortificada al sureste de la ciudad.

El segundo contexto histórico del poema (vv. 4-14) se relaciona posiblemente con la caída de Jerusalén ante los babilonios por los años 587-586 a. C., cuando los ejércitos de Nabucodonosor invadieron, conquistaron y destruyeron la ciudad de Jerusalén. Entre los aliados de Babilonia en la conquista de Judá se encontraban Elam (Is 11.11; 21.2) y Kir (Am 1.5; 9.7), cuya ubicación física no se ha determinado con precisión. Esa referencia a Elam y Kir puede ser una alusión a la práctica asiria de reclutar mercenarios de los países conquistados, para utilizarlos en nuevas incursiones militares.

Los versículos 8-11 contienen el corazón de la crítica continua y sistemática del profeta al pueblo de Judá y a sus monarcas: la preparación militar no es suficiente para detener los ejércitos invasores, si no está acompañada por la seguridad de que el Señor va a intervenir en la hora propicia para redimir a su pueblo. Para Judá, la seguridad se fundamentaba en los preparativos políticos y militares que ellos podían llevar a efecto (p. ej., la capacidad y efectividad del equipo bélico, la fortificación de sus murallas y el abastecimiento de agua). Como consecuencia de esa mentalidad y política de seguridad nacional, en medio de la crisis que generaban las amenazas de invasión, el pueblo no se amparó en el Señor. Esa fue la causa fundamental, desde la perspectiva teológica, para que «cayeran las defensas de Judá» (v. 8), se abrieran «brechas (en los muros) de la ciudad de David» (v. 9) y se derribara el muro de la ciudad (v. 10).

En torno al comportamiento inadecuado e impropio del pueblo, el poema añade un argumento y una sección adicional (vv. 12-14). Al reconocer lo inminente de la destrucción, los pobladores de la ciudad comenzaron la celebración diciendo: «¡Comamos y bebamos que mañana moriremos!» (v. 13). Ante esa actitud enajenada, desesperada, descabellada e infiel, el profeta dicta su palabra lapidaria: «Este pecado no será perdonado hasta que muráis» (v. 14). Así declara el profeta que la destrucción definitiva del pueblo se fundamenta en un pecado extraordinario: ¡Desconfiar en las promesas del Señor, y rechazar el ofrecimiento de su seguridad e intervención!

Mensaje contra Sebna (22.15-25)

La última sección del capítulo (vv. 15-25) presenta la única profecía contra un individuo particular en la obra isaiana: contra Sebna. Este particular personaje del reino ocupaba una posición muy importante en el palacio, como tesorero y mayordomo del rey. El nombre puede ser una abreviatura de Sebanyahu, que significa «señor del palacio», oficio que lo ubica en una posición privilegiada ante el monarca.

En el descargo de sus responsabilidades, este oficial del reino debía aconsejar al monarca sobre diversos asuntos políticos y militares (v. 15; 2 R 18.18). Durante la crisis con Asiria, posiblemente le recomendó al rey Ezequías una alianza contra Egipto que fue duramente criticada y rechazada por el profeta. El resultado de esos consejos imprudentes y desafortunados fue su sustitución por otro líder del pueblo, a quien el texto bíblico afirma y respalda, pues el Señor se refiere a él directamente con agrado (v. 20).

Sebna, según el mensaje del profeta, «labró un sepulcro» y «esculpió una morada en la roca» (v. 16). En la antigüedad, los ricos y las personas importantes se hacían cavar tumbas entre las piedras, para no ser enterrados en lugares comunes como la gente pobre (Jer 26.23). Era una manera de indicar que, aún después de muertos, eran prominentes e importantes. Esa ostentación puede ser un signo de las actitudes de infidelidad y soberbia que eran continuamente rechazadas por el profeta y por el Señor.

Por la altivez y altanería de Sebna, el Señor lo sustituyó con un tal Eliaquim, hijo de Hilcías, cuya elevación llenó de orgullo y gloria a su familia. Durante la crisis con Senaquerib, en el 701 a. C., ya Sebna no estaba en su posición de autoridad, aunque posiblemente conservaba en el palacio algún puesto de inferior responsabilidad (Is 36.3; 37.2).

De Eliaquim el texto bíblico indica que era «siervo» del Señor, título que se reservaba para las personas del pueblo más fieles al Señor, como Abraham (Gn 26.24), Moisés (Nm 12.7; Jos 1.1), David (2 S 3.18; 7.5) e Isaías (20.3). Este importante título también se utilizaba para designar a personas que Dios, como Señor de la historia, separaba para encomiendas especiales (Jer 27.6; 43.10). Posteriormente en el libro de Isaías la expresión «siervo del Señor» adquiere una significación teológica especial (p. ej., 42.1-4 y los Cánticos del Siervo del Señor), que requiere ponderación particular.

Mensaje contra Tiro (23.1-18)

Con esta profecía contra Tiro finaliza la sección de mensajes de juicio contra las naciones (Is 13-23). La teología de toda esta serie de oráculos afirma el poder de Dios sobre los pueblos paganos, y a la vez pone de manifiesto un elemento significativo de esperanza para el pueblo de Judá. El juicio a los enemigos era una manera de afirmar las posibilidades de triunfo en el futuro.

El mensaje contra Tiro finaliza esta sección profética del libro de Isaías, probablemente por la misma razón que este bloque de oráculos se inicia con el mensaje contra Babilonia: los babilonios eran famosos por sus conquistas bélicas y por su poder militar; y la gente de Tiro logró ser prominente en la antigüedad por sus logros comerciales y también por su gran desarrollo económico. Los mensajes de juicio se inician con la crítica firme al poder militar y finalizan con el rechazo al poder económico. De esta forma, los oráculos de juicio a estas naciones paganas representan un rechazo divino a los logros militares y comerciales, y una severa crítica al esplendor de la sociedad antigua.

Tiro, ubicada en la costa oeste de fenicia, era una ciudad antigua con mucha historia. Fundada antes del año 3,000 a. C., la ciudad vivió en varias ocasiones las experiencias de derrotas, destrucción y reconstrucción. Para el siglo 10 a. C. contaba con colonias en Chipre, Sicilia y Cerdeña, y posiblemente en el norte de África y en España. Sin embargo, sus transacciones comerciales no siempre manifestaban justicia, respeto y equidad. Sus pobladores eran conocidos en la antigüedad por su poca calidad moral y por sus pobres niveles éticos.

Luego del título del poema (v. 1a), el mensaje contra Tiro se divide en dos secciones importantes: la primera presenta la caída y destrucción de la ciudad (vv. 1-14); y la segunda alude a su posterior renacimiento. Posiblemente el mensaje tiene de contexto histórico las campañas militares de Senaquerib contra Fenicia, por los años 705-701 a. C. Algunos estudiosos, sin embargo, relacionan el poema con varias épocas posteriores de la historia de Judá (p. ej., 681-669 a. C.).

La antigua ciudad de Tarsis no ha podido ubicarse con precisión. Algunas referencias bíblicas parecen ubicarla en Arabia, en la India o la costa africana (1 R 10.22; 22.48); otras la relacionan con algún lugar particular en el Mediterráneo (Jon 1.3). Sin embargo, el nombre «Tarsis» parece ser una referencia a la ciudad de Tarteso, en la península ibérica, que en la antigüedad se consideraba uno de los extremos de la tierra.

«Las naves de Tarsis» –que ciertamente eran las más grandes y podían navegar en alta mar (Ez 27.25)– representan ese comercio lucrativo de Tiro (Ez 27.1-25) que, junto al poder económico y las influencias políticas, generaba buen intercambio y relaciones comerciales con sus colonias en la cuenca del Mar Mediterráneo. Israel tenía relaciones comerciales y diplomáticas con Tiro desde la época de David y Salomón (2 S 5.11; 1 R 5.1; 7.13; 9.11-12,26-28).

Según el poema, la caída de Tiro se escucha en los centros portuarios de la época: Chipre (v. 1b), Sidón (vv. 2-4), Egipto (v. 5) y Tarsis (v. 6). El dolor de la derrota militar no solo afectaba a los pobladores de la ciudad, sino que tendría repercusiones adversas en los centros económicos y comerciales de la época. ¡Muchas personas sufrirán por el colapso de Tiro!

El profeta explica la caída abrupta de Tiro de acuerdo con la voluntad divina (vv. 8-12). Las riquezas que se habían generado en el pueblo habían producido una actitud de soberbia, arrogancia y orgullo irracional. Esas actitudes y estilos de vida representan comportamientos que han sido recurrentemente rechazados en el libro de Isaías. La actitud impropia y orgullosa de la gente se revela en las siguientes frases: «sus comerciantes eran príncipes» y «sus mercaderes eran los nobles de la Tierra» (v. 8).

El mensaje profético afirma con claridad que el propósito divino con la debacle de Tiro es «humillar a todos los ilustres de la Tierra» (v. 9).

En la segunda sección del poema (vv. 15-18), se presenta a Tiro como si fuera una prostituta o «ramera olvidada», pues ha perdido la belleza natural de la juventud; además, se le invita irónicamente a que trate de recuperar su antiguo poderío comercial. El mensaje, que se articula en forma de cántico, culmina con la presentación de una época de restauración comercial. Sin embargo, las ganancias de esta nueva empresa comercial serán consagradas al Señor. La conversión de Tiro recuerda la de Egipto y Asiria.

Resumen de la sección: El rechazo a los poderes militares y económicos

El estudio de toda esta sección como un conjunto y unidad pone de manifiesto varios temas de gran importancia teológica y hermenéutica. Los mensajes comienzan con las críticas a Babilonia (13.1-22) y finalizan con el rechazo de Tiro (23.1-18). Estas naciones representan dos formas de dominación antigua y moderna: el poder militar, que mantiene a los pueblos e individuos en cautiverio, y la opresión económica, que impide que se desarrollen al máximo las potencialidades humanas. Una de las prioridades teológicas de la estructura del libro se desprende del estudio de este importante bloque de mensajes proféticos: la esperanza de Israel, y también de las sociedades actuales, no puede estar fundamentada ni en sus capacidades bélicas ni en su poder económico.

Según el mensaje del profeta, la doctrina fundamental que trae esperanza a los pueblos es su compromiso con los valores y principios que se revelan en las promesas divinas. La paz y la seguridad de las naciones, tanto antiguas como modernas, no se deben fundamentar en las manipulaciones y demostraciones militares, ni en los convenios nacionales e internacionales, ni mucho menos en la implantación de sanciones económicas. La confianza en el Señor es el valor que fomenta la justicia, que es el componente indispensable para el disfrute pleno de la paz.

La evaluación sosegada de la estructura total de los mensajes a las naciones también manifiesta un énfasis teológico que no debe ignorarse. Al analizar en su totalidad ese bloque de oráculos, se puede distinguir un gran quiasmo, o estructura concéntrica, que dispone los mensajes en forma de paralelos de ideas. Se distingue, en la estructura, que varios temas se presentan en oposición, y que ponen claramente de relieve el centro teológico del mensaje. La sección A (13.1-14.32), que alude a Babilonia y sus áreas de dominio, está en paralelo con su contraparte A' (21.1-23.18), que incluye mensajes sobre el mismo gran tema. La sección B (15.1-16.14), que presenta las profecías a los vecinos del este de Judá, está en paralelo con la B' (18.1-20.6), que incluye los oráculos a los vecinos del sur de Judá. En el centro literario de la estructura (17.1-14), se dispone el mensaje fundamental de esperanza a Israel y Judá, en el entorno histórico de la guerra siro-efraimita. En medio de esos oráculos, se pone de relieve el corazón de la revelación divina: la posibilidad de conversión para Israel y Judá (17.7-8).

A. *Babilonia y sus áreas de dominio*: Babilonia (13.1-22), Israel (14.1-4a), Babilonia (14.4b-23), Asiria (14.24-27) y Filistea (14.28-32).

B.*Vecino del este*: Moab (15.1–16.14).

Transformación de Israel y Judá: Damasco (17.1-3), Israel (17.4-6), conversión de Israel y Judá (17.7-8), Judá (17.9-11) y otros pueblos (17.12-14).

B'. *Vecinos del sur*: Nubia (18.1-7), Egipto (19.1-15), conversión de Egipto (19.16-25), y Egipto y Nubia (20.1-6).

A'. *Babilonia y sus áreas de dominio*: Babilonia (21.1-10), Duma (21.11-12), árabes (21.13-15), Quedar (21.16-17), líderes de Jerusalén (22.1-14) y Tiro (23.1-18)

El centro del quiasmo es la referencia redentora a Israel y Judá, y en el medio de ese énfasis literario se descubre la gran importancia teológica de la sección: la conversión de Israel y Judá en 17.7-8. Toda la sección (13.1-23.18) está interesada en ese gran tema de restauración, pues el juicio a las naciones es solo una forma de anunciar la transformación y redención del pueblo de Dios.

Apocalipsis de Isaías (24.1–27.13)

Capítulo 3

Apocalipsis o escatología profética

Luego de la sección del juicio del Señor sobre las naciones (Is 13-23), se incluyen varias profecías que llevan el juicio divino y sus implicaciones a niveles cósmicos extraordinarios (Is 24-27). Este nuevo grupo de oráculos tradicionalmente se ha conocido como el «Apocalipsis de Isaías», por sus similitudes temáticas y teológicas con el género literario «apocalíptico», del cual los libros de Daniel y el Apocalipsis de Juan son los ejemplos bíblicos más conocidos. Este título, sin embargo, es inexacto, desafortunado e, inclusive, puede ser desorientador, pues la literatura apocalíptica se desarrolló posteriormente en la historia, entre los últimos siglos antes y los primeros después de Cristo. Esta sección debe describirse más bien como una escatología profética.

Entre los temas de mayor importancia escatológica y teológica que se incluyen en esta sección están los siguientes: el banquete extraordinario en los últimos días, el castigo final y definitivo de los poderes celestiales, y la resurrección de los muertos. Posteriormente esta temática formó parte de los escritos apocalípticos, aunque se desarrollaron otros elementos significativos, tales como: pseudonimia, simbolismo elaborado, visiones celestiales interpretadas por ángeles, interpretación continua de profecías antiguas, y cálculo de los tiempos y las estaciones.

De la lectura inicial de los pasajes de esta sección se hace muy difícil determinar con seguridad el entorno histórico preciso de los mensajes. La «ciudad» que se presenta en varios versículos de esta serie (p. ej., 24.10-

12; 25.1-5; 26.5; 27.10-11) no se identifica con claridad, y puede ser una referencia a varias comunidades antiguas, aunque algunos estudiosos la relacionan específicamente con Babilonia, que fue destruida por los persas en el 482 a. C.

Los mensajes que se incluyen es esta sección poseen una unidad fundamental: describen la desolación de la Tierra cuando Dios interviene para castigar a la humanidad. En efecto, prosiguen el tema anterior del juicio divino a las naciones, pero llevan sus implicaciones teológicas a niveles cósmicos, pues los enemigos de Dios serán finalmente vencidos y destruidos. El pueblo de Dios, que previamente había sido humillado y herido, será exaltado a una nueva vida (26.12-19), luego de escapar de la destrucción que está preparada para los malvados (27.10), y también será conducido por Dios desde la diáspora, hasta regresarlos a la Tierra Prometida (27.12-13). La majestad divina se pondrá claramente de manifiesto en la nueva Jerusalén, y la muerte será destruida para siempre (25.8).

Estos poemas posiblemente reflejen un entorno histórico posterior al destierro en Babilonia y fueron compilados por algún profeta anónimo luego del exilio, pues los judíos en Palestina parecen ser pocos (26.13), políticamente dependientes (26.13) y aparentemente son gobernados por un sacerdote, no por un rey (24.2). Posiblemente debemos ubicar estos pasajes alrededor del año 450 a. C., pues las ideas expuestas se relacionan más con los escritos postexílicos que con la literatura del profeta Isaías en el siglo octavo a. C.

Juicio del Señor sobre la Tierra (24.1-23)

El capítulo 24, que es un poema de juicio, puede dividirse en dos secciones básicas. La idea general del pasaje es la inauguración del reino de Dios en el monte Sión (v. 23) luego de castigar a sus enemigos (vv. 1,22). En primer lugar se presenta la destrucción y desolación de toda la tierra (vv. 1-20), y posteriormente se incluye un oráculo breve del juicio final, en el cual se enfatiza nuevamente el tema del «día del Señor» (vv. 21-23). De acuerdo con el mensaje, el juicio divino llegará al mundo entero, pues traerá crisis sociales y políticas, y se eliminarán las fuentes de alegría. Inclusive, esa manifestación extraordinaria del «día del Señor» hará que hasta los poderes celestiales rindan cuentas al Señor de la historia y del cosmos.

El poema transmite un sentido de dolor y de duelo; pone de relieve una especie de luto y pesar por la Tierra. En el libro de Joel (caps. 1-2) se presenta un poema similar, cuando el pueblo sufrió los estragos de una plaga de «langostas» o saltamontes. La ocasión histórica específica del mensaje del libro de Isaías no está clara, aunque puede referirse a alguna sequía u otra crisis de repercusión nacional.

Como la Tierra está devastada, así también están sus ciudades, que experimentan el caos y la anarquía. La magnitud del cataclismo puede recordar la destrucción de Sodoma y Gomorra, y también puede asociarse a los constructores de la Torre de Babel. El juicio divino interrumpe el orden natural de la vida y altera las relaciones sociales, religiosas, políticas e interpersonales (v. 2). Ningún grupo social escapa a la destrucción. ¡Hasta los sacerdotes reciben las manifestaciones de la ira divina!

Los temas que ya se habían introducido en los capítulos 2 y 3 del libro ahora vuelven a tener relevancia, y se presentan con vigor –particularmente el mensaje sobre el «día del Señor». La destrucción de la Tierra y la ruptura del orden social de las ciudades son manifestaciones claras de ese «día del Señor», pues el propósito divino es manifestar su gloria y corregir la arrogancia humana. En efecto, la desolación de la Tierra, aunque revela la gloria de Dios, produce dolor a la humanidad.

La ciudad quebrantada del pasaje (v. 10), puede aludir a alguna ciudad llena de idolatría. Simboliza el poder que atenta contra la voluntad divina, o se refiere a las dinámicas que se confabulan para perseguir al pueblo de Dios. El pasaje se puede entender como una contraposición y enfrentamiento entre la ciudad idolátrica y pagana y la ciudad santa, Jerusalén.

La única razón que se brinda en el poema para la llegada del juicio de Dios a la Tierra es la actitud y el comportamiento de sus moradores: «traspasaron las leyes, falsearon el derecho, quebrantaron el pacto eterno» (v. 5). Según el mensaje profético, la humanidad misma propició el juicio que afectó las leyes naturales de la vida. El «pacto eterno» puede ser una referencia a la alianza de Dios con Noé (Gn 9.1-17; 8.2), en la cual se indica que el Señor no destruirá la Tierra nuevamente por medio de otro diluvio. Ese pacto no fue únicamente con Israel, sino con toda la humanidad. La frase que indica que «se abrirán las ventanas» (v. 18) alude posiblemente a esa narración del diluvio en tiempos de Noé. El pacto también puede aludir a la alianza con Moisés en el Sinaí.

Del pasaje también se desprenden las repercusiones ambientales que tienen las decisiones y las actividades humanas. El desarrollo de la tecnología en la agricultura, la carrera armamentista y las experimentaciones nucleares pueden ser buenos ejemplos de cómo la sociedad contemporánea puede afectar adversamente la tierra y el ambiente, trayendo caos y desolación a las comunidades.

Junto al tema del juicio a las naciones, el libro de Isaías incorpora un nivel adicional de la ira de Dios: la Tierra entera será objeto de esta extraordinaria manifestación divina. Esa revelación de su justicia producirá caos en la sociedad. Además, el poema presenta la importante idea de las consecuencias reales e inmediatas en la Tierra de los estilos de vida y las acciones humanas. De esta forma el poema reclama sabiduría y responsabilidad en las decisiones que pueden afectar el ambiente. El mensaje también incluye una palabra de condena y rechazo a las esperanzas humanas en «el ejército de los cielos» (v. 21) –es decir, los astros, a los que rendían culto las naciones paganas (Dt 4.19; Jer 8.2).

El día del Señor (24.21-23)

La parte final del capítulo (vv. 21-23) retoma el tema del «día del Señor». Sin embargo, la descripción del juicio divino que se incluye en el pasaje no tiene paralelos en la literatura del Antiguo Testamento: ¡La ira del Señor llegará hasta «el ejército del cielo»! (v. 21).

El paralelo literario de la idea del «ejército del cielo» con la referencia a «los reyes de la Tierra» pone de relieve que ambos temas están íntimamente relacionados. Los monarcas de las naciones paganas tenían sus divinidades protectoras a las que atribuían sus victorias. El «día del Señor» afectará no solo a los líderes políticos de los pueblos, sino también a sus divinidades. Se revela de esta forma el poder divino no solo ante las naciones y sus gobernantes, sino también sobre la naturaleza, las divinidades antiguas y los astros del cielo. De esta forma la autoridad de Dios se manifiesta en la Tierra y en el cielo; el poder divino tiene, según la teología de este poema, repercusiones terrenales y cósmicas.

Las frases «la Luna se avergonzará y el Sol se confundirá» son imágenes que revelan que los astros de más esplendor vistos desde la Tierra palidecerán ante la manifestación de la gloria divina que se revelará desde el monte Sión (v. 23). La gloria divina «brillará» desde Jerusalén para iluminar a su pueblo.

Alabanzas por el favor del Señor (25.1-12)

El poema que se incluye en este capítulo revela varios temas de importancia teológica y relevancia espiritual. La primera parte (vv. 1-5) es un himno de acción de gracias –semejante a los que se encuentran en el libro de los Salmos– por la derrota de los enemigos y también por el apoyo a los necesitados y menesterosos de la comunidad. El himno es corto y celebra la caída de una ciudad particular, posiblemente Babilonia, descrita como «fortificada» y como un «alcázar». Sin embargo, la falta de claridad en la identificación de esta ciudad hace posible entender e interpretar el texto como una referencia a la capacidad divina de trastornar los ordenamientos humanos y destruir las ciudades que hieren y afectan adversamente al pueblo de Dios.

El himno, en efecto, canta a la protección que le ha otorgado el Señor a su pueblo, con lo que ha cumplido sus promesas de triunfo y liberación. Dios mismo ha vencido al mal y ha derrotado a la ciudad impía, que es posiblemente un símbolo de los poderes que se oponen a la voluntad divina. Al ver las intervenciones de Dios, las naciones paganas temerán y honrarán al Señor.

En la segunda parte del poema (vv. 6-8) se retoma el tema de Isaías 24.21-23, y se anuncia un gran banquete para los últimos días. Este importante tema bíblico del banquete, que se manifiesta en muchas culturas del mundo, se desarrolla teológicamente en el libro de Apocalipsis en la imagen de «las bodas del Cordero» (Ap 19), y se incluye en una de las parábolas de Jesús (Mt 22.2-14; Lc 14.16-24). La idea central es que Dios preparará una fiesta especial para todos los pueblos en «este monte», que es posiblemente Sión. El tema sugiere una celebración extraordinaria luego del triunfo en una batalla fenomenal. Esa es la esperanza básica de la gente sufrida, marginada y oprimida del mundo, que espera que su futuro cambie y su suerte sea transformada.

Según las costumbres orientales, luego de su entronización el nuevo monarca ofrecía un gran banquete para celebrar el magno acontecimiento, y allí se servían los mejores manjares. En el contexto del pasaje bíblico, entre los invitados se incluye a todas las naciones, pues Dios ha sido reconocido como el rey del universo. Los sobrevivientes al cataclismo son ahora sus súbditos. En efecto, el texto presenta una gran teología universalista que es característica de toda la literatura isaiana.

En ese especial banquete y celebración extraordinaria se afirma que Dios «destruirá la muerte para siempre» (v. 8). En la cultura cananea la muerte se representaba por la divinidad Mot, que continuamente atentaba contra Baal, el dios de la tierra y la fertilidad. El profeta, utilizando esas imágenes antiguas, indica que el Señor eliminará la causa última de las angustias de la humanidad: la muerte, que es una fuente de inseguridad y desesperanza para el pueblo. Estas referencias temáticas fueron utilizadas por Juan, el vidente, en la presentación de su mensaje apocalíptico a las iglesias (Ap 7.17; 21.4). El Señor es la salvación que «destruirá la muerte», «enjugará... Las lágrimas», y «quitará la afrenta de su pueblo» (v. 8).

Los versículos finales del pasaje (vv. 9-12) presentan el castigo divino a Moab, que en este caso posiblemente representa a todos los enemigos del pueblo de Dios. Este texto revela una vez más la animosidad de Judá contra sus vecinos, particularmente contra los moabitas.

Confianza en el Señor (26.1-26)

El capítulo 26 de Isaías presenta un cántico de confianza en la protección del Señor que puede dividirse en tres partes fundamentales. En la primera se reconoce y se afirma que el triunfo de Judá debe atribuirse al Señor (vv. 1-6). La salvación del pueblo se le debe a Dios, quien «abrió las puertas» (v. 2) de la ciudad y «guardará en completa paz» (v. 3) a quienes confían en él perpetuamente (v. 4).

La ciudad fuerte alude a Jerusalén (v. 1), que va a ser elevada y protegida. Y la ciudad de la soberbia, de la nada, enaltecida o quebrantada, será finalmente destruida. ¡Jerusalén triunfará sobre sus enemigos, representados en esa ciudad sin nombre! Y esa victoria debe atribuirse a la intervención divina, pues el Señor es «la fortaleza de los siglos» (v. 4).

La segunda sección del cántico (vv. 7-19) articula una oración de confianza en el Señor y de petición de ayuda ante los enemigos. Es un salmo que afirma la seguridad y fortaleza que el pueblo tiene en su Señor (véase Sal 44; 60; 74). De acuerdo con el cántico, es el Señor quien dará la paz al pueblo y será el fundamento de su esperanza. Las frases en torno a «los muertos que no vivirán y no resucitarán» (v. 14) son posiblemente una alusión a Babilonia, que ya había perdido su poder y hegemonía como potencia mundial.

La esperanza que se presenta en el poema supera, en efecto, los límites de la muerte y llega a los niveles extraordinarios de la resurrección. Por esa razón, el texto afirma con seguridad: «Tus muertos vivirán; sus cadáveres resucitarán» (v. 19). Esta clara referencia a la resurrección no debe interpretarse únicamente como una afirmación de confianza al pueblo de Judá, que luego del exilio en Babilonia «resucitará»; es decir, los exiliados procederán a la restauración nacional y comenzarán el retorno a Palestina (véase Ez 37). Es también una importante afirmación teológica que preparó el camino para la doctrina de la resurrección de los muertos que se presenta con más claridad en el Nuevo Testamento (véase particularmente 1 Co 15).

La sección final del poema incluye un oráculo breve que sugiere que Israel –o posiblemente el remanente– estará a salvo del juicio divino (vv. 20-21). Es la respuesta a la oración del pueblo, al que se le aconseja que espere el triunfo en el Señor (v. 20).

En este poema, entre otros temas de importancia, se enfatiza la esperanza desde la perspectiva de la resurrección. El pasaje afirma categóricamente: el pueblo de Dios, aunque sea llevado al exilio en Babilonia y experimente los dolores y las angustias relacionadas con la deportación, superará esas crisis mortales por su confianza en el Señor.

Liberación y regreso de Israel (27.1-13)

Este capítulo, que afirma con una serie de imágenes extraordinarias la restauración de Israel, incluye varios temas que no manifiestan una conexión temática íntima: la naciones serán juzgadas, representadas en monstruos legendarios (v. 1); e Israel, que es la viña del Señor (vv. 2-6), debe sufrir (vv. 7-11), para que finalmente los israelitas regresen del destierro (vv. 12-13). Este pasaje particularmente presenta a Leviatán, que simboliza a las naciones paganas que recibirán el juicio divino, como «serpiente veloz», «serpiente tortuosa» y «dragón del mar» (v. 1).

Una serie de pasajes bíblicos aluden a una batalla extraordinaria entre Dios y un monstruo marino llamado el dragón o Rahab (véase Is 59.9; Job 26.12; Sal 74.13-14; 104.26). Los detalles y la narración precisa de esa gran batalla no se revelan en la Escritura; sin embargo, mediante el estudio de las religiones de Canaán hemos podido comprender un poco la naturaleza y extensión del conflicto.

Las creencias religiosas cananeas incluían los relatos de un gran conflicto entre Baal –el dios y señor de la tierra– y el mar. Relacionados con el mar, estaban los monstruos Lotán, el dragón y la serpiente, que posiblemente se refieren a la misma figura identificada con diversos nombres. El dragón es símbolo del caos, prototipo de las fuerzas que se oponen al orden y a la paz. La batalla y el triunfo de Baal sobre el mar representaba la victoria de la vida y del orden sobre las fuerzas del caos. Para los cananeos, Baal era el dios que había vencido al monstruo y había hecho posible la vida civilizada y ordenada.

El pueblo de Israel, al estar en contacto directo con la cultura cananea y escuchar estas narraciones de batallas fantásticas, afirmó con seguridad, revelando un magnífico sentido teológico monoteísta, que era su Dios quien superaba las fuerzas del mar y de la naturaleza, y vencía sobre el caos y las dinámicas humanas y naturales que se oponían al establecimiento del orden y la paz. Según los relatos bíblicos, no es Baal, el famoso dios cananeo, quien triunfa sobre el mar y sus monstruos, sino que es el Señor y Dios de Israel quien, con su «espada grande, dura y fuerte», castigará y matará al dragón (v. 1).

De esa forma, la Biblia pone de relieve una vez más el monoteísmo y subraya el poder divino sobre las naciones paganas y la naturaleza. Ese triunfo definitivo de Dios sobre el dragón y las fuerzas del caos se llevará a efecto «el día del Señor». Este tema, y el simbolismo de la victoria definitiva de Dios sobre del dragón y las fuerzas del mal y el caos, se manifiesta también en la literatura apocalíptica, particularmente en Daniel 7 y en Apocalipsis 12 y 13.

La imagen del monstruo que representa a las fuerzas del mal y a los enemigos de la humanidad ha sido importante en la historia del pensamiento cristiano y ha llegado a la sociedad contemporánea. Con frecuencia, la cristiandad ha representado a Satán, fuente de la maldad y la desesperanza en la humanidad, como un monstruo tenebroso, que lucha y trata de vencer sobre los seres humanos, y batalla específicamente contra los creyentes. La metáfora de «luchar contra el monstruo» es común para describir conflictos serios que intentan intimidar, desorientar y destruir a las personas de bien.

Con la familiar frase «en aquel día», este poema finaliza la sección conocida como el «Apocalipsis de Isaías» (Is 24-27). Incluye una serie de oráculos que presentan la restauración de Israel. El tema de la viña, que se incluyó en Isaías 5, se presenta nuevamente, pero esta vez desde la perspectiva de la esperanza, y no del juicio. El Señor ya no está enojado con su pueblo, y por tal razón los «espinos y los cardos», que representan a los enemigos de Israel, serán pisoteados, quemados y destruidos (v. 4).

La restauración de Israel, sin embargo, estará condicionada a su renovación y a su transformación en el culto, a la luz de las reformas introducidas por el rey Josías en el 621 a. C. (2 R 22-23). Esas transformaciones religiosas incluyen de forma destacada la destrucción de altares y la eliminación de los lugares de adoración fuera de Jerusalén, según se estipula en Deuteronomio 12. «La ciudad fortificada» (v. 10) y el pueblo que «no es inteligente» (v. 11), que algunos estudiosos identifican con Samaria y los samaritanos, también pueden ser referencias a ciudades y pueblos enemigos de Israel. Las alusiones a Jacob (vv. 6,9) e Israel (v. 6), en el Reino del Norte, pueden entonces indicar que todo el pueblo debe encontrar su centro religioso y litúrgico en Jerusalén, y no en Samaria.

Los oráculos finales del poema se refieren a la restauración y retorno de los israelitas de la diáspora: regresarán para adorar en el monte santo de Jerusalén (v. 13). La experiencia de retorno se describe con imágenes de la cosecha (véase Jl 3.13; Mt 13.39; Ap 14.15-16) y de la convocatoria divina al son de trompetas (Nm 10.2-10; Jl 2.15). Ese gran reclamo divino para que los israelitas exiliados regresen a sus tierras se extenderá desde el río Éufrates hasta el río que sirve de frontera con Egipto.

El capítulo final del llamado «Apocalipsis de Isaías» presenta dos temas de importancia capital para los creyentes: los enemigos del pueblo de Dios, representados en la figura del Leviatán, serán derrotados; y la restauración del pueblo se llevará a efecto, según el pueblo transforme su experiencia de culto.

La figura del monstruo es poderosa y sugestiva. Alude a algún enemigo extraordinario, representa la adversidad en su expresión óptima, simboliza las fuerzas del mal que luchan contra la vida misma de la gente de bien. El monstruo no es un problema cualquiera; es la dificultad seria y mortal que atenta contra la salud mental, que ofende la paz espiritual, que afecta la vida familiar, que nubla el sentido de dirección en la vida, que disminuye el potencial humano y que menosprecia el valor supremo de la vida. El monstruo es el «Goliat» que hiere nuestra autoestima y atenta contra nuestra vida; es la dificultad inesperada que ofende nuestro orgullo y desafía nuestra seguridad.

La restauración del pueblo requiere una revisión de la finalidad del culto y la adoración. El propósito primordial de las experiencias de adoración es incorporar parte de la naturaleza santa de Dios en nuestros estilos de vida, y permitir que esa naturaleza divina se revele en las decisiones humanas cotidianas.

Nuevos oráculos para el pueblo de Dios (28.1–33.24)

Capítulo 4

Con el capítulo 28 se inicia una nueva sección de mensajes proféticos (caps. 28-33) que se relacionan con diversos momentos del ministerio de Isaías. El contexto histórico de la mayoría de estos mensajes es el tiempo de Ezequías (1.1), rey de Judá, y presupone su decisión de revelarse contra el imperio asirio (705-701 a. C.) y buscar apoyo militar y político en Egipto. Particularmente se refieren a la crisis provocada con la muerte del rey Sargón de Asiria (705 a. C.) y la respuesta del nuevo heredero al trono asirio, Senaquerib; a las decisiones políticas, administrativas y militares de Judá, y a su ambicioso programa de política exterior. Los mensajes que se incluyen en esta sección pueden agruparse según una serie de «ayes», o anuncios proféticos de desastres, con los que inician (28.1; 29.1,15; 30.1; 31.1; 33.1).

Estos oráculos contra Judá e Israel (Is 28-33) se pueden relacionar con los primeros mensajes del profeta (Is 1-12). En sus profecías iniciales, Isaías respondió a la crisis política y militar producida por la guerra siro-efraimita (733/732 a. C.), específicamente al deseo del rey de Acaz de aliarse a Asiria. En esta nueva serie de mensajes, el profeta actúa con firmeza ante una nueva crisis generada por los intentos del monarca de Judá, Ezequías, de unirse a Egipto, en sus deseos de rechazar la hegemonía Asiria –política que el profeta veía con mucha preocupación y desconfianza.

Los contextos históricos de los dos grupos de oráculos son diferentes, pero el mensaje y la teología del profeta es similar: la seguridad del pueblo no se debe fundamentar en las alianzas internacionales con las grandes potencias mundiales de la época, que como resultado de los acuerdos intentarán quedarse en la región para aumentar aún más su control y poder político y económico. Según el profeta, el costo político, económico, social y militar de esas alianzas con las potencias de la época era mucho mayor que las ventajas momentáneas y promesas de ayuda que nunca se materializaron.

Aunque generalmente los estudiosos dividen temática y estructuralmente las secciones que se incluyen en Isaías 28-33 e Isaías 34-35, la relación entre ambos grupos de oráculos es íntima, cercana y estrecha. De particular importancia en estas secciones del libro de Isaías es una estructuración teológica que alterna continuamente los temas de juicio y restauración, y que pone de manifiesto un gran propósito y principio teológico: el juicio divino no es la palabra final de Dios para el pueblo, pues luego de la manifestación de su ira se revelará su bondad restauradora, que hará que Sión tenga un futuro glorioso. Los oráculos que comienzan con la presentación del juicio a Samaria (28.1-4) finalizan con una serie importante de promesas de salvación y restauración de Sión (35.1-10). El Dios bíblico no confina su mensaje a la destrucción definitiva, sino que provee un espacio para la conversión y la restauración.

Condenación de Efraín (28.1-6)

El primer oráculo de la sección (vv. 1-4) posiblemente proviene de la época previa a la caída de Samaria (722 a. C.). Se incluye en esta sección, por lo menos, por dos razones teológicas básicas: para afirmar el deseo profético de presentar su mensaje de juicio a todo el pueblo, tanto al Reino del Norte, Israel, como al del Sur, Judá; y porque el tema de la borrachera es fundamental en el próximo oráculo (vv. 7-22). Esta palabra divina contra Efraín, que es otro nombre para referirse al pueblo de Israel, recuerda el mensaje de la viña en Isaías 5, y también es similar a las profecías de Amós: la caída de Samaria se debe fundamentalmente al estilo de vida de sus clases afluentes y dominantes, que se ilustra con el simbolismo de la borrachera o «los ebrios de Efraín» (v. 1).

La expresión «corona de la soberbia» es una posible alusión a la ciudad de Samaria, que estaba enclavada sobre un monte, percibida como si fuera una especie de «corona»; también puede identificar las guirnaldas o diademas de flores que adornaban las casas y las fiestas lujosas, que el profeta interpretaba como una manifestación de arrogancia. La imágenes de flores y borracheras ponen de manifiesto la altivez, altanería y caducidad —y también lo efímero— de las clases gobernantes. La referencia a «uno que es fuerte» (v. 2) alude al rey de Asiria, que es puesto por el Señor para llevar a efecto su plan.

La imagen de «corona» recibe una interpretación positiva en los versículos 5-6. En contraposición a la corona de flores marchitas (v. 1), el Señor será para su pueblo una «corona de gloria» y una «diadema de hermosura» (v. 5). Con el mismo artificio literario se introduce el importante tema de la restauración nacional, y el concepto teológico del «resto» toma dimensión nueva en la literatura isaiana. La imagen del «resto fiel» o «remanente leal del pueblo» contrasta de forma marcada con las referencias a los borrachos de Israel (v. 1) y de Judá (vv. 7-8). «Aquel día» se convertirá en el entorno histórico para que se manifieste la justicia de forma extraordinaria (v. 6). Los versículos finales de esta sección (vv. 5-6), que posiblemente provienen de la mano de un redactor posterior, se incluyeron para relacionar el mensaje a Efraín con la referencia a Judá.

En este mensaje se afirma que el juicio divino no solo llegará a las naciones enemigas de Judá, sino que también afectará al pueblo de Dios. Rechaza el Señor no solo la borrachera, sino también la soberbia, que no es otra cosa que la manifestación de una actitud de rechazo al poder y la autoridad de Dios. Quienes se sobreponen a las tentaciones de la altivez y la jactancia son los que pueden incluirse en la teología del remanente o resto. Ese grupo fiel de creyentes supera las adversidades de la existencia humana para demostrar su lealtad absoluta a Dios.

Contra los sacerdotes (28.7-13)

Una disputa especial contra los sacerdotes y los profetas se incluye en los versículos 7-13. Para Isaías, la borrachera de estos líderes religiosos se había convertido en un serio obstáculo para la comprensión y la asimilación de la palabra de Dios. Con cierta regularidad, los profetas bíblicos tenían disputas y conflictos con los sacerdotes e inclusive con otros profetas (véase Jer 26.8-19; Os 4.4-8; Am 7.10-17; Miq 3.5-11).

Posiblemente esas dinámicas de ingerir alcohol hasta la ebriedad se relaciona con algunas antiguas prácticas religiosas comunes en Canaán.

La gente se emborrachaba como parte de los ritos relacionados con el dios de la muerte. Como estas celebraciones requerían bastantes recursos económicos, los sectores más afluentes y ricos de la sociedad eran los que participaban con más frecuencia de estas fiestas. Según el mensaje de Isaías, las prácticas de borracheras constituían serios actos de irresponsabilidad social. Bajo los efectos del alcohol no se puede guiar adecuadamente al pueblo para recibir, aceptar, apreciar y afirmar la voluntad divina, según se ha revelado al profeta.

La reacción del pueblo al mensaje de Isaías se incluye en los versículos 9-11: la comunidad se burla del profeta y de sus oráculos; el pueblo rechaza abiertamente la revelación de la palabra de Dios. La referencia a «la lengua de tartamudos» puede ser una ironía del profeta, que critica al pueblo por comportarse como niños o actuar como borrachos; y «el lenguaje extraño» (v. 10) posiblemente alude al idioma de los asirios (Jer 5.15), que se compara burlonamente con el mensaje profético (v. 10).

Según Isaías, su mensaje sonaba extraño y raro porque el pueblo no escuchaba de forma atenta y receptiva (véase también Is 6.9; Ez 3.5-9). La revelación divina no tenía sentido para la comunidad, pues el pueblo no prestaba atención al mensaje ni deseaba descubrir sus implicaciones transformadoras. Al rechazar el mensaje de Isaías, el pueblo también le ha dado la espalda al mensaje divino, que era su única fuente de esperanza y paz. El castigo vendrá por medio de un pueblo de lenguaje extraño –lo que quizá es una alusión a los asirios.

Amonestación a Jerusalén (28.14-29)

La amonestación al pueblo continúa en los versículos 14-15 con una seria crítica a los gobernantes que habitan en Jerusalén. El liderato nacional, que sin duda incluye al sector religioso, manifestaba un nivel alto de arrogancia, pues se sentían seguros por sus decisiones económicas y diplomáticas. El «pacto con la muerte» (v. 15) posiblemente se refiere, de forma irónica y sarcástica, a una alianza política y militar con Egipto. En hebreo, «mot» significa muerte, y también identifica y alude al dios cananeo que se relacionaba con el «reino de los muertos». El texto bíblico sugiere que Mot –posiblemente llamado con su nombre egipcio, Osiris o Set– fue invocado como testigo de un pacto o una alianza que, según el profeta, conduce a la muerte y a la destrucción.

De acuerdo con los textos ugaríticos, Mot formaba parte del panteón cananeo. Y posiblemente la expresión «hemos puesto nuestro refugio en la mentira» (v. 15) se refiera a que los habitantes de Judá rindieron culto a este dios extranjero para protegerse de la inminente destrucción asiria.

En contraposición a las decisiones de Israel se presenta la seguridad que produce la confianza en el Señor, quien habita en el monte Sión, y se describe como «fundamento», «piedra probada, angular y preciosa» y «cimiento estable» (v. 16). La seguridad que se fundamenta en la revelación divina, simbolizada por el monte Sión, está en la fidelidad del pueblo al pacto con el Señor, no en las alianzas políticas ni en las conversaciones diplomáticas con Egipto. La esperanza que se fundamenta en las alianzas humanas produce destrucción y frustración; la confianza que se manifiesta de la fidelidad a la revelación de Dios genera paz, justicia y libertad.

Los planes de victoria y seguridad del pueblo no pueden prosperar porque se fundamentan en alianzas humanas que van en contra de la voluntad divina. Los ejércitos asirios tenían el poder de destruir toda la infraestructura militar de Judá, incluyendo el apoyo que podía prometerse de Egipto y que nunca llegó. Como en los primeros tiempos, el Dios bíblico entrará al campo de batalla, pero esta vez se unirá a los ejércitos asirios para enseñarle una lección al pueblo de Judá. El profeta, consciente del potencial peligro pare el pueblo, le invita a desistir de esa actitud arrogante y prepotente de rechazo a la palabra divina. El pueblo, sin embargo, mantuvo su decisión contraria a la revelación de Dios.

El «cordel» (v. 17) es una referencia a la plomada –pesa colgada a una cuerda– que se utilizaba para mantener la línea vertical de una pared. El proverbio o dicho popular referente a la «cama corta» y la «manta estrecha» (v. 20), revela que los oyentes no pueden cambiar su situación inmediata. En el «Monte Perazim» (v. 21) David venció a los filisteos (2 S 5.20; 1 Cr 14.11); y en Gabaón, Josué derrotó a unos reyes cananeos (Jos 10.9-12).

El mensaje final de este capítulo (vv. 23-29) incluye una importante parábola de salvación y esperanza. La proclamación del juicio divino finaliza con una palabra de aliento, con una promesa de restauración: la destrucción y el juicio no son las palabras finales de Dios para su pueblo; la esperanza es la decisión final de Dios para la humanidad. El Señor no se olvida de su pueblo, aunque el profeta transmite el mensaje de juicio de forma clara y directa.

La parábola presupone un ambiente rural y agrícola. El labrador prepara el terreno siguiendo un plan, con la sabiduría que Dios le ha dado. Está particularmente interesado en el producto final, una cosecha abundante y buena. La enseñanza de la parábola es clara: Dios está interesado en la salvación del pueblo, no en su destrucción; y su trato con el pueblo no será más áspero de lo que sea necesario.

El mensaje del capítulo incluye varios temas de importancia capital para los creyentes actuales. Se identifica la borrachera como una actitud irresponsable que trae consigo destrucción y muerte. Esas actitudes impertinentes de ebriedad, que le impiden a las personas pensar con sabiduría y afectan adversamente las decisiones en la vida, llegan a todo el liderato nacional, incluyendo al sector religioso que debe ser modelo de sobriedad, prudencia y santidad. El profeta ataca duramente esas actitudes, pues no contribuyen positivamente a la restauración nacional y a la renovación del pueblo.

Esas dinámicas de borracheras y enajenación impelen a los líderes a pactar con la muerte para tratar de lograr sus objetivos. Y esos pactos con la muerte —o con sus representantes—, tan criticados por el profeta, acarrean destrucción para quienes se incorporan en esos actos de desorientación y suicidio.

Ariel y sus enemigos (29.1-16)

El segundo «ay» de la sección (véase 28.1) se reserva para Ariel (v. 1), que como nombre propio alude directamente a Jerusalén, «la ciudad donde acampó David» (v. 1), en referencia a la antigua ciudad jebusea conquistada por el famoso monarca bíblico (2 S 5.6-7). En este contexto, carece de sentido la interpretación de la palabra como «león de Dios».

El término hebreo «ariel» (v. 2) también puede significar «altar» o «monte de Dios», que puede referirse al lugar donde está ubicado el altar de los sacrificios en el Templo de Jerusalén (véase Ez 43.15-16). Si esta es la significación adecuada, entonces el mensaje quería decir que la ciudad se convertiría —¡o se habría convertido!— en un altar donde se inmolaría alguna víctima, que podría ser la ciudad de Jerusalén, Asiria o, ¿algún niño al dios Moloc? En este caso, Ariel (v. 1) sería una forma del antiguo nombre de la ciudad, Uruslimmu o Uru-Salim, en donde la palabra «Salim» se refiere al dios pagano Shalem. En los manuscritos de Isaías descubiertos en Qumrán, en vez de Ariel, se lee Uru-El.

El mensaje del profeta consiste en un claro anuncio de desastre (vv. 1-4); señala, en efecto, un ataque extraordinario contra la ciudad de Jerusalén, que incluye también una palabra final de esperanza (vv. 5-8), pues las naciones enemigas que batallan contra Jerusalén no prevalecerán. Según el profeta, Dios se presenta atacando a Jerusalén (presumiblemente utilizando el imperio asirio) de una manera similar a la utilizada por David en su conquista previa (2 S 5.6-7). La ciudad será «derribada hasta el polvo» (v. 4), que es una manera simbólica de enfatizar la naturaleza de la humillación a que será expuesta.

De acuerdo con el profeta, la visitación divina –que se presenta con imágenes visuales extraordinarias en los versículos 5-8– tiene dos propósitos principales: en primer lugar, completa el juicio y la humillación de la ciudad; además, manifiesta la presencia salvadora del Señor. Esa «visita» del Señor se describe con un lenguaje de teofanía –una manifestación extraordinaria y redentora del Señor a su pueblo–: «truenos, terremotos, torbellinos, tempestad y fuego» (v. 6; véase también Ex 20). El enemigo se desvanecerá, «como un sueño de visión nocturna», en el último momento (v. 7).

Este pasaje revela un tipo particular de teología sobre Jerusalén que generalmente se describe como «la inviolabilidad de Sión». Según esta percepción teológica, Dios siempre protegerá a Jerusalén de todos sus enemigos (véase, p. e., Sal 48.5-6). Posteriormente esa comprensión de la ciudad y ese concepto teológico fueron rechazados y criticados severamente por el profeta Jeremías (Jer 7.4).

Los versículos 9-16 contienen una crítica seria a los líderes del pueblo. Son sarcásticas las alabanzas del profeta a la terquedad de los que saben leer y a la imprudencia de los que no saben leer. El fundamento de la crítica es doble: por llevar a efecto un culto superficial y también por el deseo imprudente y prepotente de los gobernantes de controlar sus destinos con una diplomacia inadecuada y sin confianza en el Señor. El entorno histórico de este mensaje es la alianza de Judá con Egipto para contrarrestar las amenazas asirias.

La crítica profética a la adoración rechaza la actitud del pueblo que «con sus labios me honra, pero su corazón está lejos de mí» (v. 13). La perversidad de la comunidad y sus líderes se compara a la relación del alfarero con el barro: «¿Acaso la obra dirá de su hacedor: "No me hizo"?» (v. 16). Con esa mentalidad y gesto de arrogancia, los líderes del pueblo no recordaban que el ser humano ante Dios es como barro en manos del alfarero (véase Is 45.9; 64.8; Jer 18.1-6; Rom 9.20-21).

Según el texto, Judá va a ser herida y llevada a un estado de humillación extrema, pero no será totalmente destruida ni aniquilada, gracias a la intervención divina que llegará en el momento preciso para salvar al remanente o resto de su pueblo. La «extraña obra» del Señor (Is 28.21) incluye los dos elementos fundamentales: la destrucción extensa de la ciudad y su posterior liberación. El propósito básico de la acción de Dios es educar al pueblo.

Los temas que se presentan en este capítulo son característicos de la teología de Isaías. El «ay» inicial revela la naturaleza del juicio divino. El «ay» —que es una forma literaria que pone de relieve y subraya el juicio divino— enfatiza la extensión de la destrucción. El juicio viene por la falsa confianza que manifiesta el pueblo. Ante las amenazas asirias, el liderato del pueblo fundamentó sus estrategias políticas y militares en sus capacidades diplomáticas y abandonó su confianza en el Señor. Según el profeta, la visitación divina tiene dos propósitos: el juicio y la redención.

Redención futura de Israel (29.17-24)

El capítulo 29 finaliza con un oráculo de esperanza y redención (vv. 17-24). Como es frecuente en la literatura isaiana, el tema del mensaje cambia del juicio definitivo e inminente a la restauración y la salvación. En este caso, la teología, el lenguaje y las ideas que se incluyen en esta sección se relacionan con el Deutero Isaías. Esta sección es posiblemente una adición postexílica al mensaje del profeta Isaías, posiblemente para atemperar con esperanza las fuertes palabras de juicio que se presentan en la sección anterior (29.1-16).

Los planes de Asiria contra Judá no prosperarán, y la alianza con Egipto no será necesaria. Las transformaciones en el pueblo serán extraordinarias: el Líbano será un campo fértil, los sordos oirán, los ciegos verán, los humildes se alegrarán y los más pobres se gozarán en el Santo de Israel. La terquedad y la falta de sabiduría descrita anteriormente (vv.

119

9-12) se transforma en fidelidad y confianza, y se indica con seguridad: «No será ahora avergonzado Jacob ni su rostro empalidecerá, porque... Santificarán mi nombre. Santificarán al Santo de Jacob y temerán al Dios de Israel» (vv. 22-23). Las condiciones pecaminosas del pueblo serán transformadas por la intervención extraordinaria del Señor.

El pueblo del Señor –que se describe en este mensaje como «humilde y pobre» (v. 19)– se alegrará y se gozará en el Santo de Israel, porque habrá finalizado la violencia y habrán sido destruidos los que hacen iniquidad (v. 20). Y el mensaje añade: así como Dios intervino para salvar a Abraham, así salvará al pueblo de Israel, que santificará al Santo de Jacob y temerá al Dios de Israel (v. 23). ¡Finalmente, el pueblo aprenderá la lección! (v. 24).

La inútil alianza con Egipto (30.1-17)

Esta sección incluye el cuarto anuncio de desastre. Una vez más el profeta critica duramente la alianza de Judá con Egipto. La reiteración, que es un valor educativo de importancia, pone de manifiesto la importancia que el profeta brinda a la teología de la confianza en el Señor. Sus censuras continuas a la política de Ezequías en torno a Egipto pueden ser un buen indicador de su conocimiento de lo que sucedía en el palacio durante los años turbulentos que siguieron a la muerte de Sargón (705 a. C.). En ese período, mientras los embajadores de Judá buscaban el apoyo egipcio, Isaías articulaba su mensaje profético: la confianza en los ejércitos de Egipto no será de provecho.

De acuerdo con la mitología cananea, Rahab –o Leviatán– es el nombre del monstruo del caos o dragón del mar que fue vencido por Dios en la creación (Is 27.1; Sal 74.14 y 89.9; Job 26.12). En este contexto, Rahab es una apelación irónica a Egipto, y se indica que el monstruo está quieto y paralizado (v. 7), sin poder hacer nada. Zoan –que corresponde a Tanis, ubicada en el delta egipcio– era la capital de la región, y Hanes (v. 4) estaba al sur de la ciudad de Menfis; aunque su localización precisa no se conoce, algunos estudiosos la relacionan con Amisis.

Es de notar en el mensaje profético que la potencia egipcia no sólo se identifica con la maldad y el caos, sino que se indica que es inútil: «la esperanza de Egipto» y «la fuerza del faraón» se convertirán en confusión, y Judá se avergonzará de un pueblo «que no le sirve de nada»

(vv. 3-5). El profeta reacciona con vehemencia a la actitud de los líderes del pueblo, que hasta consiguen profetas que les anuncien los mensajes que ellos quieren escuchar. Esos profetas dejaron de ser representantes independientes de la revelación divina al pueblo, para convertirse en propagandistas inútiles de la política real oficial de Judá.

El mensaje de Isaías a los reyes de Judá, tanto a Ezequías como a Acab, es consistente y esencialmente el mismo: la salvación y el futuro del pueblo se fundamentan en la calma y la sobriedad; no se basan en la manifestación y demostración del poderío militar ni en el desarrollo de alianzas políticas internacionales (v. 15). «En la conversión y el reposo seréis salvos; en la quietud y en la confianza estará vuestra fortaleza». No era conveniente para Judá provocar a los asirios con planes de resistencia y con la organización de revueltas políticas, ni debían tratar tampoco de sobreponerse a las amenazas de los asirios con alianzas estratégicas militares y diplomáticas. Dios les protegería, decía el profeta, no de la manifestación de los problemas, sino de la devastación; no del conflicto serio, sino de la destrucción; no de la dificultad amenazante, sino de la aniquilación.

Esa alternativa de resistencia pacífica traía dolor, pero proveía espacio para el futuro del pueblo. El pueblo no podía huir de las amenazas enemigas, y tenía que presentar una política sabia y coherente ante las actitudes expansionistas e imperiales de Asiria.

En medio de la crisis, el Señor le indica al profeta que escriba sus mensajes «en una tabla»; le revela que registre sus palabras «en un libro» para las futuras generaciones (v. 8). El objetivo divino era que el «pueblo rebelde» (v. 9) supiera que había sido amonestado, y que no pudiera decir que había actuado sin conocimiento de la revelación profética. Este mensaje fue fundamental para el desarrollo de la literatura profética, que debía ser recopilada y guardada para ser consultada en el futuro.

Prosperidad futura de Sión (30.18-26)

Antes de finalizar con una palabra y oráculo de juicio contra Asiria (vv. 27-33), de forma súbita el tono del mensaje profético cambia, y pone de manifiesto un claro sentido de esperanza y restauración (vv. 18-26): El Señor tendrá piedad de su pueblo y será exaltado, y porque es justo, mostrará su misericordia (v. 18). Una vez más el libro de Isaías alterna los temas de juicio y esperanza como parte de su estilo pedagógico y literario.

En este mensaje de esperanza y restauración, Sión no es la ciudad arrogante y soberbia que rechaza la revelación divina e ignora la palabra profética. Por el contrario, es un pueblo a quien se promete el perdón divino y que disfrutará una prosperidad paradisíaca (Is 66.17-25; Am 9.13-15; Jl 4.18; Rom 8.21; 2 P 3.13). Nuevamente los temas de la justicia y la misericordia divinas se relacionan y desarrollan en el libro. En este caso particular, el mensaje se ha redactado en prosa, y es posible que, aunque contiene temas que se desarrollan posteriormente en el exilio y después del exilio, provenga del profeta Isaías. Una bienaventuranza pone de relieve el amor divino: «¡Bienaventurados todos los que confían en él (Dios)!» (v. 18).

Juicio contra Asiria (30.27-33)

La ira divina también se revela contra el imperio asirio de forma extraordinaria. Aunque posee gran poder militar y económico, Asiria ciertamente será presa del juicio divino (véase Is 10). La teología que fundamenta este oráculo es la del poder de Dios sobre toda la humanidad y sobre las naciones del mundo. Posteriormente en la historia, en el 612 a. C., los asirios cayeron ante los babilonios y recibieron el merecido castigo divino por sus actitudes arrogantes y sus políticas imperialistas de conquista, destrucción y opresión de los pueblos subyugados.

Las imágenes del fuego que consume, y también la simbología de los fenómenos atmosféricos, son comunes en la descripción de teofanías –o autorevelaciones de Dios– en el Antiguo Testamento (véase Jue 5.4-5; Sal 18.7-15; Hab 3.3-15). En este pasaje ponen de relieve el juicio divino sobre los asirios. La caída de Asiria era la salvación de Judá. El profeta presenta a Dios como quien ha preparado el destino final de Asiria de antemano.

Este mensaje, en poesía, posiblemente proviene de los años alrededor del 701 a. C., cuando Senaquerib llevaba a efecto sus campañas militares en Palestina. La fraseología de guerra y las imágenes de destrucción ponen de relieve su importancia y sentido de inmediatez para el pueblo. Una vez más se afirma que la destrucción de los enemigos del pueblo de Dios era un criterio de esperanza para Judá.

Con toda esta presentación alternada de los temas de juicio y esperanza, el libro de Isaías desea afirmar que la palabra final de Dios para su pueblo no es la destrucción ni la aniquilación. Por el contrario, el juicio divino es una forma pedagógica de llamar la atención del pueblo y llevarlo a descubrir, disfrutar y obedecer la voluntad de Dios, que traerá prosperidad.

Según el mensaje de Isaías, la alianza con Egipto no es necesaria, pues la mejor política nacional ante las amenazas asirias era evitar la provocación. El mensaje del profeta fue consistente. Tanto a Acab como a Ezequías les presentó la misma afirmación teológica. La palabra de Isaías no cambió con el tiempo, sino que mantuvo consistencia y afirmó la importancia de confiar en las promesas divinas. Inclusive, en el desempeño de su misión, el profeta se percató de la importancia de dejar constancia de su labor, al escribir sus oráculos en un libro para que pudiera ser consultado en el futuro. Finalmente, el mensaje profético se dirige a Asiria, que también recibirá su merecido por articular y llevar a efecto una política de opresión e injusticia.

¡Los egipcios son hombres, no dioses! (31.1-9)

Este quinto «ay» o anuncio de desastre repite las críticas y las amenazas contra la alianza con Egipto (30.1-17). En esta ocasión, sin embargo, el fundamento de la amonestación es diferente: los egipcios son humanos y no dioses. El contraste básico no es la división entre lo espiritual y lo material, sino entre lo divino y lo humano. Los poderosos ejércitos egipcios son falibles y frágiles, porque no son sobrehumanos ni tienen poderes divinos especiales; carecen de virtudes extraordinarias para llevar a efecto algún milagro que salve a Judá del poder de Asiria. Este mensaje proviene de la época previa a la liberación de la ciudad de Judá en el 701 a. C.

La crítica del profeta es clara y directa: «descienden a Egipto», «confían en los caballos», «ponen su esperanza en los carros», y confían en «sus jinetes, porque son valientes», «pero no miran al Santo de Israel» (v. 1). Posiblemente entre las cláusulas de apoyo militar a Judá en caso de alguna invasión asiria se incluían los carros de guerra y los caballos, que tenían una importancia extraordinaria en las batallas.

El poder militar que tenía Egipto se fundamentaba en su equipo bélico sofisticado –p. e., los caballos y los carros de guerra– y en sus guerreros diestros. Judá y sus gobernantes habían descubierto ese poderío militar y habían depositado sus esperanzas en esas virtudes bélicas humanas. La respuesta divina es contundente: los egipcios no son dioses ni su aparato militar invencible; tanto los caballos como los jinetes caerán vencidos ante la acción divina. Según el mensaje profético, «caerá el ayudador y caerá el ayudado» (v. 3). El juicio llegará a Egipto y a quienes le pidieron ayuda, a Judá.

El mensaje profético alterna nuevamente el tema del juicio e incorpora un importante componente de esperanza (vv. 4-7). El Señor ayudará a Jerusalén y peleará en Sión para proteger a su pueblo. La imágenes del «león» y «las aves» revelan la dimensión divina y el poder de Dios en acción. En la antigüedad, el león era visto como el animal más guerrero y victorioso (v. 4). «Las aves» que vuelan revelan el deseo claro y la capacidad divina de proteger, amparar, librar, preservar y salvar a su pueblo (v. 5). Para el profeta, los ejércitos asirios no asustarán más al Señor que un pájaro a un león.

Finaliza el capítulo con un mensaje directo contra Asiria (vv. 7-9), que es fundamentalmente la fuente de las amenazas y el origen de las dificultades de Judá. El imperio asirio ciertamente caerá, pero no será «por espada de varón», ni por «espada de hombre», sino mediante la intervención de Dios. Esa manifestación divina le ayudará al pueblo no solo a triunfar sobre sus enemigos militares, sino que les permitirá vencer sobre la idolatría (v. 7).

El rey justo (32.1-8)

El capítulo 32 contiene dos oráculos importantes que no aluden a las alianzas militares con Egipto. El primero presenta la administración efectiva de un rey (vv. 1-8); y el segundo incluye una crítica severa a las mujeres de Jerusalén (vv. 9-20). Estos mensajes posiblemente fueron añadidos a la colección de oráculos previos (caps. 28-31) para poner claramente de manifiesto las actitudes de los monarcas imprudentes que hacían caso omiso a la revelación divina e ignoraban la palabra profética.

Aunque el tema del rey justo se ha relacionado previamente en el libro de Isaías con la época mesiánica (véase 9.1-7; 11.10), en este capítulo más bien alude a los gobernantes que debían llevar a efecto una política gubernamental justa, sabia y equitativa. El pasaje no se refiere directamente a la monarquía davídica ni presenta la ideología real relacionada con David. Las imágenes utilizadas en el oráculo para describir el reinado –p. e., «escondedero contra el viento» y «refugio contra la tormenta» (v. 2)– ponen de relieve varios atributos importantes relacionados con la firmeza, el poder, la autoridad y la fortaleza.

La palabra al rey justo culmina con una sección de importancia (vv. 5-8) que incluye temas que se presentan con regularidad en la literatura de sabiduría, particularmente la crítica a los necios, al ruin y al tramposo, en contraposición a la persona noble (véase Pr 8.15-16; 16.10-15; 20.16,28). El texto insinúa (v. 5) que en esa época se habían trastocado los valores morales y éticos que producen sociedades estables y sobrias.

Advertencia a las mujeres de Jerusalén (32.9-14)

La próxima sección del capítulo (vv. 9-14) incluye una seria crítica a las mujeres vanidosas y altivas de Jerusalén (véase también 3.16-26; 5.6; 7.23-24) que repite los temas que se presentaron al inicio del ministerio de Isaías. Posiblemente el mensaje se pronunció en un entorno rural durante la fiesta de la vendimia (véase 5.1-7), en los años previos a la amenaza de Senaquerib.

En un contexto de inminente crisis, el profeta reprende a las mujeres por la despreocupación y la frivolidad de sus actos. Las llama a manifestar algún signo de arrepentimiento (vv. 11-12) ante las dificultades y los problemas que experimenta el país y en referencia a las amenazas que se ciernen sobre Judá (vv. 14-20). El profeta rechaza la actitud de presunción que manifiestan, y les advierte que próximamente tendrán motivos no para regocijarse, sino para lamentarse. La ciudad quedará sin habitantes y sus ruinas servirán de lugar de descanso para los animales.

El espíritu de lo alto (32.15-20)

Culmina la sección con la extraordinaria descripción de una época ideal. Cuando sea derramado el «espíritu de lo alto» (v. 15), Judá y el mundo experimentarán una serie de transformaciones importantes. La implantación de la justicia traerá la paz, que contribuirá positivamente a una mejor convivencia humana y también tendrá efectos en la naturaleza. Finalmente, esa intervención de Dios hará que el pueblo «habite en morada de paz, en habitaciones seguras y en lugares de reposo» (18).

La destrucción que se anuncia en la sección anterior finalizará cuando se manifieste de forma extraordinaria el Espíritu divino. La acción del Espíritu producirá una transformación especial en plantas, animales y personas. El nuevo orden de cosas se fundamentará en el derecho y la justicia, que son la base insustituible de la paz y el bienestar. Ese ambiente de bienestar les permitirá enfrentar la vida sin temor a las guerras. La teología que se pone de manifiesto en el pasaje se puede relacionar con los años del destierro en Babilonia o después.

La crítica del profeta en estos capítulos 31 y 32 a los diversos sectores del pueblo es directa. En primer lugar se dirige a los líderes políticos y militares. Les indica que el poderío militar de Egipto no es extraordinario. El mensaje es que Judá había sobrevalorado el poder militar egipcio. La palabra del profeta es firme: los soldados son humanos y su equipo militar es vulnerable. Poner la esperanza de todo un pueblo en esos valores llenos de fragilidad y vulnerabilidad era una decisión política imprudente y una estrategia militar equivocada. La crítica profética también llega a las mujeres, que no se percataban ni entendían el tiempo peligroso en que vivían.

Para balancear su mensaje, el libro de Isaías también incluye en esta sección varios componentes de esperanza y restauración. En el estilo isaiano, se alternan los oráculos de juicio con las palabras de consuelo y esperanza. Cuando intervenga el «espíritu de lo alto» el Señor se manifestará como león para implantar la justicia y traer un reino de paz.

La salvación proviene del Señor (33.1-24)

El capítulo 33, que concluye una sección importante de oráculos de juicio y de salvación (caps. 28-33), se compone de una serie de mensajes que posiblemente revela una dinámica importante del culto en Jerusalén: la participación dialogada de varios interlocutores. El pasaje pone de relieve una forma de experiencia religiosa en el Templo: el mensaje se presentaba en una especie de poesía comunitaria en la cual se incluía la contribución de diversos adoradores. En este caso específico se funde con el juicio divino con el enemigo del pueblo (v. 1), una oración que implora la manifestación de Dios (vv. 2-16), y la restauración de Sión (vv. 17-24).

Como no se puede determinar con precisión la identidad del enemigo aludido en el pasaje, y el poema manifiesta algunas características de los Salmos (p. e., Sal 45; 47), algunos estudiosos ubican su composición en la época del destierro. Se incorporó en esta sección, posiblemente, para culminar la serie de oráculos de juicio con una nota de restauración y esperanza. Los que entienden que el poema proviene de Isaías relacionan el texto con los mensajes proféticos que se presentaron luego de que una delegación de Judá fuera enviada a Senaquerib en Laquis, en el 701 a. C. (2 R 18.13-36).

El sexto «ay» o anuncio de destrucción (véase 28.1; 29.1,15; 30.1; 31.1; 33.1) es un breve oráculo de juicio que utiliza el lenguaje previamente expuesto para anunciar la ira divina contra Babilonia (21.2) y Asiria (10.5-12). La lógica del mensaje es clara: el día del castigo de Dios llegará también a los opresores del pueblo, y sus enemigos serán finalmente destruidos. Como saquean sin haber sido saqueados y traicionan sin saber lo que es traición, serán expuestos al dolor que traen sus propios actos, y recibirán el resultado de sus acciones: «cuando acabes de cometer deslealtad se cometerá contra ti» (v. 1).

Al anuncio de desastre le siguen una oración de súplica (vv. 2-4) y un himno de alabanza (vv. 5-6). El poema reclama la intervención de Dios para que manifieste su misericordia y amor. En este contexto se pone de manifiesto el fundamento teológico del pasaje: el Señor es «nuestra salvación en el tiempo de la tribulación» (v. 2). La esperanza del pueblo se basa en que el Dios bíblico es exaltado, da seguridad al pueblo y revela su sabiduría y conocimiento (v. 6). Además, en un acto de fe extraordinario, el adorador reconoce que «el temor del Señor es su tesoro»; es decir, que la confianza, el respeto, el aprecio y la adoración a Dios constituyen sus riquezas más preciadas.

Un lamento que revela la condición de la Tierra tras el juicio divino se incluye en los versículos 7-9. La imagen del luto y de la muerte revelan la naturaleza del dolor. El Líbano –famoso por sus cedros–, Sarón –conocida por sus tierras fértiles–, el Carmelo –al norte de Sarón– y

Basán –apreciada por sus riquezas– serán testigos de la destrucción. Inclusive los embajadores o «mensajeros de la paz» (v. 7) aceptan el fracaso de sus gestiones y lloran amargamente, pues el Señor finalmente anuló el pacto que tenía con el pueblo y «aborreció las ciudades» (v. 8). Una mejor apreciación del versículo 8 se descubre con un cambio textual fundamentado en la lectura de los manuscritos de Qumrán, al cambiar «ciudades» por «testigos». El paralelo debe ser «pacto y testigos».

La respuesta del Señor se presenta en los versículos 10-13: «Me levantaré, seré exaltado y engrandecido» (v. 10). Una teofanía extraordinaria se presenta para atender el reclamo del pueblo. Las imágenes de los vientos y el fuego consumidor son características de estas manifestaciones extraordinarias de Dios. Y la actitud humana es de admiración y desconocimiento: ¿Quién puede resistir la manifestación divina que se revela en el fuego de llamas eternas? (v. 14).

Quienes pueden levantarse con seguridad a dialogar con el Señor y tendrán la capacidad de resistir los embates y resultados de la ira divina son quienes caminan en justicia y hablan lo recto, rechazan la violencia y el soborno y no aceptan mentiras, sino se niegan a aceptar la maldad (v. 15). Esta sección del poema es similar a varios salmos que contienen preguntas retóricas para dramatizar el mensaje y poner de manifiesto la revelación de Dios (véase Sal 15.2-5; 24.3-5). El mensaje es directo y claro: la gente justa se presentará de pie ante el Señor. La justicia se relaciona con la integridad y con el carácter firme, vertical, decidido, noble y grato.

Para finalizar, el poema incluye una oración que afirma y celebra la restauración de Sión (vv. 17-24). El pueblo vivirá una era mesiánica de prosperidad y paz. Una vez más el profeta indica que la palabra final de Dios para su pueblo no es de destrucción, sino de restauración y la reconstrucción. El adorador presenta a Dios como Rey (v. 17), en la tradición isaiana (véase 6.5 y también 2; 9; 11), e indica con seguridad y esperanza que el Señor es, además, juez y legislador (v. 22).

En la ciudad restaurada, según el poeta, Dios se convertirá en fuerza legislativa, ejecutiva y judicial –funciones que, en efecto, representan las tres ramas importantes de cualquier sistema de gobierno equitativo, democrático y justo. En ese época paradisíaca, habrá tal abundancia de agua (v. 21) que los enemigos no la podrán navegar (v. 23), y no se manifestará la enfermedad ni la debilidad, pues el pecado –o «la iniquidad»– y la maldad del pueblo habrán sido perdonados (v. 24).

Con este poema finaliza una sección fundamental del libro de Isaías que puede resumirse en el título: ¡La salvación proviene del Señor! El pasaje revela una dinámica litúrgica que pone de relieve la importancia del culto en las afirmaciones teológicas. La adoración, que es un elemento esencial de la experiencia religiosa saludable, se convierte en instrumento educativo para la afirmación de valores espirituales y morales necesarios para la vida, la dignidad y el futuro del pueblo.

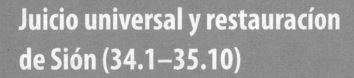

Juicio universal y restauracíon de Sión (34.1–35.10)

Capítulo 5

La ira del Señor contra las naciones (34.1-17)

Los capítulos 34 y 35 deben estudiarse juntos por varias razones. En primer lugar, representan dos aspectos complementarios y básicos de la misma realidad teológica, política y social: la destrucción de Edom (34) y de las naciones enemigas de Israel es también la liberación y salvación de Jerusalén (35). Ambos pasajes, además, provienen de la época postexílica, luego del retorno a Palestina de varios grupos de los judíos que fueron deportados a Babilonia. Durante ese período, Judá experimentó una serie de dificultades con sus vecinos, particularmente con Edom, que en este contexto profético se incluye en representación de los pueblos enemigos de Israel (véase también 63.1-6). Estos capítulos finalizan la colección de mensajes proféticos que había comenzado en Isaías 28-33, y mantienen la alternancia de temas de juicio y redención.

El juicio divino que se revela en la sección (34-35) no se relaciona principalmente con Asiria, como en otras secciones del libro de Isaías, sino con Babilonia, que fue la potencia internacional que llevó al pueblo de Judá al exilio en el 587/6 a. C. Manifiesta, además, una marcada afinidad teológica, literaria y temática con Isaías 40-66, que presenta la restauración y liberación de Judá del exilio en Babilonia. Es importante notar también que gran parte de las ideas religiosas y los conceptos que se manifiestan en esta sección ya se habían incluido anteriormente en los capítulos 24-27, que ponen de relieve una clara teología escatológica.

El capítulo 34, que representa esa evidente tendencia teológica, comienza con el oráculo general de juicio a las naciones (34.1-4), que luego se orienta específicamente a anunciar el castigo divino a Edom (34.5-15), enemigo tradicional de Judá (véase Jer 49.7-22; Ez 25.12-14; 35.1-15; Am 1.11-12). El pasaje es particularmente notable por dos razones fundamentales: en primer lugar, utiliza una serie extraordinaria de imágenes literarias para describir la destrucción total de las naciones. Además, las figuras cósmicas que se presentan en el oráculo se popularizaron posteriormente en la literatura apocalíptica, específicamente en Daniel y Apocalipsis. En esencia, el pasaje articula una descripción extraordinaria de la manera en que Dios castigará a la humanidad, y continúa con la narración del destino reservado a Edom.

El motivo del juicio es el pecado de la humanidad, que un Dios justo no puede dejar impune. El Señor ha pronunciado su «herem» o anatema, que representa la destrucción total y definitiva. Ni siquiera la creación escapará de la manifestación del juicio divino, pues se decretará un castigo especial para el cosmos.

El poema presenta el tema de la venganza de forma dramática. Este particular tema teológico, que ciertamente puede revelar el compromiso divino de establecer la justicia en la Tierra y castigar a los opresores, pone de relieve también una serie de deseos y actitudes que no representan lo mejor de la naturaleza humana. No demuestran particularmente el estilo de vida de altura ética y moral que vivió y afirmó Jesús de Nazaret (véase Mt 5-7). La venganza, aunque es un sentimiento humano común, delata un nivel de frustración particularmente alto, pone de manifiesto los rencores personales y colectivos, y no postula lo mejor del testimonio cristiano. Por esa razón teológica y sicológica, los creyentes afirman con seguridad que la venganza es del Señor. Esa afirmación teológica no es una resignación pasiva al dolor y la desesperanza, sino el reconocimiento de que la verdadera justicia incluye también la capacidad de perdonar y manifestar misericordia.

Como si se tratara de una especie de guerra santa, el profeta presenta una convocación solemne para que se escuche claramente la sentencia divina (34.1-2). Las naciones, los pueblos, la Tierra y el mundo deben percatarse del importante anuncio: el Señor está airado e indignado, y se dispone a destruir a las naciones paganas. El juicio se describe con imágenes cósmicas que revelan la naturaleza de la ira divina y ponen en evidencia la extensión de su poder (34.4). El «día de venganza» del Señor también será momento de retribución justa a Sión. La destrucción que se experimentará será de tal magnitud que traerá el caos a la naturaleza y afectará adversamente a las aves y los animales del campo (34.9-15).

Luego de la manifestación universal de la cólera de Dios, el castigo se dirige especialmente a Edom (v. 5) y a su ciudad de Bosra (v. 6), que constituía una de sus comunidades de más importancia religiosa y política. De acuerdo a los textos bíblicos, la enemistad entre judíos y edomitas se remonta a la época patriarcal de Jacob y Esaú (Gn 24.41-66). Sin embargo, desde la perspectiva histórica y política, la crisis entre estos pueblos se intensificó desde que la gente de Edom se regocijó con la caída y destrucción de Jerusalén (Ab 10-14; Lam 4.21). Posteriormente, en la época exílica, la enemistad continuó cuando, con la ayuda de varios grupos árabes, los edomitas usurparon terrenos del sur de Judá.

El «libro del Señor» (34.16) que el profeta invita a consultar posiblemente se refiere al lugar simbólico en el cual están incluidas las acciones humanas, tal como la sabiduría divina las tiene previstas (Sal 139.16). La expresión también puede entenderse como una alusión a libros proféticos en general o a alguna sección específica de esa literatura.

El contraste tradicional del juicio y la restauración, que se manifiesta con regularidad en la literatura isaiana, toma en esta sección una dimensión nueva. El juicio revela niveles cósmicos, y la destrucción manifiesta la naturaleza y extensión del caos. La restauración pone de relieve una serie de componentes extraordinarios capaces aun de transformar los desiertos inhóspitos. El dúo temático de juicio y restauración presenta y confirma una característica particular del Dios bíblico: la ira divina se manifiesta en el pasaje como una forma pedagógica para anteceder la reconstrucción y la redención del pueblo.

Futuro glorioso de Sión (35.1-10)

El capítulo 35 incluye un magnífico poema que marca un serio contraste con el pasaje anterior. En contraposición al juicio a las naciones y a Edom, se articula en este pasaje un mensaje elocuente y desafiante de restauración y esperanza. Se visualiza y revela el alegre retorno a Jerusalén de los deportados a Babilonia. El «día del Señor», que para Edom significa juicio y destrucción, para Judá será de luz y no de tinieblas (Am 5.8).

Las imágenes literarias de la restauración y el viaje de regreso que se presentan en el pasaje después se desarrollan aún más en el libro: el desierto florecerá, la gente triste y apocada se alegrará, los ciegos recobrarán la vista, los sordos recuperarán la capacidad auditiva, los cojos saltarán, los mudos cantarán, y se establecerá un nuevo camino en el desierto que se denominará «Camino de santidad» (35.8). Esas imágenes representan un regreso glorioso, feliz, bienaventurado, alegre. El poema describe el viaje gozoso de los redimidos del Señor a Jerusalén (35.10). Alude a la transformación del desierto entre el río Éufrates y Judá en un paraíso que recordará la vida y la vegetación de los lugares tradicionalmente florecientes y fértiles: el Líbano, la región del Monte Carmelo y el valle de Sarón.

Las imágenes del agua en el desierto son particularmente poderosas entre los antiguos israelitas, que vivían continuamente las penurias de la escasez del preciado líquido. La provisión de agua es, en efecto, una buena señal de la bendición divina, y se convierte también en un magnífico símbolo del futuro promisorio para el pueblo. Esas referencias aluden al relato del agua dada milagrosamente por Dios en el desierto, durante el éxodo de las tierras de Egipto.

Con esta palabra de redención finaliza esta serie de mensajes de juicio a las naciones (28-33 y 34-35). El profeta visualiza el retorno como una experiencia de transformación radical que impactará aun a la naturaleza. El gozo del regreso y la reconstrucción sustituirán las tribulaciones y las desesperanzas del exilio y la deportación.

Las referencias al retorno maravilloso de los desterrados se presentan en un idioma simbólico, polivalente, figurado e hiperbólico. La verdad histórica es que la repatriación y las dinámicas sociales y políticas del regreso de los deportados distaron mucho de ser ideales. Las experiencias de los que volvieron a Judá en el 538 a. C., y también en viajes posteriores, indica que la sociología del regreso fue tan traumática como los conflictos y las crisis del destierro. Sin embargo, el mensaje de esperanza que este pasaje revela se sobrepone a las realidades inmediatas de la restauración, pues le presenta la voluntad divina al pueblo de forma ideal. La transformación de la idealidad a la realidad es un gran desafío para los creyentes que desean contribuir a la redención de la sociedad.

La invasión asiria y la fe de Ezequías (36.1–39.8)

Capítulo 6

La invasión de Senaquerib (36.1-22)

Algunos estudiosos han llamado a esta sección del libro de Isaías, generalmente en prosa (36-39), el «Apéndice histórico». Esto, por varias razones: la naturaleza histórica de los relatos en torno a la vida del profeta y del rey Ezequías, luego de los mensajes proféticos en poesía; su relación temática y literaria con los capítulos 1-35, que parece que los concluye, y su función teológica en la estructura final de todo el libro del profeta Isaías, pues es una especie de unión o coyuntura de las dos secciones mayores del libro (Is 1-35 y 40-66).

Respecto a estas narraciones históricas del libro, también es importante anotar que los temas que incluyen son similares a los que se encuentran en 2 Reyes 18.13-20.19, con la excepción de Isaías 38.9-20, que es un salmo de alabanza como los usados en los cultos en el Templo de Jerusalén (véase Sal 6). En el libro de Isaías se omiten también las referencias al costo de la rebelión de Judá, pues no se alude a los fuertes tributos que Ezequías pagó al rey asirio, Senaquerib (2 R 18.14-16).

Estas narraciones, que más que históricas son teológicas –y que por su importancia teológica y literaria no son realmente apéndices en el libro–, posiblemente se incorporaron a la obra final del profeta después de la época exílica, pues aluden a varios episodios de la vida del profeta Isaías, quien es el protagonista de los mensajes que se incorporaron en el libro.

Toda esta sección (36-39) se compone esencialmente de tres episodios: la invasión del rey asirio, Senaquerib, descrita en dos versiones complementarias (36-37); la enfermedad y la recuperación milagrosa del rey Ezequías (38), y, finalmente, la referencia a la visita de la delegación babilónica a Judá (39). Los capítulos 38 y 39 exploran las implicaciones de la salvación y liberación de Judá descrita en el 37. En el 38 se sugiere que Ezequías es un tipo de monarca especial ante Dios. Y en el 39 se indica que la liberación divina de la mano de los asirios no garantiza la intervención redentora de Dios ante el inminente ataque de los babilonios.

Aunque las fechas específicas de los acontecimientos descritos en esta sección no están claras, la precisión histórica de los relatos descritos en 2 de Reyes e Isaías 36-39 es confirmada por las narraciones oficiales de los reyes de Asiria. Según los anales asirios, el monarca de Judá fue detenido en Jerusalén «como un ave en su jaula», el territorio nacional judío fue reducido y sus ciudadanos tuvieron que pagar tributos onerosos al rey asirio o fueran llevados al exilio. El costo que pagó Judá por su rebelión contra Asiria fue muy alto, tal como lo había indicado en repetidas ocasiones el profeta Isaías.

La ciudad de Jerusalén, sin embargo, no fue invadida ni destruida por los ejércitos asirios, y se le permitió al rey de Judá, Ezequías, mantenerse en el trono. Esa «liberación» física de Jerusalén fue interpretada teológicamente por el pueblo como el resultado inmediato de la intervención salvadora del Señor. La antigua teología de la inviolabilidad de Sión –que afirmaba que Dios no permitiría que el Templo y la ciudad de Jerusalén fueran destruidos– se hacía realidad una vez más.

La razón real de la relativa actitud sobria de Senaquerib hacia los ciudadanos rebeldes de Jerusalén no está clara, aunque se ponderan varias posibilidades históricas. Según Isaías 37.7, Senaquerib estaba deseoso de regresar a Asiria para responder a un «rumor», en una posible referencia a disturbios y rebeliones internas que sufría su gobierno. También en Isaías 37.9 se sugiere que Senaquerib había escuchado que el ejército de Egipto se acercaba para combatirlo, y decidió regresar a Asiria para evitar la confrontación.

Respecto al importante tema del regreso de Senaquerib a Asiria, el historiador griego Herodoto, en sus escritos legendarios, alude a una gran derrota de los ejércitos asirios en Palestina, que se ha relacionado con una plaga de peste bubónica que afectó adversamente a los combatientes. En cualquier caso, el pueblo de Judá interpretó la salida de la milicia asiria y el mantenerse en el poder del rey Ezequías como un acto divino: la obra liberadora del ángel del Señor.

Los episodios que se relatan en esta sección del libro son extremadamente interesantes y revelan diversos niveles teológicos de importancia. Las tradicionales profecías de Isaías en torno a las amenazas y los peligros que representaba rebelarse contra Asiria se cumplieron. Llegó el momento de la crisis directa y real de Judá frente al imperio asirio.

La intervención del profeta y las actitudes del rey en las crisis son reveladoras. Isaías mantuvo su mensaje de esperanza y confianza en el Señor. ¡No varió su palabra profética, ni se amilanó ante la presencia amenazante de los poderosos ejércitos enemigos! Predicó y vivió la confianza en el Señor. Ezequías, por su parte, demostró humildad y manifestó aprecio por la labor profética. Ante la arrogancia y altivez del rey asirio, se contraponen la humildad del monarca de Judá y la capacidad profética y la valentía del profeta Isaías.

El «año catorce» del rey Ezequías (v. 1) equivale al 701 a. C. Laquis era una ciudad judía muy bien fortificada que estaba ubicada como a 25 millas –35 kms– al suroeste de Jerusalén (v. 2), según puede corroborarse por la arqueología y por un bajo relieve de Senaquerib, que ilustra el asedio y la conquista de la ciudad. Eliaquim –representante oficial del rey–, Sebna –escriba del grupo–, y Joa –secretario– son funcionarios judíos de importancia (Is 22.10) que en este contexto debían llevar el mensaje del monarca asirio a Ezequías. «El acueducto del estanque de arriba» (v. 2) queda a las afueras de la ciudad, al lado norte, hasta donde llegaron los representantes de ambos gobiernos para la entrevista. El discurso del general asirio intenta persuadir al pueblo de Judá a no resistir ni rechazar las demandas de Senaquerib (vv. 4-10).

El mensaje del general o «copero mayor» (v. 2), que tiene la finalidad de descorazonar a los combatientes judíos, revela la mentalidad imperialista de Asiria y pone claramente de relieve la actitud prepotente y arrogante del ejército invasor. A Senaquerib le gustaba intimidar a sus enemigos abrumándolos con su esplendor, poder, triunfos y pompa. En el discurso asirio, inclusive, se hace referencia a las reformas que había llevado a efecto Ezequías, que posiblemente habían causado resentimientos en algunos sectores religiosos de la comunidad judía, y se alude también a la falta de preparación técnica para la guerra que tenía el pueblo de Judá. El representante asirio incluye directamente, además, el tema religioso, al indicar que ellos habían sido seleccionados por Dios para llevar a efecto esas conquistas militares. La única solución posible para el pueblo de Judá era entregarse sin resistencia ante el poder asirio.

La salvación de Jerusalén (37.1-38)

El primer relato de la crisis de Judá con Senaquerib (36.1-37.8) se refiere esencialmente al discurso y la propaganda que presentó el mensajero y embajador del rey asirio al pueblo de Judá. El fundamento del mensaje asirio es que Judá no tenía la fuerza militar ni poseía tampoco el apoyo político internacional para detener al poderoso ejército asirio, que venía de triunfar en una serie de campañas militares por Palestina (véase Is 10.5-11).

El discurso militar incluye dos importantes referencias teológicas propagandistas que deben identificarse. En primer lugar, el «copero mayor» afirma que «fue el Señor quien me dijo: Sube a esta tierra y destrúyela» (36.10); además, en medio de sus argumentos desmoralizadores, pregunta de forma retórica, «¿qué dios hay entre los dioses de estas tierras que haya librado su tierra de mis manos, para que el Señor libre de mis manos a Jerusalén?» (36.20).

Aunque los argumentos militares son poderosos, las referencias teológicas al Dios de Judá son importantísimas. En la antigüedad, el poder de las naciones se relacionaba directamente con la fuerza de sus divinidades, y los triunfos nacionales eran interpretados como la manifestación de fuerza de sus dioses. La implicación teológica, que también tenía repercusiones políticas y económicas, era que el poder militar de Asiria demostraba que sus divinidades eran superiores al Dios de Judá.

Ante la crisis, Ezequías se humilló ante Dios: «rasgó sus vestidos, se vistió con ropas ásperas y fue al Templo a consultar al profeta Isaías» (37.1-2). Esa actitud de humildad, luto y arrepentimiento del monarca hizo que el profeta respondiera a sus reclamos. El gesto de piedad y reconocimiento del poder divino en el monarca es un criterio teológico y espiritual de importancia en la comprensión de este relato, pues el pasaje relaciona la actitud del rey con la liberación de Judá.

La respuesta del profeta a las palabras arrogantes del mensajero del rey asirio son consistentes con las que había pronunciado anteriormente al rey Acaz, el padre de Ezequías (Is 7.4): «No temas por las palabras que has oído, con las cuales han blasfemado contra mí los siervos del rey de Asiria. He aquí que yo pondré en él un espíritu, oirá un rumor y se volverá a su tierra; y haré que en su tierra perezca a espada» (37.6-7). La esperanza del pueblo no estaba en sus capacidades militares ni en la efectividad de sus ejércitos, sino en el poder del Señor. El profeta anuncia que una intervención divina inesperada va a cambiar el destino del conflicto. Para el profeta, había llegado el momento de traducir la teología de la esperanza en categorías concretas que el monarca y el pueblo pudieran ver y disfrutar.

El arrepentimiento, la humillación y la oración de Ezequías también pueden relacionarse con los mensajes de Miqueas (Miq 3.12) y Jeremías (Jer 26.18-24) sobre la destrucción de Jerusalén. Posiblemente las voces proféticas se unieron al escuchar las blasfemias y los desafíos del representante del monarca asirio. Isaías responde que la falsedad del discurso asirio se pondrá prontamente de manifiesto: ¡Jerusalén no caerá ante Asiria! (v. 6).

El segundo relato de la crisis de Judá con Senaquerib se encuentra en Isaías 37.9-36. El pasaje incluye una importante oración de Ezequías que pide la intervención divina en medio de la crisis. La plegaria también destaca la fundamental contribución del profeta en las dinámicas políticas oficiales del reino. Para afirmar la fe de Ezequías, Isaías recita un salmo que claramente afirma que un ataque a Jerusalén es un acto más de arrogancia asiria, además de constituir un grave insulto al Santo de Israel y de estar sentenciado al fracaso. Con autoridad y valor, el profeta le indica a Asiria: «¿Contra quién has alzado tu voz y levantado tus ojos con altivez? ¡Contra el Santo de Israel!» (37.23). El salmo incluye también la teología del remanente que se salvará del juicio divino: «Porque de Jerusalén saldrá un resto y del monte Sión los sobrevivientes» (37.32), y añade: «Porque yo ampararé a esta ciudad para salvarla, por amor a mí mismo y por amor a David, mi siervo» (37.35).

En los versículos finales del relato (vv. 36-38) se interpreta teológicamente lo sucedido: el ángel del Señor intervino en medio de los ejércitos asirios y mató a miles de soldados, e hizo que Senaquerib regresara a Nínive, para morir en manos de sus propios hijos. La muerte violenta del rey asirio también está atestiguada en fuentes extra bíblicas.

Isaías

Este capítulo continúa los relatos de las experiencias de Isaías en la crisis relacionada con la invasión de Senaquerib. El pasaje demuestra la valentía del profeta, y pone de relieve no solo la capacidad religiosa de Isaías, sino que demuestra su sabiduría política y su conocimiento de la política internacional. Las interpretaciones del suceso pueden ser variadas; la Biblia, sin embargo, entiende que la incapacidad del monarca extranjero para invadir a Jerusalén es el resultado de una manifestación extraordinaria del poder de Dios. El texto bíblico no expone las razones militares ni políticas para la actitud del ejército asirio. Únicamente presenta la comprensión teológica del suceso desde la perspectiva de Judá.

Las «ropas ásperas» (v. 1) se utilizaban para expresar dolor, luto o arrepentimiento, y se confeccionaban con pelo de cabras o con algún otro material no refinado. La referencia al «rumor» (v. 7) posiblemente se relaciona a las noticias que llegaban a Palestina sobre los disturbios políticos y la inestabilidad social que los asirios debían enfrentar en su propio país. Tirhaca es el monarca etíope (v. 9) que también reinó en Egipto durante este período. Gozán, Harán, Resef, Edén y Telesar eran ciudades de cierta importancia que pertenecían a Mesopotamia. Hamat, Arfad, Sefarvaim, Hena e Iva son pueblos que ya habían sido conquistados por los ejércitos asirios (v. 13). Los querubines (v. 16) evocaban la majestad divina, pues dos figuras de ellos se ubicaron sobre el Arca del Pacto (Ex 25.17-20), que era la morada visible del Dios invisible.

La parte final del capítulo (vv. 21-38) presenta el castigo de Senaquerib. El pasaje se puede subdividir en cuatro componentes básicos: un oráculo en poesía dirigido a Senaquerib (vv. 21-29); otro oráculo en poesía para Ezequías (vv. 30-32); un mensaje en prosa en torno a la seguridad de la ciudad de Jerusalén (vv. 33-35); y, finalmente, el cumplimiento del mensaje (vv. 36-38). Posiblemente la sección que incluye los versículos 22-32 contiene las palabras del profeta Isaías, emitidas alrededor del año 701 a. C., que fueron incorporadas en este contexto.

Enfermedad y recuperación de Ezequías (38.1-22)

La narración que presenta la mortal enfermedad del rey Ezequías (38.1-8, 21-22) pone de relieve varios temas paralelos a la liberación de Jerusalén descrita anteriormente (Is 36-37). El relato revela una especie

140

de favor divino al monarca, que se asemeja a la salvación de la cual fue objeto la capital de Judá en los capítulos anteriores. Una versión alterna de estos episodios, con algunas variaciones, se incluye en 2 Reyes 20.1-11. El salmo de alabanza a Dios que entona Ezequías luego de ser sanado por el Señor (vv. 9-20) es similar a los cánticos que se utilizaban en los cultos del Templo de Jerusalén (véase Sal 6; 13; 22), que comienzan con la descripción de las dificultades que provocan la petición y la ansiedad, y finalizan con la acción de gracias por el favor divino.

«En aquellos días», posiblemente el año 705 a. C., Ezequías enfermó gravemente, y el profeta Isaías le visitó para indicarle que su condición era terminal. Al monarca judío le afectó adversamente una enfermedad de la piel, posiblemente algún tipo de úlcera, que requirió el tratamiento que posteriormente recomendó el profeta: «Tomen una masa de higos y pónganla en la llaga, y sanará» (v. 21). Ante la noticia, el monarca de Judá demostró un profundo sentido de humildad, que motivó e incentivó la manifestación de la misericordia de Dios: «volvió su rostro a la pared e hizo oración» (v. 2); además, «lloró con gran llanto» (v. 3), gestos que ponen en evidencia física la intensidad de la petición.

El Señor responde a la oración del monarca y envía nuevamente al profeta a comunicarle su mensaje: «He oído tu oración y he visto tus lágrimas; he aquí que yo añado a tus días quince años» (v. 5). Dios escuchó y respondió a la petición del rey: ¡Le añadió quince años de vida! También le dio una señal para confirmar su palabra: «haré regresar la sombra diez grados más de los grados que ha descendido en el reloj de Acaz» (v. 8). La humildad del rey no solo logró su sanidad, sino que propició una señal milagrosa de parte de Dios.

Respecto al tratamiento médico recomendado por Isaías es pertinente indicar que en la antigüedad se reconocían y apreciaban las propiedades curativas de los higos; en la actualidad, por su parte, se acepta que el azúcar contribuye a matar gérmenes y que, por sus propiedades osmóticas, ayuda a curar las heridas. El énfasis del relato, sin embargo, no es médico sino teológico: ¡La sanidad del rey Ezequías fue milagrosa, producto de la intervención divina!

El «signo» de hacer regresar el sol diez grados es difícil de explicar y comprender en términos físicos. El objetivo del relato es poner de relieve el poder divino y confirmar de esa manera la capacidad que tenía el Señor de intervenir en la vida y la salud del rey; también revela el poder extraordinario de Dios al influenciar la naturaleza e intervenir en procesos naturales de la vida. Era una forma literaria de subrayar el poder divino sobre la historia y el cosmos. Más que una declaración de las fuerzas divinas sobre la naturaleza, el «signo» es una afirmación teológica extraordinaria de lo que es capaz de hacer el Señor en medio de la humanidad.

El «reloj de Acaz» alude posiblemente a los escalones o gradas de la escalera que subía a la terraza construida por el monarca (2 R 23.12). Esas gradas estaban dispuestas en cierta forma para permitir que la sombra que producía el sol, al marcarse en el lugar, identificara la hora.

Con estos capítulos, el libro de Isaías hace una transición muy importante: pasa de una serie de oráculos de juicio en tiempos del imperio asirio al período histórico dominado por Babilonia. La enfermedad y sanidad del rey de Judá, que sirve para que se manifieste el amor divino, prepara el camino para el mensaje de juicio por continuar con los planes diplomáticos y militares contra Asiria. La implicación teológica de la sanidad de Ezequías es similar a la liberación de Jerusalén: pone de manifiesto el amor de Dios a la humanidad y revela la capacidad divina de responder a la humildad de su pueblo.

La oración de Ezequías (vv. 9-22) no se encuentra en los relatos del libro de los Reyes, y muy difícilmente es producto del profeta Isaías. Posiblemente se incorporó al libro luego del período del destierro, cuando este tipo de oraciones se asociaban con personajes de importancia en la historia del pueblo (p. ej., 1 S 2.1-10; Jon 2.1-3). En la oración, se agradece al Señor su bondad y misericordia por la liberación y la sanidad que ha recibido.

Embajadores de Babilonia (39.1-8)

El capítulo 39 cierra la primera gran sección del libro de Isaías (Is 1-39) y finaliza las narraciones respecto a Isaías y Ezequías (Is 36-39). Además, el relato de la visita de la delegación babilónica a Judá prepara el camino para la transición a la nueva gran sección del libro (Is 40-55), que enfatiza los temas de la esperanza y la consolación. Introduce también el tema de la destrucción de Judá en manos de los babilonios, que se presupone en el resto del libro; además, el pasaje pone en justa perspectiva el tema de la destrucción de Sión.

Merodac-baladán fue el héroe de la resistencia babilónica que trataba de liberarse de la hegemonía asiria al final del siglo octavo a. C., y Ezequías era el líder del movimiento liberador de Palestina. Posiblemente esta visita haya tenido el objetivo de pedir ayuda a Judá para continuar con los planes antiasirios. La referencia a «los tesoros» del reino (v. 2) podría indicar que el entorno histórico del relato es el año 703 a. C., cuando el rey quitó del Templo el oro y la plata (2 R 18.15-16).

La reacción de Isaías a las conversaciones de Merodac-baladán con Ezequías fue adversa (vv. 3-4). Sospechaba que Judá continuaba con sus planes de rebelarse contra Asiria, a los cuales pública y sistemáticamente el profeta se había opuesto. La actitud de Ezequías de mostrar sus riquezas a la delegación babilónica muestra una seria falta de juicio político, y pone de relieve un nivel de inmadurez militar extraordinario. ¡El mismo monarca les presentó los tesoros que con el tiempo se trasladarían a Babilonia como botín de guerra!

La profecía de Isaías es clara y directa: los tesoros del Templo y del palacio real serán llevados a Babilonia, y su pueblo, representado en sus hijos, será llevado cautivo (vv. 5-7). La respuesta de Ezequías es que al menos habrá paz y seguridad en sus días, lo cual revela la misericordia divina hacia un rey piadoso. Aunque este anuncio se puede relacionar con el encarcelamiento del rey Manasés, hijo de Ezequías, en Babilonia, es más probable que se refiera a la experiencia del exilio y deportación masiva de los judíos por Nabucodonosor en el 587/6 a. C. (2 R 24.10-25.17). De esta forma el libro de Isaías hace la transición de los conflictos proféticos contra Asiria a los mensajes que se refieren directamente a Babilonia.

Finaliza de esta forma la sección del libro conocida como la obra de Isaías de Jerusalén o Primer Isaías (1-39), con una nota adversa del juicio divino. Una delegación de embajadores de Babilonia llega a Jerusalén para negociar algún apoyo económico y militar. El profeta Isaías rechaza la delegación, critica duramente al rey y presenta la profecía de juicio divino. De un lado, el rey demostró su incapacidad política y militar, y del otro, el profeta manifestó una vez más su autoridad y su sabiduría en asuntos de política y diplomacia internacional. Con este pasaje y mensaje el libro de Isaías pasa al entorno histórico del destierro judío en Babilonia.

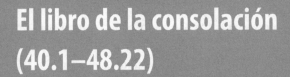

El libro de la consolación (40.1–48.22)

Capítulo 7

El Señor consuela a Sión (40.1-11)

Con este extraordinario poema de consolación y esperanza comienza la segunda parte del libro de Isaías (40-55), que es también conocida como Segundo Isaías, Deutero Isaías, Isaías del destierro, o «El libro de la consolación». Esta parte del libro presupone un entorno histórico y teológico diferente al de la primera sección de la obra. Dos temas principales se presentan: en primer lugar (40-48) se enfatiza la liberación del pueblo de Israel de la cautividad en Babilonia; y, además, se subraya el tema de la restauración de la ciudad de Jerusalén, identificada como Sión (49-55). Esta sección del libro de Isaías enfatiza particularmente los temas de la consolación, restauración y salvación del pueblo.

La repetición del imperativo «consolaos» introduce, y también resume, el tema fundamental que se va a explorar y proclamar en los próximos capítulos. Los destinatarios inmediatos son los judíos deportados en Babilonia, que experimentaron las penurias de la traumática experiencia exílica, y a quienes el profeta quería consolar y edificar. La finalidad del profeta era afirmar la promesa de redención y liberación que ofrecía el Señor a su pueblo. Ante el clamor de los deportados que articulaban en lamentos y congojas sus dolores más profundos (Lam 1.9, 16, 21), el Señor responde con un oráculo de salvación y una promesa de restauración. El mensaje de consolación anuncia la liberación de los exiliados. Ese importante acto liberador se relaciona históricamente con el edicto de

Ciro, el famoso rey persa. Sin embargo, el profeta anuncia que el fin del cautiverio es el resultado inmediato de la intervención divina.

El poema asume que el profeta está en el «Concilio del Señor». En la antigüedad estaba bien diseminada la creencia que las divinidades se reunían con otras criaturas espirituales para tomar decisiones, en una especie de tribunal celestial o «concilio divino». El presupuesto ideológico es que los dioses se reunían con alguna regularidad, a semejanza de los monarcas humanos. Esta idea se manifiesta en algunas porciones bíblicas (p. ej., Sal 82; 1 R 22) y revela que el pueblo judío pensaba que Dios tenía una especie de corte divina para discutir asuntos de gran importancia para la humanidad. El poema de Isaías 40.1-11 se puede comparar con el capítulo seis: el tema del juicio divino se relaciona con la vocación del profeta, pues en esta ocasión se destaca el asunto de la restauración nacional.

En este contexto, la frase «hablad al corazón» (40.2), más que intimidad, significa convencer o persuadir. El propósito es destacar que «(su) tiempo es ya cumplido». La fraseología evoca la idea del servicio militar y se refiere al período exílico que fue particularmente duro para la comunidad judía. El profeta anuncia que el pueblo ha recibido un doble juicio; presenta la idea de que el castigo sufrido es más que suficiente por el pecado y que con esos anuncios de consolación comienza un nuevo período de perdón, misericordia, amor y restauración al pueblo.

La «voz que clama en el desierto» (40.3), citada por Juan el Bautista, posiblemente aluda a alguna criatura celestial del «Concilio del Señor». Aunque por los diversos caminos de Babilonia se hacían regularmente procesiones rituales de las divinidades locales, la referencia al «camino del Señor» se debe relacionar más con el tema del éxodo y la liberación de tierra de Egipto. Este tema de la liberación es de fundamental importancia para la segunda parte del libro de Isaías, pues se anuncia que el proceso real de retorno a Judá ya ha comenzado. Los evangelistas y escritores del Nuevo Testamento leyeron este pasaje de Isaías y lo citaron en su versión griega (LXX).

«La gloria del Señor» en la Biblia es la frase que describe la manifestación extraordinaria del poder y la gracia divina. Alude a la grandeza del Señor; subraya la santidad de Dios, que constituye uno de sus atributos más importantes. La «gloria», además, se relaciona con el deseo de salvación que manifiesta el Señor por su pueblo, y esa salvación se manifiesta de forma concreta en actos liberadores que propician el retorno del pueblo deportado a Judá y Jerusalén, a la vista de las naciones paganas.

«El viento del Señor» (40.7) hace referencia a los aires calurosos que provienen del desierto y marchitan la vegetación. «Sión» (40.9) es una forma poética y simbólica para referirse a la ciudad de Jerusalén, aunque también en ocasiones puede aludir a todo el pueblo. Las imágenes del Señor como guerrero (40.10) enfatizan su poder y revelan sus habilidades militares y de triunfo. Y la referencia al Señor como «pastor» (40.11) destaca las ideas de cuidado y protección que Dios le brinda a su pueblo, como si fueran ovejas.

El incomparable Dios de Israel (40.12-31)

El profeta responde poéticamente al clamor del pueblo que había manifestado dolor y también había experimentado la desesperanza de vivir en el exilio babilónico. Afirma el poder y la majestad de Dios ante los conflictos y problemas relacionados con la deportación. Ante el sentimiento de rechazo y abandono divino, el poema presenta la teología de la esperanza, fundamentada en el poder creador de Dios, como base de la restauración y el retorno del pueblo a Judá. Las ideas teológicas que predominan son las siguientes: el poder y la sabiduría divina, la majestad extraordinaria del Señor, y la firme voluntad de Dios de responder a los clamores de los que le invoquen.

El poema se puede dividir en tres estrofas, y responde a la declaración teológica fundamental en el versículo 9. En la primera parte (40.12-17) se incluye una serie de preguntas retóricas que nos recuerdan las que articuló Dios ante Job (Job 38-41). La respuesta implícita a las preguntas es la siguiente: es el Dios de Israel el que tiene el poder para medir las aguas, los cielos, la tierra, los montes y los collados (40.12); y es el que tiene la capacidad para examinar, aconsejar y enseñar al Espíritu de Dios (40.13). El poder divino es de tal magnitud que las naciones más poderosas del mundo, representadas en el Líbano, son «como nada», «menos que nada» o «menos que lo que no es» delante del Señor (40.17). De esta forma se pone de relieve el poder divino en contraposición a las naciones paganas y sus dioses.

La segunda estrofa del poema –que esencialmente es una burla a los artesanos que preparan las estatuas de las divinidades paganas– comienza con otra pregunta retórica básica: «¿A qué, pues, haréis semejante al Señor, o qué imagen le compondréis?». El poeta desea explorar cómo los artistas y artesanos imaginarán al Dios de Israel, que no acepta las imágenes y rechaza la idolatría. La finalidad profética es presentar un rechazo serio y absoluto al sistema de imágenes y de símbolos religiosos de los babilonios. Como el Dios de Israel, «está sentado sobre el círculo de la tierra» (40.22), los artistas no pueden imaginarlo físicamente; además, el énfasis de la afirmación teológica se pone en la manifestación del poder divino en medio de la sociedad, pues, el Señor tiene la capacidad de intervenir y convertir «en nada» (40.23) a la gente poderosa y a los gobernantes.

En la tercera estrofa se introduce otra pregunta retórica fundamental (40.25). El poeta inquiere y explora el mundo de los astros del cielo, que eran venerados por los babilonios como criaturas divinas. Según el profeta, esos astros celestiales no son dioses, sino parte de la creación de Dios. Por esa razón, las estrellas de los cielos con sus movimientos no pueden gobernar a los seres humanos: ¡Son parte de la creación divina y deben obedecer los designios de su creador!

Esa teología de la creación le brinda al poema –y a todo el libro de Isaías– una fuerza extraordinaria para apoyar el mensaje de consolación y restauración del pueblo. Como Dios es el único Creador del universo, todo lo que existe está sometido a su dominio y poder. Esa importante afirmación del profeta equivale a decir que ninguna fuerza humana es capaz de impedir que el Señor lleve a buen término sus planes de salvación de Israel. El que «creó los confines de la tierra» (40.28) está firmemente comprometido con la restauración de su pueblo, y cumplirá su propósito redentor.

Finaliza el poema con una enseñanza importante para la humanidad: el Señor nos brinda las fuerzas suficientes para enfrentar la vida con sentido de triunfo y seguridad. Aunque las personas más robustas y aun los jóvenes se detengan, flaqueen, claudiquen y caigan en la carrera de la vida, quien confía en el Señor renovará sus fuerzas para superar las adversidades y ser más que vencedor. El Señor Creador es, además, la fuente de poder y energía que le brinda seguridad y esperanza al pueblo de Dios.

Seguridad de Dios para Israel (41.1-29)

Con la expresión «vengamos juntos a juicio», el Señor invita al pueblo de Israel y a las naciones del mundo a una especie de discusión y debate legal para descubrir y afirmar al verdadero Dios. Este importante artificio literario está inspirado en la práctica regular de las cortes antiguas, y se utiliza con frecuencia en la segunda parte del libro de Isaías (p. ej., 41.21-29; 43.8-13; 44.6-8, 21; 45.20-25). Toda esta sección (41.1-42.4) es una serie de oráculos cortos que temáticamente se disponen de forma paralela. La clave para comprender todo el mensaje es percatarse de los tres temas fundamentales: el llamado al juicio, los cuestionamientos legales, y la elección y afirmación de Israel.

El poema comienza con un llamado e invitación a los pueblos a acercarse juntos al juicio (41.1). La palabra hebrea traducida aquí por «costas» generalmente alude a las islas del Mediterráneo, entendidas como lugares remotos. El Señor hace la invitación para preguntar retóricamente «¿quién despertó del oriente al justo?» (41.2). El «justo» es una referencia a Ciro, el rey persa que finalizó con la supremacía y el poder imperial de Babilonia en el antiguo oriente y autorizó el regreso de los israelitas deportados a Judá y a Jerusalén.

La respuesta inequívoca y firme al interrogante del profeta es la siguiente: es el Señor, pues el Dios Santo de Israel es reconocido en el poema como el que será «con los últimos» (41.4). No son los dioses paganos los que tienen la capacidad y el deseo de dar sentido de dirección a la historia humana para hacer valer la justicia entre los pueblos. La implicación del mensaje es que el Señor tiene el poder de mover y utilizar a Ciro, que era un monarca pagano, para hacer cumplir su voluntad en el mundo. El poder divino no se confina en Israel, sino que afecta a la humanidad entera, incluyendo a los pueblos paganos.

En 41.5-7 se presenta una especie de parodia de la reacción de los gentiles ante la revelación de Dios. ¡Los artesanos y artistas tienen que motivarse unos a otros para hacer sus ídolos! Esas creaciones humanas no tienen el poder de responder adecuadamente a las preguntas fundamentales de la humanidad. Se presenta de esta forma el contraste básico entre el Señor y los ídolos: se debe adorar y servir únicamente a Dios, quien tiene el poder, la capacidad y el compromiso de responder a los reclamos más hondos de las personas.

El libro de la consolación (40.1-48.22)

En 41.8-13 se identifica a Israel como Siervo del Señor, escogido de entre la descendencia de Abraham, a quien el texto presenta como «amigo» del Señor (41.8). El mensaje es de aliento, esperanza y superación: «No temas» (41.10,13,14). El profeta se dedica a inspirar al pueblo y a decirle «no desmayes», pues el Señor le ayudará y le sustentará con «la diestra de su justicia» (41.10). Esa acción divina traerá también la vergüenza y la confusión de sus enemigos, que finalmente perecerán.

El importante tema de la esperanza continúa en 41.14 y se mantiene hasta el final del poema (41.20). Aunque el pueblo en el exilio se siente pequeño e insignificante, como un «gusanito», el Señor es su fuente de socorro (41.14). En este contexto, el uso de la palabra «Redentor» para referirse al Señor es bien significativo. En primer lugar, en hebreo la expresión identifica al pariente más cercano que tenía la responsabilidad de ayudar y apoyar a algún miembro de la familia que había perdido su libertad o herencia (Rut 2.22). Aplicada al Señor, la palabra sugiere que Dios rescatará y libertará a su pueblo de la esclavitud y cautiverio babilónico, y le permitirá regresar a Judá, desde donde había salido exiliado.

El poema finaliza con una serie de imágenes de restauración y esperanza (41.17-20). Esencialmente se presenta la transformación del desierto inhóspito y seco en un lugar fértil y próspero. La referencia al desierto evoca la liberación de Israel de las tierras de Egipto, tema que se explora con frecuencia en esta sección del libro de Isaías. Esa transformación extraordinaria y milagrosa bendecirá no solo a «los afligidos y necesitados» –que en el texto parecen ser el pueblo de Israel–, sino a las naciones paganas que también forman parte del plan divino.

En la sección final del poema (41.21-29) se explora aún más la metodología del proceso judicial; específicamente son juzgados los dioses falsos. El propósito profético es poner de relieve la incapacidad que tienen esas divinidades de intervenir en la historia humana. El Señor les invita a presentar «vuestras pruebas» y la evidencia de su acción en el mundo; los llama a que «se acerquen» y pongan en evidencia lo que son capaces de hacer.

De acuerdo con el poema, el criterio fundamental para demostrar el poder y la autoridad es la capacidad de anunciar los eventos futuros. Según el mensaje, los dioses paganos deben decir lo que ha pasado «desde el principio» (41.22). Se fundamenta el juicio a las divinidades

149

paganas en la capacidad profética, en el dominio y conocimiento pleno de la historia pasada, en el análisis cabal del presente, y en la predicción del porvenir.

La crítica llega a nivel de burla cuando el profeta les invita a hacer algo, sea bueno o malo, pero que demuestren la capacidad de llevar a efecto algún gesto o acción (41.23). Ante la inacción de los dioses, el profeta concluye con 41.24: no solo rechaza a las divinidades paganas sino que se burla también de sus adoradores. Finalmente, con autoridad se indica: «todos son vanidad, y sus obras no son nada» (41.29).

El Siervo del Señor (42.1-9)

Con este poema se introduce una serie importante de pasajes conocidos generalmente como los «Cánticos del Siervo Sufriente» o los «Poemas del Siervo del Señor». Estos Cánticos, que son por lo menos cuatro (42.1-4; 49.1-6; 50.4-9; 52.13-53.12), describen al Siervo del Señor como un profeta que ha sido llamado, dotado del Espíritu y ungido por el Señor para llevar a efecto una misión de redención y liberación en beneficio no solo del pueblo de Israel, sino de todas las naciones. Para cumplir su encomienda salvadora, el Siervo debe enfrentar muchos padecimientos y persecuciones, pero el Señor le ayuda para que lleve a efecto su misión y se convierta en la admiración de monarcas y naciones. La iglesia cristiana ha interpretado estos poemas como una anticipación profética de la vida y ministerio de Jesús de Nazaret (véase Mt 8.17; Hch 8.32-33; Rom 15.21).

En el Antiguo Testamento, la palabra «siervo», además de su significado primario de servicio, se utiliza también como título para una serie de personas que cumplen algún mandato importante y particular del Señor. Son específicamente llamados «siervos de Dios» personajes tales como Moisés, Josué, David y los profetas (véase Jos 1.1-2; 24.29; Sal 89.20; Jer 25.4). En la segunda sección del libro de Isaías (40-55) el título se usa con frecuencia para identificar al pueblo de Israel (Is 41.8; 44.2,21; 45.4; 48.20).

En este poema se presenta al Siervo que ha sido escogido y sostenido, y que también produce un contentamiento particular al alma del Señor (v.1). Su misión primaria es implantar la justicia en las naciones (vv.1,3) de una manera pacífica y no violenta (v.3). Como el rey mesiánico (Is

11), ha recibido el Espíritu como el don especial que concede el Señor específicamente a las personas que deben cumplir encomiendas mayores, arriesgadas y difíciles, como por ejemplo: jueces (Jue 3.10), reyes (1 S 16.13) y profetas (Nm 11.24-30). En contraposición a los profetas preexílicos, el Siervo presentará su mensaje sin alzar su voz, pero con autoridad, valor y firmeza. La imágenes de «la caña» y «el pábilo» aluden al pueblo que desmaya y ha quedado sin fortaleza y energía (1 R 14.15; 2 R 18.21; Is 43.17; Ez 29.6).

Al Cántico del Siervo se le añade una respuesta poética (vv.5-9) que desarrolla aún más el tema de su misión. El fundamento básico de la vocación y misión del Siervo lo brinda quien lo llama y comisiona: el «Creador de los cielos» (v.5). Esa afirmación teológica añade que el Dios bíblico es también quien le da fertilidad a la tierra y provee sustento y vida a sus moradores. Subraya, además, que el Siervo podrá cumplir adecuadamente su misión, pues Dios mismo lo sostiene y lo ha puesto por «pacto al pueblo y por luz a las naciones» (v.6).

La frase «te pondré por pacto al pueblo» (v.6) evoca más de un significado. En primer lugar puede indicar que el Siervo está llamado a ser un lazo de unión entre los diversos sectores del pueblo de Dios. Además la expresión puede aludir a las relaciones que el Siervo debe fomentar entre la comunidad israelita postexílica y Dios. En ambos casos, el profeta debe hacer consciente al pueblo de las implicaciones morales, éticas, políticas, sociales y espirituales del pacto. Ser pacto lo convierte también en «luz» y ejemplo para las naciones. El Siervo tiene una responsabilidad dual: ante su pueblo es libertador, y ante las naciones, modelo.

El propósito fundamental de la misión del Siervo, según este poema, es abrir los ojos a los ciegos y sacar de las cárceles a los presos y a los que moran en tinieblas (v.7). La finalidad es múltiple: abrir ojos y cárceles, y liberar a cautivos físicos y espirituales. El Siervo debe atender al ser humano en su totalidad, debe responder a las necesidades físicas y emocionales. No está interesado el Siervo en responder únicamente a un componente parcial de las necesidades humanas, sino que desea atender a la totalidad del individuo y la sociedad.

El poema finaliza con una afirmación de fe. El Señor no les da su gloria a los ídolos, pues solo el Dios de Israel tiene el poder de anunciar «las cosas nuevas, antes que salgan a la luz» (v.9). Termina el capítulo 42 con dos temas que se anteriormente se habían presentado en el 41: la crítica a los ídolos (41.6-7) y la afirmación de su capacidad profética (41.22-23, 26).

Con este poema se inicia una sección importante del libro de Isaías: los Cánticos del Siervo del Señor. Estos pasajes presentan al Siervo, que es una representación poética e ideal del pueblo de Israel y debe cumplir una misión extraordinaria. Esa encomienda le traerá sufrimientos indecibles, pero el Señor sostendrá al Siervo para que pueda implantar la justicia en las naciones y para que lleve a feliz término su misión.

Alabanzas por la liberación del Señor (42.10-17)

El capítulo 42 finaliza con dos magníficos poemas. El primero es como un salmo de alabanza al Señor por su intervención, «como gigante» y «guerrero» (v. 13), en la historia humana (vv. 11-17); y el segundo es un reproche, un mensaje de juicio por la ceguera y sordera del pueblo (vv. 18-25). El profeta nuevamente pone de relieve las contradicciones del pueblo y lo variado de su mensaje: glorifica al Señor por sus actos redentores y a la vez repudia al pueblo por su indiferencia y su pecado.

Con una frase similar a la utilizada en los salmos –«Cantad a Jehová un nuevo cántico»– se inicia el poema de alabanza (véase Sal 96; 98). Es una invitación a reconocer y agradecer la actividad de Dios en la naturaleza y también en medio de su pueblo. Toda la Tierra debe alabar y dar gloria al Señor –el desierto y las ciudades, las aldeas y los montes, el mar y las costas– por el triunfo definitivo que logró sobre sus enemigos. Aunque por algún tiempo el Señor guardó silencio, ese período de incomunicación finalizó con una serie de actos redentores que son comparados a los gritos de una mujer de parto (v. 14). La imagen del Señor como guerrero evoca la experiencia del exilio (Ex 15.3)

La intervención de Dios tendrá tres componentes: transformará radicalmente la naturaleza, pues cambiará desiertos en montes y collados, y secará los cuerpos de agua (v. 15); guiará a los ciegos por senderos desconocidos y les preparará el camino para que transiten sin dificultad (v. 16), y confundirá a los que confían en ídolos (v. 17). El poeta reclama la alabanza e inspira un «cántico nuevo» al evocar la imagen del desierto y relacionar la experiencia del exilio en Babilonia con la liberación de Israel de la tierra de Egipto. Se subraya de esta forma la liberación del pueblo y se indica que la nueva liberación será aún mayor que la primera.

Es importante notar la relación entre este «cántico nuevo» y el anuncio de «las cosas nuevas» (v. 9) que el Señor está próximo a llevar a efecto.

En los salmos de súplica el poeta inquiere en torno al silencio divino, y se pregunta: «¿Por qué me has desamparado?» (Sal 22.1), o exclama «no te desentiendas de mí» (Sal 28.1). En este poema, con la misma metodología e imágenes, el poeta responde al clamor del adorador y presenta al Señor rompiendo su silencio con una serie de acciones que producirán la liberación del pueblo. El Dios bíblico no puede permanecer inerte ante el dolor y la desesperanza.

Estos dos poemas nos confrontan con la más cruda realidad de la vida. En momentos alabamos al Señor y expresamos nuestros gozos de forma maravillosa y espontánea; al rato, sin embargo, revelamos nuestras frustraciones y pequeñeces. Estos pasajes ponen de manifiesto que quienes deseen seguir el modelo del Siervo del Señor deben reconocer esta complejidad de la existencia humana: Dios no ha llamado a gente perfecta para que lleve a efecto su voluntad en el mundo, sino ha comisionado a personas con imperfecciones que desean servir, compartir y amar en medio de una sociedad que no desea comprender las implicaciones y los desafíos del amor de Dios hacia la humanidad.

La ceguera y sordera del siervo (42.18-25)

El segundo poema es la respuesta al clamor y angustia de los israelitas en el destierro en Babilonia. Según Isaías 40.27, el pueblo se lamentaba de que el Señor no se percataba de sus dolores ni reaccionaba a sus sufrimientos. Insinuaban que Dios estaba ciego a sus padecimientos y sordo frente a sus plegarias. La respuesta del profeta es firme: los verdaderos ciegos y sordos son los israelitas que no se dan cuenta lo que el Señor les está diciendo mediante sus intervenciones en la naturaleza y el mundo.

El ciego, según el poema, es el «siervo» (v. 19), que previamente había sido ungido y comisionado para llevar a efecto su misión salvadora. Esa ceguera no le permite comprender ni interpretar adecuadamente los designios divinos. La sordera le impide escuchar la voz de Dios en medio de sus actos salvadores. El Señor se complace en la justicia y en afirmar la Ley, que más que un código de regulaciones es un proceso educativo transformador.

Este poema presenta las frustraciones del profeta. Por un lado, se unge al Siervo y se le comisiona a implantar la justicia y ser luz a las naciones; por el otro, el Siervo es ciego y sordo, no se percata de las implicaciones de su mensaje. Se articula de esta forma la tensión creadora entre las acciones que debería llevar a efecto el Siervo y la realidad de su vida; se presentan el Siervo ideal y el siervo real. El poema contrapone dos perspectivas de la vida: la ideal y la real, y el Siervo del Señor está inmerso en esa dualidad, en esas dinámicas. El profeta presenta así la complejidad de la existencia humana, revela las contradicciones de la vida: somos al mismo tiempo potencial de salvación y realidad de temores y dolores.

Este poema continúa las críticas al pueblo. De particular importancia son las imágenes que se utilizan para describir la actitud del pueblo: son ciegos y sordos. Para el profeta, el pueblo no se percata de las intervenciones de Dios en medio de sus vivencias cotidianas. Al mismo tiempo, el profeta critica la falta de atención que presta el pueblo a la revelación de la palabra profética. No ven las acciones divinas ni oyen su mensaje.

El Señor es el único redentor de su pueblo (43.1-7)

Con este poema se inicia una nueva e importante sección en la obra isaiana (43.1-44.5). El propósito básico es afirmar la esperanza, enfatizar la consolación, destacar la acción liberadora de Dios, apoyar al pueblo en el momento de crisis, subrayar la inminencia de la redención. En esta sección del libro el mensaje fundamental se revela en una serie de imperativos que se repiten continuamente. El objetivo primordial es afianzar la confianza del pueblo en medio de la deportación.

- No temas, porque yo te redimí (43.1)
- Vosotros sois mis testigos (43.10)
- Yo, Jehová, Santo vuestro, Creador de Israel, vuestro rey (43.15)
- He aquí que yo hago cosa nueva; pronto saldrá a luz (43.19)
- Yo, yo soy quien borro tus rebeliones por amor a mí mismo (43.25)
- Porque yo derramaré aguas sobre el sequedal, ríos sobre la tierra seca (44.3)

El libro de la consolación (40.1-48.22)

Luego del mensaje que presenta al pueblo y al Siervo como ciegos y sordos, el profeta articula uno de los poemas más hermosos de toda la Escritura. Para contrarrestar la imagen del fuego con la cual finalizó el pasaje anterior (42.25), se incluye un categórico y firme «No temas» (43.1). Quien habla y consuela a su pueblo es el Dios Creador y Formador. El Señor que tiene la capacidad de hacer las cosas nuevas se revela a su pueblo para anunciar una serie de eventos que pondrán fin a la amarga experiencia del exilio en Babilonia.

No debe temer el pueblo, en efecto, aunque esté en medio de los conflictos y las desesperanzas del exilio, pues el Señor es el redentor. Esa característica divina alude a la capacidad y responsabilidad que tiene el Señor de liberar y redimir a su pueblo de la esclavitud del destierro. La expresión «te puse nombre» revela el poder divino sobre su pueblo. En la antigüedad se pensaba que quien nombraba tenía autoridad sobre lo nombrado. Las aguas y los ríos, y el fuego y la llama son imágenes que aluden a la experiencia de la liberación de las tierras de Egipto; y también representan simbólicamente los nuevos peligros que debían enfrentar los exiliados al comenzar el viaje de retorno a Jerusalén. El simbolismo de las aguas y el fuego evoca el paso de los israelitas a través del Mar Rojo (Ex 14.22) y por el desierto (Dt 32.10).

El fundamento de la esperanza del pueblo está en que el Señor es creador, formador, Santo, redentor y salvador. Israel, por su parte, es de gran estima, honorable y amado por el Señor. Esa dualidad, Dios creador y pueblo amado, es la base para decretar el fin del exilio, la terminación del destierro, la culminación de la deportación. El Señor Santo de Israel llama, desde los confines de la Tierra, a los que ha creado y formado para su gloria. El exilio finaliza como una manifestación del poder y del amor de Dios a su pueblo.

Las referencias a Egipto, Etiopía y Seba revelan los cambios geopolíticos en la región con los cambios políticos y militares en Babilonia. Esos cambios, relacionados con la llegada de Ciro al poder babilónico, hicieron posible la promulgación del edicto de liberación de los deportados judíos para que regresaran a Judá. Y también afectaron las regiones relacionadas con el río Nilo, entre las que se encuentran Egipto, Etiopía y Seba.

Este poema no solo revela la creatividad literaria del autor, sino pone de relieve la extensión de sus fundamentos teológicos. La confianza del pueblo no se basaba en sus capacidades militares ni en la sabiduría de sus embajadores, sino en la capacidad que tenía Dios de liberarlo en el momento adecuado. Este pasaje ilustra de forma extraordinaria esa afirmación teológica: el pueblo no teme si entiende que Dios es creador, redentor y salvador. La comunidad no teme si acepta que el Señor es fuente de seguridad y fortaleza. Las personas no se detienen ante las adversidades de la vida cuando comprenden que el Señor les tiene en gran estima, pues son honorables y amados. La gente de fe enfrenta el porvenir con valentía cuando reconoce que el Señor les acompaña.

Israel como testigo (43.8-28)

El poema comienza con una repetición de una de las críticas que previamente se habían hecho al pueblo: ¡Son ciegos y sordos! (v. 8). El profeta desea enfatizar que Israel no tiene la capacidad, ni posiblemente el deseo, para darse cuenta de lo que el Señor ha hecho en la historia. No se percatan que las acciones de Dios del pasado anuncian sus intervenciones presentes. No toman en consideración que el Dios bíblico es famoso por sus intervenciones salvadoras en medio de la historia humana. Este tema, que ya se ha explorado en pasajes anteriores (p. ej., 42.18), pone en evidencia la actitud del pueblo no solo ante las dificultades de la vida, sino la forma en que enfrentaban las adversidades: no hacían una evaluación ponderada del pasado antes de enfrentar el futuro. Esa actitud imprudente, llamada ceguera y sordera por el profeta, les impide proyectarse al futuro con seguridad y se convierte en dificultad adicional.

Un nuevo asunto crítico se introduce en el pasaje: el pueblo es testigo del Señor. En el entorno de un juicio a las naciones por sus falsos dioses, el Señor llama a su pueblo para que le sirva de testigo. Se presentan, como argumento a favor de la superioridad del Señor contra los dioses falsos, las intervenciones divinas en la vida del pueblo de Israel. Esas intervenciones pasadas son solo un reflejo de lo que puede hacer el Señor en el presente y en el futuro. Se convoca a Israel, que nuevamente es llamado «Siervo» (v. 10), para que testifique que únicamente Dios tiene el poder de salvar, y que fuera del Señor no hay otra divinidad eficaz.

El profeta no es un filósofo de la religión interesado en presentar argumentos especulativos para rechazar la existencia de otros dioses; su deseo es más bien práctico, directo y concreto: antes del Señor, ni tampoco después, no se formó ningún dios (v. 10); previo a que se hubiera creado el día, el Señor existía (v. 13); y finalmente presenta la siguiente pregunta retórica: «lo que yo hago, ¿quién lo estorbará?» (v. 13). La implicación de los argumentos y de la pregunta es clara: únicamente el Señor de Israel, especialista en intervenciones salvadoras, tiene las cualidades y requisitos que le identifican y le revelan como el único y verdadero Dios.

Los vv. 14-21 continúan el tema del éxodo. El profeta afirma que esa experiencia de liberación no debe quedar cautiva en el pasado, sino que debe inspirar a interpretar la vida y la existencia humana. El Señor es el que «abre camino en el mar y senda en las aguas impetuosas» (v. 16) y tiene el poder de hacer «cosas nuevas» (v. 19). Según el mensaje, las cosas pasadas, aunque importantes y extraordinarias para la formación del pueblo, serán una representación pálida de los que el Señor está próximo a hacer. El pueblo que fue creado por el Señor publicará sus alabanzas (v. 20). Las referencias a las «fieras del campo», «los chacales» y los «pollos de avestruz» (v. 20) sirven para ilustrar la transformación espectacular que se llevará a efecto con esta nueva manifestación del poder de Dios. ¡Aún los animales salvajes reconocerán el poder divino!

La porción final del poema (vv. 22-28) presenta la infidelidad del pueblo y la iniciativa divina para perdonar sus pecados. La infidelidad se articula en términos litúrgicos (vv. 22-24) y de culto: los sacrificios no fueros adecuados ni representaron lo mejor de la actitud de humildad y adoración del pueblo. El perdón de Dios se predica esencialmente fundamentado en el amor (v. 25). Aunque el pecado ha sido constante en el pueblo, la misericordia divina también ha sido efectiva. La referencia al «primer padre» parece una alusión a Jacob, padre de las doce tribus (Gn 25.26; 27.36; Jer 9.3-5; Os 12.3). El amor de Dios tiene el poder de superar el pecado y proveer el ambiente adecuado para el perdón y la restauración.

Este poema continúa el tema de la infidelidad del pueblo y la fidelidad de Dios. Se explora aún más el tema de la ceguera y la sordera del pueblo, que son esencialmente imágenes para poner de relieve la incapacidad que tenía Israel de reconocer las previas intervenciones de Dios en las vivencias nacionales. Ante esas actitudes, el Señor los convoca como testigos de un juicio que requiere veredicto. El Dios Santo de Israel se enfrenta a una comunidad cautiva que no desea reconocer quién es la fuente de su liberación, ni distingue de dónde provienen las fuerzas que le permitirá regresar a sus tierras nacionales. Aunque el pueblo ha pecado, el perdón divino es mayor que la actitud pecaminosa del pueblo.

El Dios único (44.1-28)

La primera sección de este capítulo (44.1-5) se relaciona temática y estructuralmente con los poemas anteriores (43.1-44.5). Esencialmente es la palabra final de apoyo, seguridad y fortaleza que el profeta le da al pueblo para poder enfrentar el futuro con sentido de dirección, determinación y autoridad. El énfasis del mensaje está en el futuro, no en el pasado que trajo dolor y desesperanza a la comunidad. El futuro, según el mensaje profético, se presenta con vida y esperanza.

El poema destaca, una vez más, el poder divino al incluir una serie de nombres y atributos de Dios que son característicos en la segunda parte del libro de Isaías (40-55): «Hacedor», «el que te formó», «el cual te ayudará», «Redentor» y «quien proclamará lo venidero». En esas descripciones de Dios se revela la teología del profeta. El Dios bíblico es creador y redentor de su pueblo, y esas características divinas le permiten anunciar el futuro de forma efectiva.

Como el propósito del pasaje es destacar las intervenciones divinas en el futuro, se repite el mensaje de seguridad y apoyo al pueblo: «No temas» (v. 2). Esa palabra de afirmación es el inicio de los mensajes de esperanza que se incluyen en la literatura isaiana. Además, el poema anuncia una serie de transformaciones espectaculares en el pueblo: los desiertos tendrán agua (v. 3), el Espíritu se derramará sobre la comunidad (v. 3) y la vegetación brotará aun de los lugares más secos (v.4). El pueblo se identificará de tal forma con el Señor que se le conocerá por poseer y asimilar el nombre de Dios (v. 5).

«Jesurún» (v.2) es un nombre poético dado a Israel cuyo significado preciso es incierto. Algunos estudiosos piensan que se deriva de la palabra hebrea que significa «recto» o «justo»; otros, sin embargo, lo relacionan con la palabra «toro», para enfatizar la fuerza y el poder. El mensaje de esperanza se dirige simbólicamente a Jesurún para poner de manifiesto la justicia divina y la fuerza que le brinda Dios al pueblo en el momento de necesidad. La justicia y la fortaleza están representadan en el nombre «Jerusún», y la traición y la debilidad se articulan simbolizadas en «Jacob».

La próxima sección del pasaje (vv. 6-23) presenta el tema de la idolatría en forma de burla y crítica. Para el profeta, la idolatría es el peor de los pecados, pues relega a Dios a un plano secundario en la vida y les atribuye a los ídolos las intervenciones divinas. Aunque en Israel estaban terminantemente prohibidas, las prácticas idolátricas se manifestaban con fuerza en la comunidad israelita, particularmente cuando el pueblo estaba en contacto político y diplomático con las naciones paganas, como es el caso de la experiencia de exilio en babilonia.

La crítica del profeta es clara, firme y directa. Su propósito es desenmascarar el carácter real de la idolatría; su finalidad es poner de manifiesto las dificultades inherentes de esas prácticas. La verdad teológica y práctica es que la idolatría no solo es ofensiva al Dios verdadero y único, sino que inherentemente promueve lo absurdo. Los ídolos son producto de la humanidad; son los artesanos los que «crean» esas piezas de madera, que pueden servir también de combustible para la calefacción y la alimentación.

Según el profeta, los que crean las imágenes «son nada» y lo más preciado de ellos es «inútil» (v.9). El problema básico es que los ídolos «no ven ni entienden» (v. 9). Tanto el herrero (v. 12) como el carpintero (vv. 13-15) trabajan en obras humanas que «no saben ni entienden, porque cerrados están sus ojos para no ver y su corazón para no entender» (v. 18). Y añade el profeta su admiración al notar que quienes preparan esas imágenes no se percaten de lo inútil y absurdo del proceso.

La sección final del capítulo (vv. 24-28) incluye un poema con varios temas prioritarios: se afirma la teología de la creación y la redención del Señor (v. 24); se rechazan las capacidades de los adivinos, agoreros y sabios (v. 25); se incluye el tema de la restauración de Judá y el retorno de los deportados (v. 26); y se identifica el nombre del «siervo» (v. 26) e instrumento divino que llevará a efecto tal transformación, Ciro (v. 28). Este poema antecede la próxima sección, dedicada a presentar el encargo de Dios a Ciro (45.1-7).

Esta es la primera vez en el libro de Isaías que se menciona específicamente el nombre de Ciro, aunque ya se había aludido a su gestión política y militar en secciones anteriores (p. e., 41.1-5; 41.25-42.9). En esta ocasión se revela su nombre como introducción al mensaje más elaborado que se incluye en torno a sus responsabilidades para con el pueblo de Israel en el próximo capítulo.

El profeta explora en estos pasajes varios asuntos y temas que ya ha iniciado en escritos anteriores. En primer lugar enfatiza el tema de la esperanza, que es particularmente importante para la comunidad judía deportada en Babilonia. Además, hace una presentación magnífica en torno al asunto de la idolatría. Y referente a este tema fundamenta su mensaje en lo absurdo de las prácticas y en la falta de sabiduría de quienes la practican. Finalmente se incluye un poema que enfatiza varios temas que contribuyen al ambiente de seguridad y confianza que se respira a través de todo el pasaje. El Dios creador, que invalida la sabiduría de los líderes idolátricos, ha seleccionado a Ciro para que lleve a efecto su misión: restaurar la tierra de Judá y permitir el retorno del pueblo exiliado.

El Señor unge a Ciro (45.1-25)

La identificación y afirmación del mesías y ungido persa (45.1-13), que se identifica en este oráculo como Ciro (v. 1), se relaciona temáticamente con 44.24-28. El tema central del mensaje es que el Señor es el creador de todo y que, por consiguiente, la caída de Babilonia y el triunfo de Persia son actos relacionados con la voluntad de Dios. La finalidad teológica particular del oráculo no es convencer a los gentiles, sino educar a los judíos. Para el profeta, el Señor es redentor de Israel y demuestra su poder con la restauración de Judá y la reconstrucción de Jerusalén. Lo particular y novedoso de este mensaje es que se afirma categóricamente que el decreto de liberación de los judíos y la ley de regreso a Jerusalén provienen de la boca de Ciro, el rey persa, que aunque fue ungido por el Señor (v. 1) era un monarca pagano (v. 5).

Esta teología que pone de relieve la voluntad de Dios que se manifiesta a través de instrumentos paganos no es nueva en la Escritura. En el mismo libro de Isaías se indica que Asiria será un instrumento de la ira del Señor (10.5); además, Jeremías declaró que Nabucodonosor, el famoso rey babilónico, era un siervo de Dios (Jer 27.6). A Ciro, el profeta no lo acusa de arrogancia, pues el monarca persa cumple cabalmente la voluntad divina; el mensaje, inclusive, indica que el mismo rey llegará a conocer al Señor de Israel (v. 3).

Ese importante concepto teológico que presenta al Señor superando las diferencias étnicas, culturales, nacionales y raciales se conoce como universalismo, que no ha de confundirse con el otro sentido de la misma palabra, que se refiere a la doctrina según la cual todos serán salvos. Desde esa perspectiva teológica se afirma que el Dios de Israel es el único Dios verdadero, y se infiere que las divinidades de los otros pueblos no son verdaderos dioses. Esa teología se fundamenta en un monoteísmo radical que no acepta ni aprueba la adoración ni el reconocimiento de ningún otro dios que no sea el Señor de Israel: ¡No hay otro Dios! Mientras la religión persa era dualista – pues pensaban que había un dios para la luz, que era bueno, y otro dios para la oscuridad, que era malo–, el profeta subraya su monoteísmo al indicar que el Señor de Israel es responsable por el bien y el mal, por la luz y las tinieblas (v. 7). Las desgracias que llegaron a Jerusalén no son el resultado del poder de las divinidades babilónicas sino manifestaciones reales del poder del Señor de Israel.

La palabra «unción» –que se utiliza en el pasaje para referirse a la relación del Señor con Ciro (v. 1)– alude al acto de vertir aceite sobre la cabeza de alguna persona que debía cumplir una encomienda particular del Señor. Por medio de este acto, que afirma que la persona estaba dotada del Espíritu del Señor (Is 42.1), se consagraba a reyes (2 R 5.3), sacerdotes (Ex 29.7) y profetas (1 R 19.16). Ciro fue «ungido» para llevar a efecto con justicia una misión militar, política y social. El Señor le dará «tesoros escondidos» (v. 3) para demostrar su poder y para propiciar su conocimiento en el rey pagano. Y, aunque Ciro no había conocido al Señor, el amor divino a Israel (también conocido como Jacob) fue de tal magnitud que le puso nombre al monarca persa (v. 4), lo que es una manera de afirmar su poder y autoridad.

Sin embargo, no todos los judíos aceptaron estas afirmaciones teológicas universalistas. El profeta, por esa razón, presenta una serie de «ayes» que revelan el compromiso divino con estas afirmaciones teológicas universalistas (v. 9-10). El pueblo no puede rechazar esta teología de la misma forma que lo creado no puede oponerse a las acciones del creador.

Aunque el profeta afirma que las naciones pueden servir al Señor sin notarlo o conocerlo, ha llegado la hora de un reconocimiento universal, público y completo. Gentes de lugares distantes y remotos llegarán a Jerusalén para llevar regalos y ofrendas al Templo del Señor (v.14). El poema incluye varias confesiones de fe que ponen de relieve la aceptación del poder y autoridad del Señor: «Ciertamente en ti está Dios, y no hay otro fuera de Dios» (v. 14). Además, se reconoce públicamente que es el Señor de Israel el que controla la historia humana (vv. 18-19).

Las referencias continuas al único Dios verdadero (vv. 5-7), las alusiones a la acción creadora del Señor (vv. 18-19) y la verdad del mensaje que se anunció a los exiliados (vv. 14-17) le dan oportunidad al profeta de presentar nuevamente un oráculo contra los falsos dioses y sus adoradores (vv. 20-25). Una vez más se pone de relieve la crítica sistemática del profeta contra la idolatría y sus implicaciones teológicas y espirituales. Se afirma categóricamente: «No hay más Dios que yo, Dios justo y salvador. No hay otro fuera de mí» (v. 21). Y añade: «¡Mirad a mí y sed salvos, todos los términos de la Tierra, porque yo soy Dios, y no hay otro!» (v. 22).

Los poemas que se incluyen en este capítulo reiteran varios de los temas previamente expuestos por el profeta e incluyen un nuevo componente extraordinario: se indica que el ungido del Señor es Ciro, el rey persa. Refleja el pasaje una teología universalista extraordinaria, pone de manifiesto la capacidad literaria y espiritual del escritor, y se fundamenta en una muy firme convicción monoteísta. El poema también añade una crítica adicional a los ídolos, que es una característica importante en la teología de la segunda sección del libro de Isaías (40-55).

Los ídolos de Babilonia (46.1-13)

El poema que se incluye en este capítulo continúa el tema recurrente del libro: la idolatría es una afrenta a Dios y una estupidez humana. El pasaje expande de esta manera la afirmación teológica del capítulo anterior: no tienen conocimiento quienes erigen su ídolo de madera, y quienes ruegan a un dios que no salva (45.20).

El nombre (v. 1) significa dueño y, aunque se relacionaba con varios dioses antiguos, especialmente aludía a Marduc, el principal dios babilónico. Nabú o Nebo –la raíz de cuyo nombre se relaciona con la expresión «el que habla»– era otra divinidad babilónica que se consideraba hijo de Marduc y era venerado como dios de la escritura y la sabiduría. Era particularmente apreciado en la época del exilio, como lo atestigua su alusión en los nombres de reyes (p. ej., Nabucodonosor).

El libro de la consolación (40.1-48.22)

Cada año, durante el festival del año nuevo, Nebo era traído por sus adoradores desde su templo en Borsippa, al suroeste de Babilonia, en una gran procesión en la cual participaba todo el pueblo, con su padre, Bel-Marduc, y era paseado por las calles de la ciudad hasta llegar al importante santuario de Esagila. Los judíos que fueron llevados al cautiverio debieron haber presenciado esas procesiones, que constituían el evento religioso y cultural más importante del año. Esa celebración era el centro desde donde emanaban las dinámicas religiosas de una comunidad politeísta como la babilónica. Para el profeta, esas festividades religiosas constituían una manifestación grotesca de la idolatría.

Es muy difícil relacionar los mensajes del libro de Isaías en torno a la idolatría, y en referencia a Ciro, con lo que sucedió en Babilonia en el siglo sexto. No hay alusión histórica o literaria a algún acto oficial en Babilonia que intentara eliminar o detener la idolatría. Por el contrario, a la llegada de Ciro se restauraron las divinidades de Sumer y Akkad, y se subrayó la importancia de Bel y Nebo. La política de tolerancia de los persas sirvió no solo para la restauración de Judá y Jerusalén, sino para el desarrollo de actividades idolátricas.

Comienza el poema con la presentación de una ironía (vv. 1-3): ¡Los dioses Nebo y Bel son una carga para sus adoradores, mientras que el Señor protege y carga a su pueblo! Los dioses babilónicos, además, tuvieron que ir al cautiverio. No pudieron mantenerse sobre las bestias, sobre los animales de carga (v. 1), y fueron humillados y derribados. Con esta afirmación se pone en evidencia la insensatez de la idolatría y lo absurdo de ese tipo de actividad religiosa. La caída de Bel y Nebo representa el triunfo de Persia y el sometimiento de los babilonios a Ciro.

Entre las afirmaciones teológicas de importancia que se incluyen en el poema se encuentran las siguientes: el Señor ha llevado a Israel desde la matriz (v. 3) y sostendrá al pueblo hasta la vejez (v. 4). Se enfatiza de esta forma la intervención divina desde el inicio hasta la madurez del pueblo de Israel. Esas expresiones complementan la interpretación que hace el profeta de los ídolos, al indicar que los mueven de un lugar a otro, pues no tienen capacidad de movimiento, no responden al clamor de los adoradores ni libran al pueblo de las tribulaciones (v. 7). Se contrapone en el poema la capacidad divina con la inutilidad de los ídolos.

El Dios de Israel se acuerda de las cosas pasadas (v. 9) y anuncia lo que está por venir (v. 10); es decir, tiene la capacidad de intervenir nuevamente en el futuro como lo hizo en el pasado, en una referencia a la liberación de Egipto. El recuento de las intervenciones divinas en medio de la historia del pueblo es una manera de infundir confianza y seguridad a la comunidad deportada. Se pone en evidencia que el Señor de Israel tiene el deseo y la voluntad de acudir al auxilio de su pueblo en momentos de crisis y desolación.

Finaliza el mensaje con una crítica al pueblo por tener endurecido el corazón y estar lejos de la justicia (vv. 12-13). En medio de la dura crítica a la idolatría y el rechazo directo a los dioses paganos, el profeta incluye un reproche al pueblo por haber abandonado la justicia, que está íntimamente relacionada con la salvación. Para el profeta, al acercarse la justicia al pueblo se manifiesta la salvación en la comunidad, que a su vez revela la gloria divina en Israel.

El poema continúa la crítica a la idolatría e incorpora varios nuevos asuntos de importancia teológica y espiritual. Los dioses más importantes del panteón babilónico, Bel y Nebo, no pueden mantenerse de pie, no tienen la capacidad escuchar, no libran de la tribulación, y sus adoradores se los echan sobre los hombros y finalmente se postran para adorarles. Este pasaje revela la percepción negativa que tenía el profeta en torno a la idolatría, e incluye también un importante tema adicional: la implantación de la justicia. Según el mensaje profético, el pueblo tenía un corazón duro que le hacía alejarse de la justicia, y sin justicia la salvación se aleja.

Juicio divino sobre Babilonia (47.1-15)

Este pasaje consiste fundamentalmente en un poema de burla y crítica que describe de forma gráfica la caída de Babilonia, que era el enemigo principal del pueblo judío en el período exílico. Este tipo de literatura, que formaba parte de los procesos bélicos y dinámicas militares de la época, tomó dimensión nueva entre los judíos deportados, pues fueron los babilonios los que al vencerlos los llevaron al exilio y los humillaron. La inminente caída del imperio babilónico era fuente de esperanza para los exiliados, que confiaban que esa derrota produjera los cambios esperados que propiciarían el retorno a sus tierras.

La caída de Babilonia se describe de forma poética y revela similitudes con los oráculos contra las naciones (p. ej., Is 13; Jer 50): «Baja y siéntate en el polvo, virgen, hija de Babilonia» (v. 1). El tema central es el anuncio divino en contra de la potencia internacional que tenía subyugado al pueblo de Israel: «Será expuesta tu desnudez, serán vistas tus vergüenzas. Haré retribución y no habrá quién se libre» (v. 3). El pasaje alude a los crímenes cometidos, presenta la sanción divina con todas sus consecuencias y afirma una advertencia sobre la inutilidad de las ceremonias, ritos y creencias idolátricas.

La acusación contra Babilonia tiene dos niveles básicos: la falta de misericordia hacia los judíos, tanto en los procesos bélicos como durante la deportación y el exilio (v. 6); y el orgullo demostrado ante la derrota de los pueblos sometidos (vv. 8-10). El exilio ciertamente era parte del juicio divino a su pueblo, pero Babilonia había participado en el proceso contra Judá y había demostrado actitudes inmisericordes e inhumanas. Esta referencia a Babilonia se puede comparar a la crítica del profeta contra Asiria (Is 10).

Babilonia, además, es duramente criticada por su sentido de orgullo, que la ubicaba en un nivel cerca de la blasfemia. Las expresiones: «Para siempre seré señora» (v. 7) y «Yo soy y fuera de mí no hay otra» (v. 8) revelan la actitud prepotente y orgullosa de los babilonios. El adelanto que habían experimentado en los diversos órdenes –militar, social, económico, político y religioso– les había dado un sentido de arrogancia que rayaba en el borde da la blasfemia, al utilizar expresiones que le corresponden únicamente a Dios. Basaban su confianza en la maldad, según el profeta, diciendo: «Nadie me ve» (v. 10). Y la respuesta divina fue clara y contundente: «Vendrá, pues, sobre ti un mal cuyo origen no conocerás; caerá sobre ti un quebrantamiento que no podrás evitar» (v. 11).

Este tipo de burla contra Babilonia se parece a las críticas previamente articuladas en el libro de Isaías (cap.14) y a las que se presentan contra Tiro (Ez 27). Esa actitud de orgullo, prepotencia, vanidad y arrogancia es la que se manifestó en Adán y Eva, que les llevó en un viaje desorientado hacia las afueras del Jardín del Edén (Gn 2). Además, la burla profética rechaza la sabiduría y el poder de sus astrólogos, que esencialmente no tenían la capacidad de predecir el futuro y no podían evitar el juicio divino al pueblo. Los sabios de Babilonia eran conocidos por la capacidad que demostraban en el estudio de los astros; sin embargo, utilizaban ese conocimiento para las prácticas de astrología, que eran fuertemente criticadas por el profeta (vv. 12-13). El juicio divino a los astrólogos (v. 14), que utiliza las imágenes del fuego, es la contraposición de la palabra de esperanza dada al pueblo (véase Is 43.1-3).

Este pasaje manifiesta una actitud de venganza que no representa un valor ideal y noble en la iglesia cristiana. Revela los sentimientos humanos ante las fuerzas políticas y militares que trajeron desesperanza y sufrimiento. Pone de relieve las expresiones de quienes han sufrido en carne viva los dolores de la deportación y las humillaciones relacionadas con los exilios. La imagen de juicio contra Babilonia se utiliza también en el Apocalipsis de Juan (cap .17) para describir lo que sucederá con el imperio romano, en contraposición al triunfo de la Nueva Jerusalén.

Aunque este pasaje no manifiesta el amor a los enemigos, que es un tema fundamental y prioritario en el evangelio de Jesucristo, es ciertamente comprensible desde la perspectiva del dolor y la desesperanza de la gente oprimida. Además, este poema de burla posiblemente contribuyó a la afirmación de la autoestima del pueblo deportado. Era una manera de canalizar sus angustias y desatar sus dolores. Este poema se puede relacionar con creyentes que han sufrido persecuciones serias y han visto en la destrucción de sus enemigos la esperanza de restauración que esperaban.

El pasaje estudiado presenta la reacción humana ante los enemigos. Manifiesta sentimientos de burla y venganza que caracterizan a personas en estados de tensión extrema o en situaciones terminales de angustia. Babilonia, que era la potencia que representaba al archienemigo del pueblo judío, finalmente será derrotada, y era derrota se convierte en signo de triunfo y esperanza. La crítica a Babilonia se basa en dos características esenciales: no mostró misericordia del caído y se vanaglorió de sus triunfos.

La infidelidad de Israel (48.1-22)

Con este poema se finaliza la sección de Isaías conocida como el libro de la Consolación (Is 40). El punto culminante del mensaje, y también de toda la sección, es el retorno inminente de los judíos que van a dejar Babilonia para regresar a Jerusalén (v. 20), que se describe en este pasaje como santa ciudad (v. 2; véase también a Neh 11.1; Is 52.1; Dn 9.24). Aunque el tono del pasaje es severo, se afirma de forma categórica que el fin del exilio y de la deportación se fundamenta no en la fidelidad y la justicia del pueblo, sino en el nombre de Dios. Ese fundamento extraordinario es el que garantiza el retorno y asegura el regreso del pueblo a la Tierra Prometida.

Una peculiaridad de poema, que revela algunas complejidades de redacción, es la presentación de forma alternada de los temas de reproche y de salvación. En esa serie extensa de reproches que el profeta presenta contra el pueblo, se pueden identificar los siguientes: la religiosidad superficial y de conveniencia, pues juran falsamente en nombre del Señor (v. 1); la obstinación y la falta de fe, pues tienen la cerviz de hierro y la frente de bronce (v. 4); la inclinación hacia la idolatría, pues decían, ante los eventos de la historia, «mi ídolo lo hizo» (v. 5); y la arrogancia e infidelidad, pues Dios mismo les tiene que llamar rebeldes (v. 8). Al fin del pasaje se ordena explícitamente a los deportados a huir de Babilonia y regresar a Palestina para disfrutar plenamente la libertad que el Señor les había concedido. Esa palabra extraordinaria de liberación y retorno se articula en forma clara, firme y directa: «¡Salid de Babilonia! ¡Huid de entre los caldeos!» (v. 20).

El poema comienza estableciendo la confianza en la palabra de Dios al referirse a «las cosas del pasado» (vv. 1-2) y afirmar que le «ha hecho oír cosas nuevas» (v. 6) en referencia a la liberación de Babilonia, como si fuera un nuevo éxodo. Continúa su mensaje al indicar la importancia y necesidad del profeta para que revele lo que previamente no se había dicho o anunciado. Aunque el tema de la caída de Babilonia se había anunciado previamente por el profeta (43.18-19), este pasaje incorpora un nuevo asunto de importancia capital: el retorno real de los deportados.

La motivación divina para intervenir en la historia y liberar a los judíos deportados, que en ese momento –ante el poderío de Babilonia– eran una comunidad política y militarmente insignificante, se revela de forma clara y categórica en el poema: «Por amor de mi nombre» (v. 9), dice el Señor, en una autoafirmación de su poder, amor y misericordia, pues el Dios de los deportados ya ha revelado y manifestado su compromiso de liberación de la gente cautiva (véase Ex 3.1-15). Lo que mueve al Señor para liberar a su pueblo no es la justicia humana ni los esfuerzos del pueblo, sino su divino amor. El nuevo éxodo que está próximo a llevarse a efecto no es tampoco producto de la intervención de Bel ni de Nebo, los famosos dioses babilónicos, sino del Señor de Israel, que se especializa en liberación de cautivos.

Aunque la mayoría de los deportados a Babilonia eran del reino de Judá, este pasaje pone de relieve que el mensaje de restauración incluye a todos los exiliados, designados como «casa de Jacob» (v. 1). Además, revela el gran problema del pueblo: la incapacidad de oír, el rechazo a la voz divina, la actitud de ignorar la revelación de Dios. Sistemáticamente el Señor les convoca: «Oíd esto, casa de Jacob» (v. 1), «Óyeme Jacob» (v. 12) y «Acercaos a mí, oíd esto» (v. 16); también se afirma que el Señor es el «que te enseña» y «te encamina por el camino que debes seguir» (v. 17). Ante un pueblo «sordo», el Dios bíblico responde no solo con juicio sino con misericordia. El Señor ha purificado al pueblo «no como a plata» (v. 10), en una alusión a la técnica de separar el metal precioso de la escoria.

El poema finaliza con la palabra de restauración, culmina con el mensaje de liberación. El pueblo debe salir del cautiverio que vive en Babilonia y debe también anunciar ese acto redentor como el resultado de la intervención divina. Debe publicar la acción milagrosa de Dios «hasta lo último de la Tierra» (v. 20). El propósito es anunciar que el Señor redimió a su «siervo»; la finalidad es dar testimonio de la intervención divina en favor de su pueblo.

Se añade al poema una descripción de la experiencia de liberación: no tuvieron dificultades mayores ni experimentaron escasez de agua al pasar los desiertos, pues el Señor los socorrió en el momento oportuno (v. 21). Para los malos no hay paz, pero para el pueblo redimido del Señor hay esperanza y liberación (v. 22).

Este pasaje presenta el gran problema del pueblo de Israel, y revela la mayor dificultad de los creyentes contemporáneos: no prestan atención a la palabra del Señor. En este caso específico, el problema no es de carácter auditivo sino de obediencia, pues la expresión, en el idioma bíblico, alude más al sentido y al acto de obedecer que al oír o percibir por el sistema auditivo. El Señor sometió al pueblo a un proceso de juicio purificador en el exilio por «amor a su nombre», para finalmente transformar una comunidad llena de infidelidad e idolatría en gente liberada y sensible a su revelación.

Restauración de Israel (49.1–55.13)

Capítulo 8

Israel, Siervo del Señor (49.1-7)

Con este capítulo se inicia uno nuevo ciclo de poemas de restauración y esperanza que ponen de relieve una vez más la importancia del retorno de los deportados en la teología de Deutero Isaías (40-55). Este pasaje (vv. 1-7) incluye el segundo Cántico del Siervo del Señor o Siervo Sufriente (véase Is 42.1-7; 49.1-6; 50.4-9; 52.13-53.12; y también 61.1-3a). En la primera estrofa, el poema pone de relieve la misión que el Siervo ha recibido del Señor (vv. 1-4), además de incluir una breve reflexión sobre su aparente fracaso. En la segunda (vv. 5-6), se describe la confianza que el Señor le brinda al Siervo en el momento de la dificultad, asegurándole que su trabajo no ha sido en vano. De esta manera se pone en clara evidencia, por primera vez en estos poemas, la naturaleza dolorosa e intensa de la misión del Siervo. Este importante componente de dolor se acentúa aún más en el tercer (50.4-9) y cuarto Cánticos (52.13-53.12).

Este poema, al igual que el Cántico anterior (42.1-4), hace referencia a la misión del Siervo, que aquí se identifica de forma explícita con el pueblo: «Mi siervo eres, Israel» (v. 3). Muchos comentaristas, sin embargo, al estudiar esta identificación tan clara y precisa del Siervo con Israel, indican que esa correspondencia no formaba parte del mensaje original del pasaje, por dos razones primarias: la referencia a «me llamó desde el vientre» (v. 1) alude a una persona específica, no a una colectividad; además, posteriormente en el poema (v. 5), se indica que el Siervo tiene una importante misión que cumplir con el pueblo de Israel y, por consiguiente, el Siervo y el pueblo deben ser realidades distintas. Como la referencia a Israel como Siervo del Señor está presente en todos los manuscritos hebreos antiguos que poseemos, la mejor manera de entender la clara identidad del Siervo con el pueblo en este pasaje es indicar que alude de forma individual y personalizada a todo el pueblo de Israel, particularmente al remanente fiel o al resto.

La imagen del Siervo que ha sido llamado «desde el vientre» puede relacionarse con el relato de vocación del profeta Jeremías (Jer 1.5) que, a su vez, alude a la narración en la que Moisés afirma no estar preparado para responder positivamente al llamado de Dios (Ex 3.1-4.17). Según esos pasajes, Dios llama a Moisés y a Jeremías, quienes reconocen su incapacidad e insuficiencia, para finalmente recibir el apoyo divino. La referencia a que el Siervo ha sido llamado «desde las entrañas de mi madre» revela que debía cumplir una misión similar a la del famoso libertador y legislador del pueblo o a la del famoso profeta.

La misión del Siervo tiene dos componentes fundamentales. En primer lugar, debe «restaurar el resto de Israel» (v. 6); además, el Siervo debe convertirse en «luz de las naciones» (v. 6). La referencia a la restauración de Israel se relaciona con el mensaje de esperanza y reconstrucción nacional que debe contribuir a la consolación del pueblo exiliado y al regreso de los deportados a Jerusalén. Su papel en el proceso se relaciona con la transformación del pueblo. Debe ser modelo de sobriedad y superación, aunque pase momentos de dificultad y angustia (v. 4). Ha sido comisionado y llevará a efecto su misión «hasta lo último de la Tierra» (v. 6).

La expresión «puso mi boca como espada afilada» (v. 2) puede ser una referencia a la misión profética del Siervo, que debe utilizar su voz y su mensaje como instrumento divino para anunciar la voluntad de Dios, que «es más cortante que toda espada de dos filos» (véase He 4.12). Y la frase «mi recompensa con mi Dios» (v. 4) pone de relieve la confianza del Siervo en la intervención divina que llegará en el momento oportuno. Esa seguridad es la que le permite añadir: «Estimado seré a los ojos del Señor y el Dios mío será mi fuerza» (v. 5).

El versículo 7 añade varios elementos importantes a la misión del Siervo. En primer lugar, se incluyen varias referencias y alusiones extraordinarias a Dios: «Redentor de Israel», «el Santo tuyo», «el Santo de Israel»; además, se describe de forma gráfica al Siervo con expresiones tales como: «Menospreciado de alma», «abominado de las naciones» y «siervo de los tiranos». Los reyes y los monarcas de la Tierra verán al Siervo y adorarán al Señor por causa de su labor liberadora. La misión del Siervo en el pueblo de Israel será tan efectiva que producirá una serie de cambios que afectarán, inclusive, a los reyes de la Tierra.

Este pasaje continúa la tradición de los poemas que presentan la gestión de liberación que Dios ha comisionado al Siervo. Esa misión, que incluye varios elementos proféticos, conlleva sufrimientos y frustraciones que el Siervo supera por la misericordia de Dios y por su confianza en el Señor. La finalidad de su misión es ser luz de las naciones; es decir, el Siervo debe servir de modelo y agente de bien a toda la humanidad. Además, contribuirá a que la salvación divina llegue hasta lo último de la Tierra, en una referencia importante al componente universalista de su tarea misionera.

Dios promete restaurar a Sión (49.8-26)

Este pasaje contiene un claro y efectivo mensaje de esperanza y restauración para los deportados en Babilonia, que en el poema son llamados de forma simbólica «Sión». Comienza con una serie de afirmaciones de triunfo y retorno. El Señor escuchó, ayudó, guardó y convirtió en pacto al pueblo, para que restauraran la tierra y liberaran a los cautivos (49.8). Además, el poema incluye una buena imagen pastoril que enfatiza la paz y la salud del pueblo restaurado (49.9).

La sección central del texto incluye los oráculos de salvación y afirmación de Sión. El lamento de los exiliados se transformará en gritos de alegría por la salvación que se ha proclamado en el poema (49.8-12): «¡Cantad, cielos, alabanzas, y alégrate Tierra!» (49.13), que tiene un estilo similar al que se manifiesta en himnos y salmos de alabanzas a Dios.

Ante la lamentación que revela frustración del pueblo (49.14), el profeta responde con nuevas expresiones de esperanza y restauración. Ese lamento contrasta marcadamente con el contentamiento que se pone de relieve en el resto del pasaje. Para el poeta, la felicidad futura se describe como si se viviera en el presente; la restauración del pueblo se anuncia como experiencia real, como si ya se disfrutara.

Un mensaje de gran importancia teológica en el estudio de este poema se revela en el uso de las imágenes femeninas para referirse a

Dios (49.15). De acuerdo con el texto, es válido también, para referirse al Señor, el uso del lenguaje que incorpora referencias y simbolismos femeninos. Dios no solo actúa como padre para su pueblo, sino que como madre se preocupa de sus hijos e hijas. Posteriormente esta imagen femenina también se relaciona con Sión, que se pregunta cómo fue que pudo concebir cuando estaba «sola, peregrina y desterrada» (49.21). Es importante recordar respecto a estas imágenes que la procreación y la abundancia de hijos eran símbolo de prosperidad y felicidad en el mundo antiguo, particularmente entre los judíos.

El poema presenta la desesperanza de los deportados (49.24). Posiblemente pensaban que el imperio babilónico era demasiado poderoso para ser derrotado y para permitir que se liberara a los judíos, que representaban un sector insignificante de la sociedad. El Señor responde a tales preocupaciones al indicar que él es más fuerte que todos los tiranos de la tierra (49.26). El título divino «Fuerte de Jacob» o de Israel es muy antiguo en el Viejo Testamento, y enfatiza no solo el poder de Dios, sino su fidelidad al pacto y su compromiso con el pueblo. La ternura que se revela en las referencias al trato de Dios con Israel se contrapone a las afirmaciones de vindicación y justicia que se revelan en las alusiones a Babilonia (49.22-24).

Una vez más el tema fundamental del libro es la restauración y consolación. En esta ocasión el poema subraya varios asuntos de importancia teológica y de relevancia: el paso triunfal de los deportados para lograr su liberación, las imágenes femeninas para referirse a Dios, la afirmación de salvación de parte de Dios y el rechazo con que se presenta el juicio divino a Babilonia.

El Señor me dio lengua de sabios (50.1-11)

Este capítulo se puede dividir en tres secciones primarias. Es un poema complejo que parece reanudar el tema de 49.24-26, y responder a las preocupaciones de los israelitas que no creen en la pronta liberación y finalización del exilio en Babilonia. La primera sección (50.1-3) incluye una serie importante de preguntas, para afirmar que el Señor no se ha divorciado de su pueblo. En la segunda (50.4-9), se presenta el tercer Cántico del Siervo del Señor. Finalmente (50.10-11), el poema añade una promesa de salvación para las personas que siguen el modelo y testimonio del Siervo, e incorpora un anuncio de condenación para la gente infiel. A través del pasaje se afirma que el Señor ayuda a quienes confían en él.

El Señor refuta y responde a los israelitas que, frustrados, lo acusan de haber abandonado a su pueblo en el momento de más necesidad (50.1-3). El reproche parece insinuar que Dios rechazó o repudió a Israel de forma definitiva, y sin un aparente motivo válido; sin embargo, el pasaje revela que no se ha producido un divorcio final y definitivo, sino una separación transitoria. Ese tipo de análisis le permite al profeta explorar simbólicamente las posibilidades de reconciliación matrimonial. El poema también indica que el Señor no se comportó con Israel como el padre que vende a sus hijos como esclavos para pagar alguna deuda. La estrofa culmina con una gran declaración teológica de liberación, que se presenta en forma de pregunta retórica que demanda una respuesta positiva: «¿No tengo yo poder para librar?» (50.2).

En este pasaje se incluye también el tercer Cántico del Siervo del Señor (50.4-9). Aunque en esos versículos no aparece explícitamente la palabra «Siervo», el poema se une a esa sección de Cánticos por dos razones fundamentales: se escribe en primera persona y se describen los sufrimientos de un individuo de forma similar al resto de esos poemas. La frase «lengua de sabios» literalmente significa «lengua de discípulos», y puede muy bien aludir al episodio en el que Isaías lega su mensaje a sus discípulos (8.16). El Siervo se muestra como un sabio que tiene unas funciones esencialmente educativas: está encargado de educar tanto a la gente piadosa como al que «anda en tinieblas» (50.10), para que confíen en el nombre del Señor.

Nuevamente el profeta presenta la misión del Siervo e indica su naturaleza profética y pedagógica. El poema revela la confianza que el Siervo tiene en el Señor (50.7-9). Su misión consiste en anunciar las palabras de consuelo que ha recibido del Señor. El pasaje también incluye referencias al aspecto doloroso y angustioso de su misión. Se nota claramente en los poemas del Siervo una progresión continua en la que el sufrimiento aumenta: de la duda sobre el éxito de su misión, pasa al reconocimiento de la hostilidad que llega hasta la tortura.

Los asuntos e imágenes que se incluyen en los Cánticos del Siervo tienen varias semejanzas con los temas que se presentan en la sección de Jeremías conocida como «Las confesiones» (Jer 11.18-23; 15.10-21; 20.7-18). El profeta Jeremías se siente como un animal que va a ser devorado por todas las fieras del campo (12.9); su dolor era intenso, perpetuo, incurable, continuo (15.18); y, para enfrentar efectivamente las dificultades, el Señor lo convirtió en un muro sólido de bronce. El Siervo, como Jeremías, es apoyado y socorrido por el Señor en el instante de la crisis, pero a diferencia del famoso profeta de Anatot, enfrenta la adversidad voluntariamente, sin reproches. Y no procura la venganza contra sus enemigos y perseguidores, pues reconoce que su esperanza y recompensa están en las manos del Señor (49.4).

El Siervo que se presenta en 50.10, presumiblemente, es el mismo que anuncia su misión en 50.4-9. En este caso, el Siervo puede ser el mismo profeta que representa al pueblo, o también simbólicamente puede ser el pueblo ideal de Israel. Sin embargo, la enseñanza primaria del pasaje es clara: la gente fiel y leal que sigue el modelo del Siervo del Señor persevera hasta lograr su misión en la vida, aunque tenga que enfrentar dificultades extraordinarias y problemas formidables.

Fundamentados en esa interpretación del pasaje, los cristianos primitivos relacionaron estos poemas con la descripción de la vida y la misión de Jesús de Nazaret.

En este pasaje el poeta incluye un poema para afirmar la esperanza y subrayar la capacidad divina de ayudar a su Siervo y a su pueblo en los momentos de mayor dificultad. El Señor no repudió a Israel ni lo vendió como esclavo, y para demostrar su deseo liberador el profeta anuncia la inminente terminación de la experiencia del destierro. El secreto del mensaje se encierra en la frase «¿Acaso se ha acortado mi mano para no poderos rescatar?» (50.2).

Palabras de consuelo para Sión (51.1-23)

Con este capítulo comienza un poema extenso de esperanza y consolación (51.1-52.12). El pueblo de Israel, referido aquí como hijos e hijas de Abrahán y Sara, no debe temer al presente o al futuro porque el brazo del Señor lo librará de su esclavitud, cautiverio, destierro y opresión. Las palabras clave de la sección son «oídme» y «despierta», que aluden continuamente a las actividades de liberación divina en la antigüedad y generan esperanza en el pueblo.

En primer lugar, el profeta relaciona a Israel con Abrahán y Sara. Utiliza la interesante imagen de la cantera, y alude al fundamental simbolismo de la piedra que ha sido cortada de alguna roca. La imagen evoca el propósito de construcción firme, fuerte y duradera: el pueblo tiene buenos fundamentos en el patriarca y la matriarca, pues Dios mismo los llamó, bendijo y multiplicó (51.2). Los descendientes de Sara y Abrahán son como la piedra de cantera: fuertes, firmes y necesarios para una buena y perdurable construcción. Y, aunque estén en ruinas, esas piedras sirven una vez más para comenzar una nueva edificación (51.3).

En 51.4-8 se pone de relieve la importancia del «oír» y estar «atentos» a la revelación de Dios. El mensaje es nuevamente de esperanza y consolación; la ley, la justicia y la salvación provienen del Señor. El «brazo del Señor», que es símbolo de su poder y autoridad, se manifiesta para afirmar la Ley –que se refiere, en efecto, no a una serie de normas fijas u ordenanzas, sino al sistema de instrucción y educación liberadora–, implantar la justicia y traer la salvación. Aunque los cielos se desvanezcan y la Tierra se envejezca, la justicia divina «permanecerá perpetuamente» y la salvación de Dios «por generación y generación» (51.8).

En 51.4-5 se alude al mensaje de Isaías 2.2-4, en el cual se indica que la Ley saldrá de Sión; y la referencia a ser «luz de los pueblos» (51.4) se puede relacionar con la misión del Siervo del Señor (42.6; 49.6). Tanto la ley como la luz, que es la implantación de la justicia, saldrán de Sión, que es una forma poética de referirse a Jerusalén. De una manera indirecta se afirma una vez más el fin del exilio y el regreso de los deportados a Palestina.

En 51.9 comienza un oráculo largo que se distingue por el uso doble de la palabra «despiértate». En primer lugar el poema llama al brazo del Señor para que repita los actos de liberación de antaño (51.9), y alude a las batallas del Señor contra Rahab y el dragón. Aunque la Biblia no hace referencia directa a ningún relato de batallas divinas contra monstruos mitológicos, la literatura cananea nos puede iluminar referente a la percepción que tenían los antiguos de estos conflictos fantásticos y extraordinarios. En esas cosmologías antiguas, la creación toda se representaba como una gran batalla entre Dios y las fuerzas del caos, a las que se aludía como a Rahab (Sal 89.11), el dragón o Leviatán (Sal 74.13; Is 27.1), o el abismo o Tiamat (Gen 1.2; Hab 3.10; Sal 104.6-8).

En los relatos bíblicos la creación se percibe como la acción divina que establece el orden –con voz de mando y autoridad– y hace que el mundo se establezca. La imagen de «secar el mar» (51.10) es una posible referencia a la liberación del pueblo de Israel de la esclavitud en Egipto. Para el profeta las dos imágenes son muy válidas: el Dios que estableció el orden y venció al caos y que posteriormente secó el mar está presto a repetir sus antiguas hazañas con el pueblo, para liberarlos del nuevo y formidable enemigo: la esclavitud en Babilonia. En última instancia, lo que se subraya no es el poder divino en el pasado, sino lo que puede hacer el Señor en el presente.

La segunda llamada se dirige a Jerusalén, y utiliza la importante imagen de la copa de la ira para poner de relieve el juicio divino. La «copa de aturdimiento», que deja postrado física y emocionalmente a quien la toma (51.18-21), es uno de los símbolos bíblicos más frecuentes de la ira de Dios y del juicio divino a la humanidad. Según este mensaje profético, ya Jerusalén tomó su porción de la ira divina y nunca más la beberá (51.22); ahora les toca tomarla a las naciones que angustiaron y derrotaron a Judá –en referencia a Babilonia (51.23). El mensaje es de consolación y restauración: Jerusalén ya recibió su merecido; ahora el proceso de juicio divino se manifestará sobre quienes afectaron al pueblo de Dios.

Utilizando la repetición de palabras que llaman la atención, el poema presenta el mensaje de esperanza al pueblo en cautiverio. El pueblo de Dios debe enfrentar el futuro con seguridad y firmeza: el Señor les ha dado un fundamento seguro y fuerte; repetirá los prodigios y los milagros que caracterizaron la liberación de Egipto: los enemigos no podrán vencer nuevamente a Israel, porque el Señor quitará la copa de la ira de Israel, para ponerla en labios de sus enemigos.

Liberación del cautiverio (52.1-12)

Este poema es la continuación del capítulo anterior (51.1-52.12) y pone de relieve, una vez más, el poder de la esperanza y del mensaje de salvación al pueblo. El pasaje subraya de forma elocuente la contribución de la revelación divina para la restauración nacional. Dios librará a Sión del cautiverio, y lo hará de forma extraordinaria: saldrán de Babilonia en una procesión de santidad (vv. 11-12), no huyendo ni a prisa, como la experiencia de liberación del éxodo.

Comienza el mensaje con una repetición de la frase que ya se había incluido anteriormente (51.9,17): «¡Despierta, despierta!». En esta ocasión, sin embargo, el mensaje no está dirigido al brazo del Señor, sino a Jerusalén en forma poética, Sión (v. 1). El propósito es que el pueblo cambie sus vestiduras de dolor por la «ropa hermosa» que simboliza el fin del luto y el inicio de la liberación. El poema, que llama a Jerusalén «ciudad santa», reclama un cambio sustancial en la actitud y la sicología del pueblo: ¡Debían dejar el entorno de derrota y el ambiente de frustración que vivían, debían superar las dinámicas y la sociología de la deportación, caracterizadas por los contactos con paganos e idólatras, para «sacudirse del polvo» y «soltar las ataduras» (v. 2)! El propósito profético es enfatizar el cambio radical que llegará al pueblo a raíz de su liberación. Lo incircunciso e inmundo quedaba en el pasado, el pueblo llegaba al futuro con nuevas actitudes y esperanzas.

La referencia a las ataduras del cuello (v. 2) se pueden relacionar con el mensaje de Jeremías, que previamente había indicado que por algún tiempo el pueblo iba a experimentar el «yugo» del rey de Babilonia (Jer 27.1-8); en efecto, el mensaje indica que ese tiempo de cautiverio había finalizado. Como el Señor no vendió al pueblo, no hay que pagar rescate (v. 3). Además el poema señala que, como el cautiverio tiene manifestaciones de injusticia, el día de la liberación será para reconocer y celebrar el nombre del Señor (v. 6), que subraya su poder para implantar la justicia de la que el pueblo estaba necesitado.

En el versículo 7 se incluye una de las declaraciones teológicas más citadas y predicadas del libro de Isaías, particularmente cuando se relaciona el mensaje del libro con la obra misionera y con los esfuerzos programáticos del pueblo de Dios. La llegada de las personas que anuncian el mensaje de Dios es buena y hermosa, pues augura el cumplimiento de la voluntad del Señor para su pueblo. En este caso, ese mensaje de liberación y esperanza une los siguientes temas: traer alegres nuevas, anunciar la paz, traer nuevas del bien, publicar la salvación y anunciar el reinado del Señor.

El poema pone en paralelos varias palabras que revelan temas teológicos de importancia capital. Por ejemplo, es hermosa la llegada de la gente que anuncia la paz y la salvación. La paz, que es el resultado de la implantación de la justicia, se relaciona con la salvación, que a su vez alude al proceso por el cual los seres humanos son liberados por Dios de las cadenas y las ataduras que les impiden desarrollar su potencial y vivir vidas auténticas y plenas. Este versículo es un «evangelio» en miniatura, pues incluye temas que posteriormente caracterizaron de forma destacada el ministerio, las enseñanzas y los mensajes de Jesús de Nazaret.

El poema, además, llama a los «atalayas» (v. 8) —las personas que debían anunciar los peligros al pueblo— a gritar de júbilo y a alabar al Señor porque serán testigos del retorno del pueblo a Sión. La consolación de Israel y la redención de Jerusalén son los resultados inmediatos del brazo del Señor, que se desnudó para manifestar su poder liberador y revelar su voluntad salvadora en el pueblo. Ese acto redentor será visto por las naciones que deben reconocer la capacidad de salvación que genera nuestro Dios.

La sección final del poema revela la dinámica de la salida de Babilonia. El profeta llama al pueblo a purificarse, pues el proceso de salida del destierro no será rápido como el de Egipto, sino que se convertirá en una procesión litúrgica, un evento de culto. El pasaje llama a los sacerdotes del pueblo a cumplir sus responsabilidades ministeriales y santificar los utensilios necesarios para restaurar la vida religiosa en Jerusalén (v. 12). Esta liberación se caracterizará no por la huida, sino porque el Señor viajará con el pueblo en el peregrinar de regreso a sus tierras.

El poeta en este pasaje continúa con los mensajes de esperanza, consolación y restauración. Se llama al pueblo a prepararse para el regreso a Jerusalén, y se afirma que la característica fundamental del retorno a Jerusalén no será la velocidad de la partida ni la sicología de la salida rápida en huida: el complejo proceso político, social y sociológico del regreso a la Tierra Prometida es visto teológicamente por el poeta como una especie de procesión religiosa que pone de manifiesto la comprensión que el pueblo tenía de las intervenciones divinas en la vida y la política de Babilonia.

Sufrimientos del Siervo del Señor (52.13-53.12)

Este pasaje se conoce como el cuarto Cántico del Siervo del Señor (véase 42.1-4; 49.1-6; 50.4-9; y también 61.1-3a) y presenta el tema del sufrimiento de forma extraordinaria y óptima. El poema contrapone los dolores extremos del Siervo y su victoria final; pone de manifiesto la injusticia de sus padecimientos y las implicaciones de su triunfo sobre los inconvenientes y las angustias de la vida. Aunque muchos pensaron que Dios le había afligido con razón, se percataron posteriormente de que el Siervo era inocente y que enfrentaba con valor y seguridad las torturas, porque las entendía como parte del plan de Dios para la humanidad (53.10), y contribuían a perdonar y reparar los pecados de la multitud (53.5). Finalmente el poema reconoce la recompensa que el Siervo recibió por haber enfrentado con valor el inmerecido sufrimiento por los pecados de otras personas.

En este poema posiblemente se encuentra una de las contribuciones más importantes del libro de Isaías a la iglesia cristiana, y se incluye un aporte destacado a la espiritualidad de la humanidad. Desde muy temprano en la historia de la interpretación cristiana de este pasaje, la descripción de los sufrimientos y triunfos del Siervo se han relacionado con la vida, el ministerio, la muerte y la resurrección de Jesús de Nazaret. Con mucho valor teológico y más sabiduría espiritual, los creyentes han relacionado los padecimientos del Siervo del Señor descritos en Isaías con la forma heroica y valiente en que Jesús enfrentó la cruz y se levantó triunfante de la muerte (véase particularmente Hch 8.32-33). De acuerdo con la fe e interpretación cristianas, este pasaje anuncia la intervención divina más extraordinaria y maravillosa en la historia de la humanidad: el Dios bíblico se humanó en Jesús, el hijo de José y María, para traer al mundo la salvación, como una manifestación especial de su amor, misericordia y perdón.

El estudio ponderado del pasaje, sin embargo, revela varios niveles de complejidad literaria y teológica. El poema se compone de tres partes principales: la primera sección (52.13-15), que es un oráculo divino, destaca la transformación del Siervo de la humillación extrema a su exaltación. Es Dios quien habla en esta estrofa para afirmar que el Siervo prosperará y se convertirá en asombro de monarcas, aunque como resultado de las torturas y los sufrimientos estuviera desfigurado.

La segunda sección del poema (53.1-9), en la cual varía la persona que habla, presenta el asombro de los reyes ante la actitud del Siervo, a que se alude en 52.15. Se describen también varios de los sufrimientos del Siervo, y se presentan los resultados de ese proceso de deshumanización. Las siguientes palabras ponen en evidencia la naturaleza del sufrimiento: despreciado, desechado, dolorido, sufrido, herido, enfermo, afligido, molido, castigado, llagado, angustiado y, finalmente, asesinado. El Siervo padeció toda la tortura, los sufrimientos y las enfermedades con paciencia, firmeza y autoridad, porque entendía que eran parte de la voluntad divina para la redención de la humanidad. Inclusive, fue llevado al matadero como un animal de sacrificio, y fue contado entre los malhechores y malvados, aunque no había cometido maldad, para dar su vida en sacrificio por otras personas. Enfrentó el sufrimiento con valor y humildad, fundamentado en la seguridad que le impartía la voluntad divina.

Finalmente el poema describe la restauración del Siervo (53.10-12), pues la «voluntad del Señor será en su mano prosperada». Dios lo pondrá entre los «grandes» (v. 12) porque dio su vida por los pecadores. El Siervo no se enfrentó al sufrimiento y a la muerte en vano, pues se percatará del resultado de «la aflicción de su alma» (v. 11).

Con este poema llegamos a uno de los puntos culminantes en la teología del libro de Isaías y abordamos un tema de pertinencia y relevancia. El sufrimiento, que es un signo continuo de la historia humana a través de los siglos, se presenta con fuerza en este pasaje. Sin embargo, según el modelo que vive y representa el Siervo del Señor, la vida y sus complejidades hay que enfrentarlas con valor y autoridad, pues aún el sufrimiento mismo puede convertirse en buen espacio para demostrar compañerismo, seguridad, solidaridad y apoyo. El Siervo demostró que hay virtud redentora cuando se sufre en solidaridad y compañerismo con el que sufre.

Aunque la figura del Siervo se ha relacionado con varios personajes importantes de la época bíblica (p. ej., el profeta que escribe, Sesbazar y Ciro), posiblemente en estos pasajes, y también en el entorno mayor del libro de Isaías, se puede relacionar con el pueblo de Israel. Sin embargo, una lectura cuidadosa de los pasajes revela que el Siervo no es todo el pueblo todo el tiempo. Para el profeta, el Siervo era posiblemente un Israel ideal que cumplía todas las expectativas de obediencia y fidelidad que demandaba el Señor.

Ese tipo de interpretación teológica fue fundamental para la comprensión cristiana del pasaje, pues les brindó a los creyentes en Cristo la oportunidad de relacionar el mensaje, la vida y la misión del Siervo con alguna figura ideal que llegaría en el futuro del pueblo. La comunidad israelita que vivía en el destierro no cumplía totalmente los requisitos divinos para la misión de este importante personaje bíblico. Cuando Jesús releyó estos pasajes y sus seguidores trataron de explicar su vida y obra, relacionaron las actividades misioneras del Señor con estos importantes poemas del Siervo que se incluyen en el libro de Isaías.

El sufrimiento del Siervo del Señor pone de relieve uno de los temas más difíciles de explicar y comprender en la vida: ¿Por qué sufre la gente buena, justa e inocente? La clave para la interpretación sana y sobria del tema es comprender que, de acuerdo con este pasaje bíblico, el sufrimiento no es necesariamente el resultado del pecado y la maldad de las personas, y nos brinda una magnífica oportunidad de manifestar solidaridad, firmeza de carácter y seguridad. El Siervo, que es luz de las naciones, se convierte en modelo para que los creyentes sean la iluminación de la sociedad y puedan contribuir a una mejor interpretación y comprensión del sufrimiento en el mundo.

Este cuarto Cántico del Siervo describe a un siervo de Dios que a la vez es sufriente y glorificado, humillado y victorioso. No incluye temas nuevos en torno al Siervo, aunque el pasaje presenta detalles del sufrimiento que en los Cánticos anteriores solo se habían insinuado. Las consecuencias universales de la misión del Siervo, luego de su aparente fracaso, junto a su firme decisión de enfrentar el dolor y el sufrimiento con valentía y autoridad, ya se incluyen en los Cánticos previos. El entorno emocional que transmite el poema revela urgencia y pasión; evoca el tema de la justicia divina, y pone de manifiesto el valor y la autoridad moral del Siervo.

La estructura y el contenido del poema revelan a la vez sencillez y complejidad. Se funde en el Cántico la riqueza literaria y estilística con la creatividad teológica y temática. Dios mismo es quien habla y presenta la introducción (52.13-15) y parte del epílogo del poema (53.11b-12), que enmarca la descripción que hace un grupo de personas de los sufrimientos y la glorificación del Siervo (53.1-9), de quien anteriormente ya se había hablado en varios poemas (42.1-4; 49.1-6; 50.4-9). El Cántico se compone de cinco estrofas de tres versos que están cuidadosamente articuladas (52.12-15, 53.1-3, 4-6, 7-9, 10-12). La idea central del poema se presenta en dos contrastes: la exaltación del Siervo, en contraposición a su humillación y sufrimiento; y lo que el pueblo pensaba del Siervo frente a lo que realmente era y representaba.

El corazón del asunto descrito en el Cántico es que alguien inocente y humilde debe sufrir por las maldades, los delitos y los pecados de personas culpables y rebeldes. Posteriormente el individuo humillado triunfa de forma extraordinaria, pues recibe el honor y la vida para disfrutar su victoria ¡aun después de haber muerto! En efecto, el Cántico describe en categorías poéticas lo inaudito e inimaginable: ¡La victoria del Siervo sobre la muerte!

El Cántico puede dividirse en dos secciones principales: una está articulada en dos grupos de versículos –al principio y final del poema– que son una especie de paréntesis temático y literario, e incluye las palabras divinas (52.13-15 y 53.10-12); la otra incluye el corazón del poema y describe los eventos sustanciales relacionados con los sufrimientos y triunfos del Siervo (53.1-9). Ambas secciones hablan del Siervo en tercera persona; el paréntesis literario se presenta en forma de anuncio u oráculo, y la descripción de los padecimientos del Siervo se articula a manera de informe. Lo que une temáticamente las dos secciones del poema es que ambas presentan la humillación y exaltación del Siervo.

La forma literaria del Cántico revela cierta afinidad con algunos salmos de acción de gracias (p. e., 30; 54) en los cuales la persona que adora brinda gracias a Dios por haberle salvado y liberado de alguna calamidad personal o nacional. Sin embargo, literariamente el autor del Cántico utilizó el género, las estructuras y los temas de los salmos de acción de gracias con gran libertad, y les añadió su perspectiva personal y subrayó su finalidad teológica. El Cántico afirma de forma categórica que los episodios descritos en la vida del Siervo son parte del plan providencial de Dios no solo para Israel, sino para la humanidad. ¡Ni aún la muerte pudo detener la misión extraordinaria del Siervo! Este importante personaje del libro de Isaías llegó para hacer la voluntad de Dios, aunque hacerla conllevara el sacrificio máximo.

Las implicaciones teológicas y espirituales de este importante cántico son extraordinarias. Particularmente para los cristianos, este poema está lleno de significado, pues describe de forma dramática el costo de servirle al Señor.

El amor eterno de Dios (54.1-17)

El poema que se incluye en el capítulo 54, que presenta una estructura y un tema similar a Isaías 49.14-23, contiene el mensaje de salvación y esperanza dirigido especialmente a Jerusalén como esposa del Señor y madre de Israel. Las imágenes que se utilizan en el pasaje expresan con una extraordinaria fuerza poética los temas de la humillación y restauración de la ciudad de Jerusalén. Continúa en este capítulo el tema de la restauración del pueblo (Is 52.1-12), interrumpido momentáneamente por el cuarto Cántico del Siervo (52.13-53.12).

Una serie de imágenes femeninas le dan al poema una dimensión teológica y contextual muy importante.

La mujer estéril va a ser madre de una gran multitud (vv. 1-3). La imagen de la esterilidad, que era concebida en Israel como una afrenta en prejuicio inminente contra la mujer, se utiliza en el poema para describir la transformación de la ciudad. La que no daba a luz y nunca estuvo de parto debe cantar de júbilo, y también debe comenzar a hacer los preparativos para ensanchar sus tiendas, en símbolo de la nueva fecundidad que le llega como resultado de la intervención divina.

La mujer que ha quedado viuda va a ser desposada nuevamente con el Señor (vv. 4-5). Esta imagen de esposa del Señor, que se incorporó en el pensamiento bíblico con mensajes proféticos como los de Oseas (Os 1-3), revela una serie importante de nombres divinos: Hacedor, que alude a su poder creador; Señor de los Ejércitos, que revela su poder militar y su control de los astros del cielo; Redentor, que pone de relieve su capacidad para liberar a Israel de la esclavitud; Santo de Israel, que es uno de los títulos divinos más populares en el libro de Isaías y afirma la santidad divina, y Dios de toda la Tierra, que subraya el universalismo en la teología del profeta.

La mujer abandonada va a experimentar nuevamente la compasión, la bondad y el amor del Señor (vv. 6-8). El mensaje indica que Dios la abandonó únicamente por un instante, pero que posteriormente la recibirá y manifestará su misericordia en ella. El mensaje anuncia que el pacto de paz con ella no se quebrará.

La mujer que es víctima de la violencia será restaurada y liberada (vv. 11-12). En esta sección se revelan las transformaciones: los cimientos de la ciudad serán firmes y seguros; y las ventanas, puertas y murallas serán de piedras preciosas. Se enfatiza de esta forma el viaje del dolor a la seguridad.

Y la mujer oprimida va a vivir en paz y sin temores, pues no va a estar a la merced de sus agresores (vv. 13-17). El Señor mismo la protegerá para que no le hagan daño sus enemigos y angustiadores, pues su salvación proviene de Dios.

Este poema enfatiza la paz y la sobriedad en la vida. Pone de relieve la capacidad divina de enfrentar las dificultades más adversas de la existencia humana con calma y salud mental. Las imágenes son muy importantes porque presentan mujeres que son víctimas de diversos grados de violencia o problemas mayores. El Señor responde al clamor de la mujer en necesidad, según este pasaje, y se convierte en el fundamento de su esperanza.

El poema también incluye una analogía interesante con los días de Noé (vv. 9-10). Se interpreta la liberación del exilio en Babilonia como la afirmación de paz y seguridad que declaró el Señor al culminar el diluvio (Gn 9.8-17). De la misma forma que el Señor juró no destruir más el mundo a través del agua, declara que no se enojará más con su pueblo, ni le reñirá (v. 9). Y añade que aunque los montes se muevan y los collados tiemblen, el Señor no romperá su pacto de paz con Israel. Esa promesa de paz y seguridad se fundamenta en la misericordia divina.

Esa última promesa del Señor, más que evitar las destrucciones físicas sobre la ciudad de Jerusalén –que sabemos ha sufrido múltiples ataques y destrucciones a través de la historia–, apunta hacia la forma en que la gente de bien y las personas de fe deben enfrentar las crisis y los conflictos de la vida. Revela, en efecto, el poder de la paz en medio de la dificultad y las tormentas de la existencia humana.

La misericordia divina (55.1-13)

Con este capítulo finaliza la segunda gran sección del libro de Isaías (40-55). La invitación a los sedientos y a los que no tienen dinero recuerda el llamado de la sabiduría, que según el libro de los Proverbios (Pr 9.1-6) se personifica para llamar a los caminantes a participar de un gran banquete. El poema sugiere que hay sabiduría en escuchar el mensaje del profeta y regresar a Sión para trabajar por la reconstrucción de Jerusalén.

El banquete aludido o la fiesta especial de celebración se relaciona con las misericordias o con las promesas hechas a David. Como el famoso rey de Israel era testigo y mensajero divino de otros monarcas, así el pueblo debía hacer lo mismo con otras naciones. El «pacto eterno» de David, que alude principalmente a las promesas de seguridad y permanencia de la dinastía davídica en el pueblo (2 S 7.1-29), no se ha roto, pues a través de todo el exilio se mantuvo la esperanza de restauración y de retorno a Jerusalén en la figura de Joaquín y sus descendientes. El Señor anuncia de esta forma que las promesas que había hecho anteriormente al rey David ahora se aplican a todo el pueblo de Israel.

En la tradición bíblica los establecimientos de pactos están acompañados por señales y signos especiales. El pacto con Noé tuvo un arco iris (Gn 9.13-16); el de Abraham contó con la circuncisión (Gn 17.9-14), y el de Sinaí tenía la marca o el rocío de la sangre (Ex 24.8). Por su parte, el «pacto eterno» tendrá un signo extraordinario: la renovación y transformación del universo. Ese nuevo pacto tendrá implicaciones transformaciones en la naturaleza:

«En lugar de la zarza crecerá ciprés
y en lugar de la ortiga crecerá arrayán;
y será al Señor por nombre,
por señal eterna que nunca será borrada» (55.13).

Según Jeremías, el Señor debe establecer «un nuevo pacto» con su pueblo, pues el antiguo se había roto e invalidado con los pecados y con las transgresiones del pueblo de Israel (Jer 31.31-34). El Señor anuncia un nuevo esfuerzo e iniciativa divina para relacionarse con su pueblo. El «nuevo pacto» de Jeremías no solo va a sustituir el del Sinaí, sino que se va a grabar en el corazón y en el interior de las personas, con el propósito de facilitar que el pueblo pueda hacer y cumplir la voluntad divina. Además, ese «nuevo pacto» desea añadirle al pueblo el deseo de no apartarse u olvidar ese compromiso y alianza.

Es esa inquebrantable y necesaria fidelidad al Señor lo que hace que el «nuevo pacto» de Jeremías se relacione íntimamente con el «pacto eterno» de Isaías 55.3. Además, esa fue la tradición teológica que se incorporó en las narraciones de la institución de la Cena del Señor en la época del Nuevo Testamento (Mt 26.17-29; Mc 14.12-25; Lc 22.7-23; Jn 13.21-30; 1 Co 11.23-26).

Las imágenes de la lluvia y de la nieve son particularmente relevantes al hablar de la pertinencia de la palabra de Dios. Mediante el riego que producen las lluvias, la vegetación aflora y se mantienen las reservas de agua en la región, que son importantes para esas comunidades antiguas. Como las aguas riegan la tierra y cumplen su propósito, así sale de la boca del Señor su palabra y cumple su finalidad salvadora: «No volverá a mí vacía» (v. 11).

La segunda sección de Isaías comienza con el llamado del profeta para la consolación del pueblo (40.1) y finaliza con otro llamado, esta vez a allegarse al Señor para participar de un banquete especial. La imagen del banquete es particularmente importante. En el «Salmo del pastor» se indica: «Aderezas mesa delante de mí, en presencia de mis angustiadores» (Sal 23.5), pues la referencia al banquete es no solo un reclamo a comer y a disfrutar de los alimentos, sino también una manifestación de la alianza, un gesto importante de hospitalidad. La iglesia cristiana también instituyó un banquete como demostración visible de la fraternidad y la solidaridad entre los creyentes.

Fidelidad al pacto (56.1–58.14)

Capítulo 9

Con el capítulo 56 comienza la tercera y última gran sección del libro de Isaías (56-66). Muchos comentaristas relacionan esta porción del libro con algún discípulo del Segundo Isaías, que escribió su mensaje en Jerusalén en la tradición teológica y literaria de su maestro, luego del exilio en Babilonia, cuando los judíos comenzaron a regresar a Palestina, en el período conocido como el de la restauración.

Toda esta sección final del libro se escribe para responder a las realidades políticas, sociales, económicas, teológicas y espirituales de la comunidad judía luego del año 538 a. C., cuando finaliza propiamente el período del destierro y se firma el famoso edicto de Ciro, que permite el regreso de los judíos a sus tierras. Ese período se caracterizó por las altas expectativas que tenía la comunidad y por los problemas complejos y difíciles que debieron enfrentar.

Había tensión entre las personas que regresaron de Babilonia y las que se habían quedado en Judá durante el tiempo del exilio. Era tiempo de frustraciones, incapacidad política, pobreza y desorientación espiritual. Además, los vecinos que habían quedado en Jerusalén veían al grupo recién llegado con preocupación y suspicacia. Era muy difícil relacionar las profecías de restauración y reconstrucción del Deutero Isaías (40-55) con la experiencia que se vivía durante la restauración y el regreso a Judá.

El pueblo judío vivía una época de transición de fundamental importancia: había comenzado el retorno a la Tierra Prometida, pero la comunidad no veía con claridad el cumplimiento de las profecías del Segundo Isaías. Se había iniciado la reconstrucción, pero no se habían materializado aún las bendiciones divinas prometidas por el Señor. Aunque ya estaban de regreso en Judá y Jerusalén, no tenían el poder político para administrar efectivamente sus recursos y salir de la crisis económica y social en la que estaban inmersos. En efecto, estaban en un período extraordinario de transición: aunque veían y esperaban el futuro, vivían en el presente; y aunque anhelaban el porvenir transformado, experimentaban la realidad cruda de un proceso de restauración complejo y muy difícil.

Los capítulos 40-55 de Isaías se relacionan con los problemas que el pueblo enfrentó durante el período del exilio; sin embargo, en la sección siguiente, que es la ahora estudiamos (56-66), se responde a la comunidad judía luego del destierro. El tema prioritario del Segundo Isaías es la consolación y la restauración del pueblo; el Tercer Isaías se preocupa principalmente por el tema de la implantación de la justicia en el período de la restauración.

Una peculiaridad estilística distingue esta sección del libro de Isaías: su estructura se dispone en un estilo conocido como quiasmo. Esa particular forma literaria presenta el mensaje profético en grupos de oráculos paralelos que tienen un centro teológico con el corazón de la revelación. Alrededor de ese centro teológico se presentan los mensajes en forma simétrica o paralela.

El centro del mensaje, según este arreglo literario, se presenta en Isaías 60-62, que alude a la futura gloria de Sión. Aunque Jerusalén experimentó la devastación y la humillación, Dios restaurará la ciudad y la convertirá en el punto de atracción y en el centro religioso de la humanidad. Según el profeta, la gloria futura del pueblo sobrepasará los límites de las expectaciones humanas.

Alrededor de ese centro teológico se incluyen seis pares de oráculos, que se presentan de forma simétrica, organizada en paralelos:

A. Buenas nuevas: 56.2-8

B. Juicio a líderes corruptos: 56.9-57.13

C. Salvación para el pueblo: 57.14-21

D. Adoración falsa: 58.1-14

E. Lamento y confesión: 59.1-15

F. La acción divina: 59.16-20

*Futura gloria de Sión: 60.1-62.12

F'. La acción divina: 63.1-6

E'. Lamento y confesión: 63.7-64.12

D'. Adoración falsa: 65.1-16

C'. Salvación para el pueblo: 65.17-25

B'. Juicio a los líderes corruptos: 66.1-6

A'. Buenas nuevas: 66.10-23

Con el capítulo 56 iniciamos el estudio de la porción final del libro de Isaías. Ya se han estudiado las primeras dos secciones, en las que se han ponderado los temas del juicio divino por la falta de confianza e infidelidad del pueblo (Is 1-39), y se ha analizado el extraordinario mensaje de restauración y consolación (Is 40-55). Es de suma importancia percatarse que el mensaje del libro de Isaías responde a las necesidades reales del pueblo en momentos históricos específicos. El profeta no le habla «a quien pueda interesar», sino que orienta su palabra a personas y a comunidades reales. Su mensaje prioritario está al servicio de la gente en necesidad. Su propósito principal es orientar al pueblo que debía enfrentar un desafío formidable: cómo ser fiel a Dios en un momento de restauración, cuando las expectativas de reconstrucción eran altas y la realidad espiritual, social y política era compleja y extremadamente difícil.

Importancia de guardar el sábado (56.1-8)

En los primeros dos capítulos del Trito Isaías (56.1-58.14) se incluye una serie particular de oráculos contra los líderes del pueblo. El profeta está preocupado inminentemente por las actitudes y decisiones de los líderes políticos, y rechaza abiertamente las prácticas de idolatría. En esta sección se encuentran oráculos con los siguientes temas:

• La afirmación del sábado (56.1-8)
• Oráculo contra los líderes del pueblo (56.9-12)
• Oráculo contra la idolatría (57.1-13)

• Consolación para Israel (57.14-21)
• Lo que desea el Señor (58.1-14)

Esta sección final del libro insiste en afirmar el tema de la justicia como elemento teológico fundamental en el proceso de reconstrucción de Judá y Jerusalén. El Deutero Isaías (40-55) anunciaba lo inminente de la liberación, afirmaba el retorno judío y celebraba el regreso del pueblo exiliado a Jerusalén. En el Trito Isaías (56-66) se enfatiza la importancia de la conducta adecuada del pueblo, con frases tales como: «guardad el derecho» y «practicad la justicia» (v. 1). De esta forma el profeta pone de manifiesto lo fundamental y necesario del tema de la justicia para la vida y el futuro del pueblo.

El mensaje comienza con la fórmula profética tradicional, «Así ha dicho el Señor» (v. 1), para subrayar la importancia de los oráculos que van a ser expuestos. La prioridad temática del capítulo es que Dios bendice a quienes guardan el pacto al implantar la justicia y vivir de acuerdo a las normas legales estipuladas en la Ley. «Practicad la justicia» es más que un acercamiento legal a la vida; es la afirmación y la incorporación de la justicia en los estilos de vida de los individuos y de la comunidad.

Según el mensaje del profeta, dos cosas son fundamentales para participar del culto y de la vida religiosa en el renovado Templo de Jerusalén: la observancia fiel a las leyes del sábado y la lealtad al pacto. Aunque en el mensaje no se revelan específicamente las particularidades de ese compromiso con el pacto, sí se indica que los eunucos y los extranjeros no están automáticamente rechazados. Estas personas, que en la antigüedad se pensaba debían ser excluidas de participar de las actividades religiosas en el Templo, ahora tenían esa oportunidad, según el mensaje del libro de Isaías.

De acuerdo con el pasaje de Deuteronomio (23.1), los eunucos y los hombres con «testículos magullados» o que tenían «amputado su miembro viril» no debían ser admitidos a la comunidad del Señor. En la antigüedad, algunos altos oficiales de las cortes debían ser eunucos para que se les permitiera custodiar el harem de los monarcas. Además, algunos hombres se castraban a sí mismos para adorar a dioses paganos.

Para el profeta, sin embargo, el elemento fundamental para incorporarse a la comunidad de los creyentes es «Abrazar el pacto» (v. 4), que más que una actitud religiosa específica o la observancia de alguna regulación litúrgica determinada o una referencia legal particular, es una manera moral y ética de enfrentar la vida, tomando en consideración las prioridades y las implicaciones del compromiso moral y ético del pueblo con su Dios. Con la explícita excepción de guardar el sábado, el mensaje no está tan interesado en el protocolo de los rituales ni en las ceremonias del Templo. El profeta estaba profundamente comprometido con las actitudes diarias que ponen de manifiesto el compromiso que el pueblo tiene con el Señor.

El segundo tipo de personas que ahora podían incorporarse a la comunidad del Señor son los extranjeros (v. 6). El profeta alude aquí a quienes se han convertido a la fe judía y desean ser parte del pueblo de Dios. El punto fundamental del mensaje es que las personas que no nacieron judías pueden convertirse en siervos y siervas del Señor. Según el mensaje del libro de Isaías, que se presentó luego de finalizar el exilio, aun las personas que de primera instancia se pensaba que debían ser excluidas por razones religiosas o étnicas tienen espacio dentro del pueblo de Dios.

Esa afirmación teológica del oráculo isaiano debe compararse con el mensaje de Ezequiel, para quien ni los extranjeros ni los incircuncisos de corazón y de carne podían entrar al santuario del Templo renovado de Jerusalén (Ez 44.9). Ezequiel tomó una postura nacionalista y exclusivista recalcitrante en torno al mismo tema, pues posiblemente vivió en un momento histórico y contexto social diferente: vivía las dificultades y penurias del exilio, en las cuales la idolatría jugaba un papel destacado en la vida del pueblo que estaba en Babilonia. Esa disparidad teológica revela la importancia del contexto en la comprensión del mensaje profético, y pone claramente de manifiesto lo relevante de la comprensión de la historia para entenderlo.

Este mensaje pone en evidencia un tema básico para la iglesia contemporánea: cómo atender a las personas que han sido excluidas de la vida religiosa, política y social de la comunidad por diversas razones ideológicas. ¿Qué debemos hacer con los nuevos «eunucos» o rechazados? ¿Cómo debemos tratar a los nuevos «extranjeros»? De acuerdo con el mensaje del libro de Isaías, el Señor tiene espacio y recibe a las personas que tienen el deseo de incorporarse a la comunidad de fe. El criterio fundamental no son las dificultades o problemas físicos, ni tampoco las diferencias étnicas o preferencias personales, sino el compromiso con la justicia y la fidelidad al pacto.

Crítica a los líderes y a la idolatría (56.9-57.21)

Con el versículo 9 comienza una serie de tres oráculos que incluyen temas de importancia capital para la comunidad postexílica: la crítica a los líderes ciegos (56.9-57.2); la infidelidad e idolatría del pueblo (vv. 3-13), y un mensaje de apoyo y consolación (vv. 14-19). Para finalizar el pasaje (vv. 20-21), el poema retoma el tema del juicio, y rechaza abiertamente la paz para los «impíos».

El Señor, que tiene la capacidad y la voluntad de llamar a los exiliados y reunir a los dispersos de Israel (v. 8), critica severamente a los líderes de la comunidad. Los llama «guardianes» ciegos e ignorantes, y perros mudos (v. 10) –que son apelativos y expresiones altamente ofensivas y reveladoras. Además, alude a esos líderes como «pastores» que no saben discernir, pues siguen sus propios caminos (v. 11). En efecto, el lenguaje que utiliza el profeta no es de reconciliación ni de apoyo, sino de reprensión fuerte, firme, clara y decidida. Esos «guardianes» y «pastores» son los jefes de la comunidad que han sido denunciados por su incompetencia, su holgazanería y su inclinación por la bebida y la comida. En efecto, la crítica al liderato del pueblo es despiadada.

Inicialmente, la acusación va dirigida a los sacerdotes, por incumplir sus responsabilidades educativas con el pueblo; pero también la crítica llega a los reyes que debían establecer un sistema de gobierno donde imperara la justicia y la paz; inclusive, en el mensaje se puede incluir a los profetas que fallaron en su misión de proclamar la palabra divina en el momento oportuno.

El resultado de esa actitud irresponsable de los líderes educativos, espirituales, políticos, sociales y religiosos del pueblo es que el justo perece y los piadosos mueren (57.1). La inacción irresponsable y la acción pecaminosa generan el ambiente propicio para el sufrimiento de la gente necesitada de la comunidad. El mensaje indica, sin embargo, que aunque las personas inocentes sufran humanamente por las irresponsabilidades de sus líderes, Dios tendrá memoria de ellos y los llevará al descanso en paz (57.2). Una vez más se demuestra la misericordia divina que se sobrepone a las actitudes inadecuadas e impertinentes del liderato político y religioso nacional.

Los versículos 3-13 incluyen un abierto mensaje de condena y rechazo a algunas prácticas idolátricas que se habían infiltrado en medio de la comunidad judía. La crítica mayor se reserva a las siguientes prácticas: el culto a los árboles sagrados (v. 5), los sacrificios de niños (v. 5) y ciertos ritos sexuales (vv. 7-8). El pasaje finaliza con una muy severa advertencia contra los idólatras, y con una promesa de salvación para quienes confían en el Dios verdadero (vv. 12-13).

Luego del exilio, el pueblo judío llegó a Judá y a Jerusalén con una gran liberalidad religiosa y con laxitud en las prácticas cultuales. La expresión «hijos de hechicería» alude a los que practicaban no solo la hechicería tradicional, sino la magia, la adivinación, la astrología y el espiritismo (2 Cr 33.6; Is 2.6; Jer 27.9; Miq 5.12). Las referencias al adulterio y la fornicación describen la infidelidad del pueblo con otros dioses. El «árbol frondoso» es una expresión figurada que se debe relacionar con el lugar en el cual se hacían sacrificios y se practicaban cultos idolátricos en la antigüedad (Dt 12.2; 1 R 14.23; 2 R 16.4; Jer 2.20). Las «piedras lisas» son emblemas sexuales relacionados con las divinidades masculinas que formaban parte de los ritos de fertilidad que se practicaban en Canaán. Por último, las referencias a los sacrificios de «los hijos en los valles y debajo de los peñascos» (v. 5) describen algunas prácticas idolátricas de los israelitas en tiempos de crisis, aunque estaban expresamente prohibidas en la Ley (Lv 18.21; 20.2-5; Dt 12.31; 18.10).

La parte final del capítulo (vv. 14-21) se presenta en un estilo y con un tema similar a los que se incluyen en el Deutero Isaías (40-55). Comienza con expresiones tales como «¡Allanad, allanad; barred el camino!» (v. 14). La repetición de los imperativos es una característica de esa sección del libro de Isaías (p. ej., 40.1; 52.1,11), y el mensaje de la consolación es su fundamento teológico. Luego de afirmar al mismo tiempo la cercanía y la distancia divina de la humanidad (v. 15), se revela que el enojo divino es temporero (54.7-8), y se presentan las causas del juicio: «por la iniquidad», por la rebeldía y por seguir el camino de su corazón (v. 17). Finalmente se indica que aunque Israel no ha respondido con fe, el Señor manifestará su misericordia y les dará «consuelo a sus enlutados» (v. 18).

Los versículos finales (vv. 20-21) presentan el resultado de la maldad: los impíos son como el mar: no están quietos, arrojan cieno y lodo, y no tienen paz.

Los tres oráculos que se presentan en esta unidad están íntimamente relacionados. Los líderes no cumplen sus responsabilidades (56.9-57.2) y permiten que el pueblo caiga en prácticas idolátricas (57.3-14); finalmente la misericordia divina se sobrepone al juicio, y se manifiesta la consolación y la esperanza de forma excepcional (57.14-21).

En ese ambiente de crítica, juicio y restauración se presenta el mensaje del libro de Isaías. Se pone de relieve un tema que es fundamental para la misión de la iglesia contemporánea: los líderes del pueblo de Dios deben estar conscientes de las implicaciones de sus acciones. Si cumplen la encomienda divina de educar y orientar al pueblo en momentos de crisis, contribuyen de forma destacada a su salvación. Si, por el contrario, hacen caso omiso de la naturaleza ministerial, educativa y profética de sus vocaciones, el pueblo sufrirá parte de las consecuencias de esa actitud malsana, egoísta y adversa.

El verdadero ayuno (58.1-14)

Este capítulo de Isaías responde esencialmente a las preguntas que se formulan en el versículo 3: «¿Por qué ayunamos y no hiciste caso, humillamos nuestras almas y no te diste por entendido?». El pueblo se lamenta que el Señor no ha respondido a sus clamores, no ha correspondido a las demostraciones físicas de piedad, no ha tomado en consideración la vida religiosa de la comunidad. El profeta responde: la práctica de la religión carece de valor si no está acompañada de manifestaciones concretas de justicia, misericordia y amor. El ayuno verdadero no es la abstención de comida ni la mortificación del cuerpo al carecer de alimentos, sino la renuncia a las actitudes y prácticas que generan, mantienen o propician la injusticia. La piedad agradable a Dios es la manifestación del amor que incentiva la implantación de la justicia.

Este mensaje sigue claramente la tradición profética de Miqueas (6.6-8), que pone de relieve lo fundamental que pide el Señor de su pueblo: «Hombre, él te ha declarado lo que es bueno, lo que pide el Señor de ti: solamente hacer justicia, amar con misericordia y humillarte ante tu Dios». La manifestación de la voluntad divina al pueblo no demanda ayunos mecánicos o prácticas religiosas superficiales, sino la afirmación de relaciones interpersonales adecuadas y justas en la comunidad, e intimidad con Dios que se manifiesta de forma concreta en los diversos órdenes de la vida.

Luego de la caída de Jerusalén y del regreso de los deportados en Babilonia a Judá, la comunidad judía comenzó a celebrar una serie de prácticas religiosas sistemáticas, entre las que se encontraba el ayuno. Se ayunaba por cuatro días los meses cuarto, quinto, séptimo y décimo (véase Zac 7.1-7; 8.18-19). En este caso particular, el profeta no objeta la práctica del ayuno en sí misma, sino afirma que ese ritual religioso no tiene valor moral y espiritual intrínseco. La ceremonia religiosa únicamente tiene valor espiritual y moral cuando es la manifestación de las actitudes de una sociedad justa, cuando es el resultado de relaciones interpersonales gratas y nobles, y cuando es el producto del respeto y el aprecio a la dignidad humana. El buen ayuno no se relaciona tanto con la abstinencia de alimentos como con la acción de dar comida al hambriento.

Los versículos 6-7 ponen de manifiesto los valores esenciales y prioritarios de la experiencia religiosa saludable y liberadora: desatar las ligaduras de impiedad, soltar las cargas de opresión, dejar ir libres a los quebrantados, romper todo yugo, compartir el pan con el hambriento, buscar albergue a los pobres errantes, cubrir al desnudo y no esconderse del hermano. De esta manera el profeta anticipó los criterios básicos para el juicio final, según el pasaje de Mateo 25.31-46, y continuó en una muy antigua tradición profética (Am 5.18-27) que indica que la adoración sin justicia no es válida ni verdadera (Is 1.10-20).

La práctica del verdadero ayuno, que es el esfuerzo humano continuo por transformar la sociedad injusta en que nos ha tocado vivir, hace que brille la luz, propicia que la santidad se deje ver, y prepara el ambiente para que se manifiesten nuestra justicia y nuestra gloria (v. 8). Ese tipo de ayuno permitirá que el Señor escuche las oraciones de su pueblo y en el momento oportuno responda: «¡Heme aquí!». El secreto de una vida próspera, digna y exitosa en la práctica del verdadero ayuno, es el desarrollo de un estilo de vida que ponga de manifiesto los valores éticos, morales y espirituales que necesita la sociedad para superar las injusticias que impiden a los seres humanos vivir vidas plenas y liberadas, ante la presencia divina y en medio de la comunidad.

La falta de prosperidad que experimentó la comunidad postexílica fue explicada de varias maneras. Para Hageo se debía a la tardanza en la reconstrucción del Templo. Sin embargo, según este mensaje del libro de Isaías, se debió a la falta de justicia social que imperaba en la comunidad. La crítica a la observancia del sábado está en la misma tradición de los comentarios sobre el ayuno. Más importante que el acto religioso es el ambiente espiritual y ético que motiva la práctica.

El tema del ayuno es muy popular en algunos círculos y comunidades de fe hispanoamericanas. Muchas congregaciones y creyentes celebran ayunos regulares, como parte de sus experiencias y prácticas religiosas. Generalmente, el propósito principal es separar algún tiempo de abstinencia de alimentos para consagrarse al Señor. Se intenta, inclusive, descubrir la voluntad divina mediante la práctica del ayuno personal o colectivo.

Referente a este tema, es importante escuchar nuevamente el mensaje de Isaías: el ayuno verdadero no está necesariamente relacionado con la comida, sino con la implantación de la justicia. El valor real del ayuno no es la carencia de los alimentos, sino la práctica de un estilo de vida que refleje la espiritualidad que se reclama. El poder verdadero del ayuno no está en la falta de pan, sino en la incorporación de una forma de ser y hacer que revele los grandes postulados proféticos.

Oráculos de justicia y salvación (59.1–63.19)

Capítulo 10

Pecado y confesión (59.1-21)

El capítulo 59 continúa el tema que se inició en el 58: la falta de prosperidad y de paz en la comunidad judía, luego del retorno a Judá y a Jerusalén, no se debe a alguna debilidad o impotencia del Señor. Es el resultado del pecado humano. Se relaciona con la iniquidad y la maldad en que continuamente vivía el pueblo. En efecto, según el profeta, «la mano del Señor no se ha acortado para salvar» (v. 1), pero los pecados del pueblo «han hecho que oculte de vosotros su rostro» (v. 2). El corazón del problema con la comunidad postexílica no era tanto la falta del compromiso divino, sino la naturaleza pecaminosa y malsana del pueblo, que recibía el resultado de sus acciones injustas, pues «no hay quien clame por la justicia ni quien juzgue por la verdad» (v. 4).

El capítulo puede dividirse en cinco secciones básicas. En los primeros dos versículos se presenta el propósito del mensaje profético: el problema fundamental del pueblo no es Dios, sino su propia actitud de infidelidad e iniquidad. La división entre el pueblo y Dios llegó a niveles insoportables, lo que propició que el Señor ocultara el rostro de la comunidad judía y no escuchara sus clamores y lamentos (v. 2).

Los versículos 3-8 presentan una especie de catálogo de pecados que según el mensaje profético constituían el fundamento del juicio divino a la comunidad. El pueblo, como tenía «las manos sucias de sangre y los dedos de iniquidad», había mentido, había sido injusto, confiaba en la vanidad y sus pies corrían hacia el mal para derramar sangre inocente.

La extensión de sus maldades y pecados se expresa elocuentemente en el versículo 8: «No conocieron camino de paz ni hay justicia en sus caminos; sus veredas son torcidas; nadie que por ellas camine conocerá paz». Las imágenes utilizadas revelan un modo de proceder lleno de malignidad: «Incuban huevos de áspides y tejen telas de araña» (v. 5). La sección pone de manifiesto la extensión del pecado humano y revela hasta dónde puede llegar la maldad en la humanidad.

La próxima sección (vv. 9-15a) indica que el pueblo se percató de su condición y reconoció su pecado. Se manifiesta un sentido hondo de confesión y aceptación de la maldad. Esto es fundamental para el perdón divino. El pecado no solo pone una barrera entre el ser humano y Dios, sino que retrasa la manifestación extraordinaria de la salvación divina y detiene los procesos que promueven e incentivan la liberación y la redención.

La sección se presenta en primera persona plural, y el pueblo se compara a una persona ciega que no sabe por dónde puede moverse con seguridad. Además, las imágenes que se utilizan para describir sus reacciones revelan la naturaleza del pecado y ponen de manifiesto la gran aflicción en que estaban: «gruñimos como los osos, gemimos como las palomas» (v. 11). El fundamento de toda esa maldad es «el rebelarse y negar al Señor, el volverle la espalda a nuestro Dios» (v. 13).

En los versículos 15b-19 el profeta retoma la palabra. El mensaje es claro y directo: Dios, al ver la maldad y el pecado del pueblo, decidió intervenir como juez y redentor para manifestar su gloria. Se presenta al Señor como guerrero victorioso: «se vistió como de una coraza; tomó ropas de venganza por vestidura» (v. 17). En efecto, se reviven de esta forma los recuerdos de las intervenciones salvadoras de Dios en la liberación de Egipto y en la conquista de la Tierra Prometida. El propósito último de esa manifestación redentora del Señor es que se tema al nombre del Señor, y se disfrute su gloria (v. 19). Una vez más el Dios de las intervenciones salvadoras se manifiesta en medio de la humanidad para redimir a su pueblo.

En los versículos 20 y 21 es el Señor quien toma nuevamente la palabra. En primer lugar, Dios mismo intervendrá en Sión (Jerusalén) para rescatar al pueblo —llamados en este versículo Jacob (que es una alusión poética al pueblo de Israel)— de sus rebeliones (v. 20). Y en el versículo 21 el Señor se compromete firmemente con el pueblo. Se restablece el pacto en el cual el Espíritu de Dios se manifestará para que no falte la palabra divina en la boca del pueblo a través de las generaciones. La referencia a este pacto, que ya se ha declarado en Jeremías 31.31, es un anticipo del nuevo pacto que el Señor estableció posteriormente en el ministerio de Jesús de Nazaret.

Continúa en el capítulo 59 el tema de la infidelidad del pueblo y la respuesta divina a la maldad humana. Una particularidad de este capítulo, sin embargo, es el catálogo de pecados que incluye. Con la imagen amplia de «vuestras manos están sucias de sangre» (v. 3), se identifica una serie de actitudes humanas que no solo se manifestaron en el Israel postexílico sino que todavía se perciben en sociedades modernas, e inclusive en las comunidades de fe: p. e., mentiras, injusticias, vanidad, maldad y pensamientos de iniquidad. Como en la antigüedad, la gente en la actualidad actúa de forma irresponsable e inicua. Únicamente una manifestación sincera de arrepentimiento puede cambiar la manifestación del juicio divino en el pueblo.

La futura gloria de Sión (60.1-22)

Los temas y asuntos que se presentan en los próximos tres capítulos (60-62) son similares a los que se incluyen en Isaías 40-55. El propósito teológico es inspirador y consolador; la finalidad educativa es edificar la comunidad de repatriados que ha experimentado las angustias y los desesperos relacionados con el destierro y los procesos de restauración. Se afirma la gloria futura de la Ciudad Santa y se celebra la reconstrucción de Jerusalén, que se presenta poéticamente como Sión, luego de finalizar los procesos de restauración del Templo y la ciudad. La Santa Ciudad, que ha conocido y experimentado el desprecio y la humillación de las naciones paganas, será objeto del favor divino, pues el Señor hará aún más hermoso el antiguo Templo y lo convertirá en el centro de adoración y reconocimiento de todos los pueblos de la Tierra.

El capítulo 60 comienza con dos imperativos de importancia capital: «Levántate y resplandece». Aunque ese uso doble de imperativos es característico de Isaías 40-55, se incluyen en esta sección para poner de relieve la urgencia de la orden, para subrayar lo inminente de la revelación divina, para destacar lo necesario de la voluntad de Dios. El profeta llama al pueblo a levantarse de su letargo, a superar la inacción, a ponerse en pie e iluminar su camino con la confianza y la seguridad de que el Señor le acompañará en el proceso de la reconstrucción.

En el Antiguo Testamento, la «luz» es símbolo de la salvación que el Señor ofrece a su pueblo (véase Sal 27.1; Is 9.2; 58.8,10), y en los versículos 19-20 esa iluminación se identifica con Dios mismo. La «gloria del Señor» alude a su majestad y su poder. Es la manifestación luminosa de su poder, autoridad, grandeza y santidad. Es símbolo de la capacidad extraordinaria que tiene el Señor para redimir y transformar a los seres humanos. La oscuridad representa el dolor y el cautiverio, alude al período de dolor exílico, representa las angustias que vivió el pueblo en Babilonia, y se refiere a las dificultades que experimentaron los que regresaron a Jerusalén durante los procesos desesperantes de reconstrucción nacional. El poema comienza con una palabra de aliento: la luz sustituirá las tinieblas e iluminará no solo al pueblo de Dios, sino a las naciones paganas y a sus monarcas.

Los versículos 4-9 aluden al proceso de retorno a Jerusalén, al período de restauración de la ciudad. Los judíos que habían quedado en Judá y no fueron desterrados serán testigos del cumplimiento de la palabra divina: «Tus hijos vendrán de lejos» (v. 4), en una alusión a Babilonia. El retorno se presenta de forma extraordinaria: se alude a la abundancia de camellos y riquezas, y se enfatiza el regreso de judíos de diversos lugares de la diáspora (p. ej., Madián, Efa, Sabá y Cedar). El resultado del retorno es que todos publiquen «las alabanzas al Señor».

El tema de la restauración de Jerusalén se desarrolla en los versículos 10-16. La Jerusalén renovada será reconstruida por extranjeros, que irónicamente fueron los que la destruyeron algunos siglos antes (587/6 a. C.). El texto destaca la importancia de las naciones paganas en la reconstrucción futura de Sión: los extranjeros edificarán sus muros y los reyes estarán al servicio divino. El mensaje afirma, además, que las naciones o reinos que no estén dispuestos a servir al Señor y colaborar en el proceso de reconstrucción de Jerusalén serán destruidas y perecerán. Los que participaron en el proceso de destrucción reconocerán que Jerusalén es la «Ciudad del Señor» y que «Sión (es) del Santo de Israel» (v. 14). La transformación de la ciudad será de tal magnitud que tendrá «renombre eterno» y se convertirá en «gozo de todas las naciones» (v. 15). Quien promueve estos cambios es «El Señor, Salvador, Redentor y Fuerte de Jacob» (v. 16).

La sección final del capítulo (vv. 17-22) presenta la naturaleza y extensión de los cambios que se llevarán a efecto en Jerusalén. Por el exterior, la ciudad será renovada y lucirá más hermosa y radiante: los bronces y los hierros serán sustituidos por oro y plata; y la madera y las piedras se cambiarán por bronce y hierro. Interiormente los cambios serán aún más radicales: el pueblo se volverá a Dios.

Según el profeta, «la paz y la justicia» serán los criterios básicos para la labor de los gobernantes y los magistrados (v. 17) de la Jerusalén restaurada, pues la violencia, la destrucción y el quebranto serán sustituidos por «salvación y alabanza» (v. 18). Inclusive, en la nueva ciudad no se necesitará el sol ni la luna para la iluminación, pues el Señor se convertirá en luz eterna del pueblo (v. 20), lo que es una forma poética de indicar que la justicia se manifestará con libertad en la Jerusalén restaurada y renovada. El poema finaliza con la seguridad que brinda el Señor a su mensaje: «Yo el Señor, a su tiempo haré que esto se cumpla pronto» (v. 22).

El poema que se incluye en el capítulo 60 pone de relieve la importancia de la restauración de la ciudad de Jerusalén. La gloria futura de la ciudad restaurada es superior al esplendor previo de Sión. La destrucción de la ciudad, que dio paso a una serie de experiencias agónicas y de desesperanza en el destierro, se convirtió en el entorno adecuado para la intervención redentora del Señor. La restauración de la ciudad es símbolo de la renovación del pueblo, alude a la salvación de la comunidad, revela la intervención divina que tiene la capacidad y el deseo de transformar las más amargas derrotas en triunfos extraordinarios.

El Espíritu del Señor está sobre mí (61.1-11)

En esta nueva sección del libro de Isaías (61-62) el profeta se presenta como el portavoz del Señor, que ha sido comisionado y ungido para anunciar el mensaje de liberación a los pobres. Aunque el pueblo ha sufrido muchos males y calamidades, el Señor les devolverá la alegría y establecerá un pacto eterno (v. 8). Ante esta intervención divina, el pueblo responde con un canto extraordinario de alabanza y contentamiento (vv. 10-11). Según el Evangelio de Lucas, Jesús utilizó algunas ideas y enseñanzas de este capítulo (vv. 1-3a) para describir su misión (Lc 4.18-19).

Dios ungió al profeta para que anunciara las buenas nuevas a los pobres (v. 1). Aunque en el Antiguo Testamento la unción está reservada generalmente para reyes y sacerdotes, en este contexto se utiliza simbólicamente para describir la misión del profeta (véase 1 R 19.16): Dios lo comisionó para predicar buenas noticias a los pobres, vendar a los quebrantados de corazón, publicar libertad a los cautivos, proclamar el año de la buena voluntad del Señor, el día de venganza del Dios nuestro, y consolar a todos los afligidos. El inicio del poema es similar a Isaías 42 y 49, y evoca la misión del Siervo del Señor (véase Is 42.1-4; 49.1-6; 50.4-9; 52.13-53.12).

La liberación de los cautivos es una referencia a la terminación del exilio en Babilonia; y el año de la buena voluntad del Señor es el sabático, que –según el mensaje de Deuteronomio 15 y Levítico 25– constituía un período de cancelación de deudas y de liberación de esclavos hebreos (Ex 21.2; Dt 15.1,12). «Los afligidos de Sión» (v. 3) son los israelitas que al regresar del destierro esperaban que se cumplieran inmediatamente y al pie de la letra las promesas que se incluyen en Isaías 40-55. La frase «en lugar de ceniza» alude a la práctica de echarse ceniza sobre la cabeza en señal de luto (2 S 13.19; Est 4.1; Jer 6.26). Y el «aceite de gozo» refleja la costumbre antigua de verter aceite perfumado sobre la cabeza de los huéspedes.

En el contexto de toda la gran sección final del libro de Isaías (56-66), este poema ilustra la preocupación del profeta por los pobres y marginados de la comunidad (véase también 58-59). Se afirma que para Dios la gente pobre, humillada o marginada tiene prioridad. El pasaje revela en forma condensada la misión de los siervos y las siervas del Señor a través de las edades: la liberación de quienes sufren marginación y desprecio por parte de la sociedad. El término «pobreza», en este contexto, sobrepasa sus límites y contenidos semánticos, y se refiere no solo a carencia de recursos económicos, sino que incluye la necesidad en otras áreas de la vida relacionadas con la moral y la ética.

Los versículos 4-11 presentan la visión universalista de la voluntad divina que se incluye en Isaías 60, pero le añaden una nota adicional en torno a la justicia (v. 8) e incluyen la promesa del establecimiento de un pacto eterno, presumiblemente en la tradición del pacto hecho con David. En este pacto toda la comunidad es beneficiaria. Según el mensaje del profeta, todo el pueblo se convertirá en sacerdote del Señor (v. 6) y tendrá gozo perpetuo (v. 7). La justicia, tema común en todo el libro de Isaías, se afirma como valor fundamental en la Jerusalén restaurada.

La extensión del sacerdocio a todo el pueblo afecta la autoridad del sacerdocio profesional, democratiza la experiencia religiosa y ubica al pueblo en una posición de privilegio. Ezequiel, en su visión del culto renovado, les asigna a los sacerdotes de Zadoc una serie de responsabilidades particulares que los ubican en prominencia. El texto bíblico –en Isaías y Ezequiel– incluye esas dos perspectivas diferentes del liderato religioso para destacar la importancia de la inclusividad, y no la exclusividad, como criterio fundamental en la reconstrucción de Jerusalén.

Con el tema del anuncio de las buenas nuevas a los pobres se incluye en este pasaje una serie de temas de importancia capital para los creyentes en Cristo. En primer lugar, Jesús, según el Evangelio de Lucas, leyó y se identificó con este texto en la sinagoga en Nazaret. El mensaje pone de relieve la importancia que tienen, para el profeta y para el Señor, los pobres, los cautivos y los quebrantados; el profeta se preocupa por la gente que no tiene voz, ni poder, ni autoridad para superar sus dificultades. El mensaje tiene como propósito principal anunciar el cambio radical de la suerte de la gente cautiva. Se indica que el año agradable del Señor está próximo a materializarse.

Por el amor de Sión (62.1-12)

Este poema continúa los temas de esperanza y el tono de restauración de los dos capítulos anteriores (60-61): se afirma la futura gloria de Sión, que volverá a ser para siempre la esposa del Señor (vv. 1-6); ya el Señor no va a permitir que los enemigos se apoderen de la ciudad y opriman a su pueblo (vv. 8-9), se celebra el retorno de los israelitas desterrados (vv. 10-11); y se presentan los títulos de honor que recibirán el pueblo del Señor y la ciudad de Jerusalén (v. 12). El Señor, por su extraordinario amor a Sión y Jerusalén, no callará ni descansará hasta que se implante la justicia en la ciudad y la salvación se ponga de manifiesto de forma ejemplar en medio de su pueblo (v. 1).

Aunque este pasaje continúa los temas positivos que se iniciaron en capítulos anteriores, se manifiesta una nota implícita, pero muy seria, de preocupación. Es necesario «recordarle» al Señor que debe cumplir sus promesas. Esa preocupación revela que no se estaban materializando totalmente las promesas de restauración anunciadas en Isaías 40-55.

La distancia entre las expectativas del pueblo y la realidad existencial de la comunidad era seria y preocupante. El profeta, sin embargo, insiste que se cumplirá la palabra divina. El propósito fundamental del poema es animar a los que habían regresado del exilio a reincorporarse a la vida comunitaria para transformar y reconstruir la ciudad. Siguiendo la tradición de las profecías de Ageo, este pasaje revela que los cambios que se necesitan en la ciudad no dependen de las fuerzas externas a la comunidad ni se fundamentan en ayudas foráneas; se basan en el esfuerzo decidido y el trabajo arduo de toda la comunidad judía.

El profeta, que habla en primera persona, debe anunciar la palabra divina hasta que se manifieste la justicia y la salvación se haga realidad en Jerusalén (v. 1). Será un evento de repercusiones internacionales, que las naciones paganas y sus monarcas verán: Jerusalén o Sión se convertirá en la «corona de gloria» en la mano del Señor (v. 3), una manera poética de destacar la belleza de la ciudad restaurada y transformada. La extensión de esas transformaciones se revela en los cambios de nombres, que en la tradición bíblica constituyen e identifican variaciones fundamentales y extraordinarias. Ya no se llamará «desamparada ni desolada» (v. 4), sino «Hefzi-bá», que significa «Mi deleite», y «Beula», que alude a la «Esposa». La ciudad de Jerusalén será conocida por ser la esposa y el deleite del Señor.

Los «guardias» de los muros de la ciudad (v. 6) son posiblemente los profetas que debían recordarle al pueblo la importancia de la reconstrucción. Las referencias al trigo y al vino (vv. 8-9) revelan que el trabajo fuerte da su fruto; en contraposición al tiempo de exilio, el pueblo comenzará a cosechar y disfrutar del resultado de su esfuerzo y dedicación.

Los versículos finales del poema concluyen y repasan el mensaje fundamental del profeta, y utilizan una fraseología similar a la que se revela en Isaías 40-55: el camino difícil e inhóspito se transformará para que el pueblo de Dios pueda llegar a su destino sin las dificultades relacionadas con los desiertos y los caminos pedregosos. El Señor anuncia que ya viene a Sión el Salvador para darle la recompensa al pueblo que se esforzó en trabajar y reconstruir la ciudad. Una vez más se alude al cambio de nombre: ya no llamarán a Jerusalén Desamparada, sino

Pueblo Santo, Redimidos del Señor y Ciudad Deseada. Del desamparo, la ciudad se mueve a un nuevo nivel, el de la santidad y la redención, y el del deleite del Señor.

Este mensaje de restauración, aunque tiene un lenguaje similar al de algunas profecías anteriores en el libro de Isaías, tiene una peculiaridad: anteriormente el mensaje de restauración y consolación se dirigía a los desterrados en Babilonia (p. e., Is 40); ahora el mensaje se presenta a quienes ya habían regresado a Jerusalén. La implicación es que debían abrir los muros de la ciudad para que otros deportados pudieran entrar y disfrutar la vida en la Jerusalén renovada.

Este pasaje revela que la futura gloria de Sión no es una meta inalcanzable ni un sueño hipotético. Por el contrario, según el profeta, la transformación de la ciudad se fundamenta en el esfuerzo decidido y férreo de sus habitantes. El cambio de nombre de Sión no es el resultado del azar, sino del trabajo continuo de la comunidad. De acuerdo con el mensaje del profeta, el Señor lleva a efecto los cambios sustanciales en las comunidades y los pueblos a través de la labor sacrificada y valiente de su pueblo.

El día de venganza del Señor (63.1-6)

Con este poema, el entorno psicológico del texto bíblico cambia de forma radical, dramática y abrupta, pues de los temas de la consolación y la esperanza se pasa al juicio divino y a la ira del Señor. El poema que se incluye en los versículos 1-6 se presenta en forma de diálogo, y revela la imagen de Dios como guerrero, que ya se había incluido en otras secciones del libro (p. e., Is 59). La violencia extrema que se manifiesta en el texto se dirige a los gentiles, a las naciones paganas, específicamente contra Edom y su capital, Bosra, pues durante el período del destierro esos vecinos de Judá fueron sus enemigos particulares y legendarios (véase también Is 34).

La implicación del mensaje es que Edom –reino contiguo de Israel, ubicado a unos 30 km. al sureste del Mar Muerto (Is 34.6; Jer 49.13,22; Am 1.12)– y otros vecinos de Judá estaban en alguna forma impidiendo la restauración de Jerusalén. La hostilidad que manifestó contra los judíos que habían quedado en Palestina luego del destierro convirtió a Edom en enemigo por excelencia de Jerusalén (Sal 137.7; Lam 4.21-22). El nombre

Edom es similar a la palabra hebrea que significa «rojo» (heb. *adom*); y el nombre Bosra trae a la memoria la figura del viñador (heb. *bozer*). Posiblemente en este contexto, Edom también puede representar a todas las naciones que se contraponen a la voluntad divina y se confabulan contra el pueblo de Dios.

Este pasaje presenta a un guerrero que viene del sur con sus ropas manchadas de sangre y cuando llega es invitado a revelar su identidad. Aunque no brinda su nombre propio, sus palabras dan a entender que se trata del Señor (v. 1), que llega para liberar a su pueblo (v. 4): «Yo, el que hablo en justicia, grande para salvar». Sus ropas están llenas de sangre, pues en la batalla ha vencido terminantemente a sus enemigos, y se utiliza la imagen de la persona que aplasta la uva para hacer el vino. El poema afirma que ha llegado el día de la venganza divina, que es a su vez símbolo del triunfo del Señor y de la esperanza para su pueblo.

La imagen del Señor como guerrero es muy antigua en la Escritura. Particularmente se manifiesta en las narraciones del éxodo de Egipto y en los relatos de la conquista de Canaán (Ex 15). La idea pone de relieve el celo del Señor y afirma su poder contra los enemigos y su deseo de implantar la justicia. El Señor es un guerrero victorioso que lleva al pueblo al futuro.

La bondad del Señor hacia su pueblo (63.7-14)

Comienza en el versículo 7 un gran salmo de intercesión (63.7–64.12) que tiene una estructura similar a los salmos de lamento comunal (p. ej., Sal 44). Se inicia con un recuento de las acciones salvadoras de Dios en la historia del pueblo –especialmente la liberación de Egipto y la conquista de la Canaán (vv. 7-14)–, reconoce e identifica los pecados de Israel (vv. 15-19), y culmina reclamando la misericordia de Dios (64.1-12). También esta oración es similar a los lamentos que se hacían por el Templo destruido durante el exilio (p. ej., Sal 79).

El ambiente psicológico que revela el poema es de desesperación; en efecto, el pasaje transmite un sentido profundo de angustia, un dolor agudo que cautiva la imaginación del poeta. Posiblemente, luego del regreso del pueblo a Judá desde el exilio se desató una serie de luchas internas en la comunidad judía para identificar los líderes de la nueva comunidad restaurada. La desesperación del poema puede ser una manifestación de esas disputas que estaban dividiendo la comunidad. La sociología de la desesperanza generó una plegaria que inspiraba al pueblo a recordar los tiempos pasados.

El salmo comienza con la expresión «De las misericordias del Señor haré memoria» (v. 7), que introduce una serie de referencias a acciones divinas en medio de la historia nacional. Se pone de relieve el amor divino, en clara contraposición a la infidelidad humana. La primera sección del salmo finaliza con una afirmación teológica fundamental: indica que el Espíritu del Señor pastoreó al pueblo en el momento oportuno para glorificar su nombre (v. 14).

Plegaria por misericordia y ayuda (63.15-19)

En el versículo 15 el profeta le pide al Señor que interceda en favor de su pueblo. Le solicita al Señor que mire desde el cielo para responder a las necesidades de la comunidad. En esta sección se identifica a Dios como Padre y Redentor. De un lado, se afirma la paternidad divina sobre la importante tradición de Abraham, y del otro, también se recuerda la implicación redentora de la salvación del Señor. El profeta pide desesperadamente la misericordia y la ayuda del Señor en un momento de dolor y tribulación.

Los versículos 17-19 constituyen el corazón del lamento. El profeta atribuye al Señor los pecados y los errores del pueblo, para luego reclamar su amor y perdón: «¡Vuélvete por amor a tus siervos, por las tribus de tu heredad!» (v. 17). Esta sección introduce los temas que se presentan en el capítulo 64, donde el profeta suplica la compasión del Señor.

En este capítulo se incluyen los temas de la venganza del Dios nuestro, y también se presenta un salmo de lamento comunitario. En la primera sección del pasaje se presenta al Señor como un guerrero dispuesto para la batalla. Se evocan los triunfos del Señor en la liberación de Egipto, y se alude de esta forma a las conquistas israelitas de los territorios de Canaán. El salmo evoca las intervenciones de Dios en medio de la historia humana y solicita el apoyo divino en un momento de tensión y necesidad. Se pone de relieve la acción del Espíritu Divino para pastorear al pueblo y de esa forma glorificar el nombre del Señor.

Oráculos contra los rebeldes (64.1–66.24)

Capítulo 11

¿Podremos acaso ser salvos? (64.1-12)

El salmo de lamento comunitario que comenzó en el capítulo anterior continúa en este pasaje (64.1-12). En esta sección, sin embargo, se pone de manifiesto una serie de preguntas que revelan las preocupaciones fundamentales del autor, que a su vez reflejan las necesidades de la comunidad judía del retorno. Entre las preocupaciones básicas está la siguiente: ¿Podrá ser salvo el pueblo judío, luego de vivir alejado de Dios por tanto tiempo?

El salmo esencialmente le canta al poder divino. Se alude a la presencia del Señor, que es capaz de «hacer hervir las aguas» (v. 2); se afirma que las naciones tiemblan ante él; y se añade que aun los montes se derriten ante su presencia y teofanía, que significa una manifestación extraordinaria del poder divino. Lo que Dios es capaz de hacer no ha sido cabalmente percibido por el ser humano, pues es cosa que los oídos no pueden escuchar ni los ojos pueden ver (v. 4). La idea de esa manifestación de Dios se complementa, pues el Señor sale al encuentro de quienes hacen justicia con alegría.

Todas esas afirmaciones rodean la pregunta fundamental del pasaje: ¿Podremos acaso ser salvos? (v. 5). La preocupación del salmista se basa en que el ser humano es cosa impura, y que sus justicias son «como trapo de inmundicia» (v. 6). Y añade que, como no hay personas que invoquen el nombre del Señor, por esa razón Dios se ha olvidado de su pueblo y ha escondido su rostro, en señal de juicio divino.

El profeta, sin embargo, responde: «Tú eres nuestro padre; y nosotros somos el barro y tú eres nuestro alfarero» (v. 8). Reconoce que la paternidad divina tiene la capacidad de moldear la naturaleza humana, como el alfarero trabaja con el barro. Se afirma, además, que el ser humano es una obra de arte en las manos del alfarero de todos los tiempos. Las imágenes son poderosas: frente a la presencia divina y ante su poder, las personas son frágiles, pues la virtud de Dios es extraordinaria y redentora. Ese reconocimiento impele a reclamar la misericordia de Dios (v. 9).

La sección final del salmo indica que las ciudades están desiertas, incluyendo a Jerusalén y Sión. Y el profeta pregunta: «¿Te quedarás quieto, Señor, ante estas cosas? ¿Callarás y nos afligirás sobremanera?» (v. 12). El interrogante final del salmo se relaciona con la actitud del Señor: «¿Hasta cuando permitirá el Señor que el pueblo sufra?».

La sección final del salmo plantea una serie de preguntas fundamentales para la comunidad judía de la antigüedad, y también para la iglesia cristiana contemporánea: ¿Qué significa la salvación? ¿Cuáles son las implicaciones reales e históricas de las intervenciones redentoras de Dios en medio de la humanidad? ¿Hasta cuándo permitirá el Señor que su pueblo sufra?

Castigo de los rebeldes (65.1-16)

En este nuevo poema el Señor responde a las oraciones del pueblo. En primer lugar, se identifica la rebeldía de la comunidad judía (vv. 1-7); luego se afirma, sin embargo, que el pueblo es siervo del Señor (vv. 8-16); para finalmente presentar el mensaje de «los cielos nuevos y la tierra nueva» (vv. 17-25). Una vez más Dios responde al clamor de su pueblo.

El pasaje identifica algunas prácticas idolátricas que se llevaban a efecto en Judá y Jerusalén. La expresión «En los huertos» alude a los ritos que se celebraban en los bosques sagrados para rendir culto a los dioses de la fertilidad (Is 66.17-18; Ez 6.13). «Sobre los ladrillos» es una posible referencia a algunos altares que se construían para quemar perfumes a las divinidades cananeas (Jer 19.13). La expresión «sentarse en los sepulcros» describe la práctica antigua de consultar a los muertos para recibir alguna revelación (1 S 28.3-24), aunque la necromancia estaba terminantemente prohibida en la Ley (Dt 18.11). La crítica profética indica que todavía había personas en Israel que seguían prácticas idolátricas.

Las frases que se incluyen en el versículo 5, «quédate en tu lugar...» y «soy más santo que tú», eran posiblemente las palabras que pronunciaban los seguidores de ciertos ritos misteriosos que requerían que sus adherentes pasaran por algunas iniciaciones particulares. Se creía en la antigüedad que la incorporación a esos cultos le brindaba al adorador ciertos poderes mágicos que se transmitían por contacto. Las Sagradas Escrituras rechazan tales prácticas.

La llanura de Sarón estaba situada al sur del monte Carmelo, sobre la costa del Mar Mediterráneo. El valle de Acor está ubicado entre Jerusalén y Jericó. En hebreo, «acor» significa «desgracia»; pero Oseas anunció que ese valle se convertiría en fuente de esperanza para el pueblo (Os 2.15). «Fortuna» y «Destino» eran dos divinidades sirias muy veneradas por los cananeos.

Este poema revela la división que existía en la comunidad judía postexílica. Dos sectores religiosos luchaban por la hegemonía litúrgica y religiosa. El autor de este poema se identifica con los siervos del Señor, en la tradición de Isaías 40-55, y critica a otro sector religioso que se percibía a sí mismo como más santo y consagrado que el resto de la comunidad. La identificación y comprensión de ese conflicto socio-religioso es necesaria para entender los mensajes básicos del Trito Isaías (56-66).

Este poema presenta una serie de conflictos por los que pasaba la comunidad judía que regresó a Judá luego del exilio. La idolatría era un problema mayor que, junto a las divisiones internas del liderato, atentaba contra la restauración de la ciudad y la restauración del culto en el Templo.

Cielos nuevos y tierra nueva (65.17-25)

En esta sección del libro de Isaías se presenta una promesa divina extraordinaria y fundamental: la creación de los cielos nuevos y de la tierra nueva (Is 66.22; véase también Ap 21.1-4). El pasaje presenta de forma clara y categórica la insatisfacción profética con el orden presente de cosas. La sociedad judía del retorno no estaba a la altura de los anhelos proféticos. Y aunque en el Deutero Isaías (40–55) ya se incluyen algunas ideas relacionadas con el hacer las cosas nuevas (véase Is 43.18-19), el mensaje de este texto sobrepasa por mucho las previas expectativas proféticas. Dios tiene el deseo y el poder de transformar la humanidad y hacer todas las cosas nuevas, incluyendo el cielo y la tierra, lo que es una manera metafórica de referirse a todo lo creado.

La literatura apocalíptica generalmente utiliza esta fraseología para presentar sus mensajes. En este caso, sin embargo, el profeta no está interesado en los temas de la escatología, la resurrección y la inmortalidad. El ideal central que se manifiesta en el mensaje no es escatológico sino concreto, histórico y personal: una vida humana sin dolor, sin muerte prematura, y libre de opresión y explotación. Los habitantes de esa ciudad ideal estarán gozosos, porque el Señor les bendecirá; las mujeres no darán a luz para sufrir calamidades sino de forma natural, y el trabajo humano no será en vano. ¡La paz reinará en la ciudad restaurada! El símbolo de esa paz es la unión del lobo y el cordero, el compañerismo entre el león y el buey (v. 25), animales que por naturaleza no pueden estar juntos.

El tema de los cielos nuevos y la tierra nueva es fundamental y pertinente para la iglesia cristiana, particularmente luego de la redacción del Apocalipsis de Juan. Desde la perspectiva de la iglesia, lo nuevo y extraordinario de los cielos y la tierra se manifestará escatológicamente en un tiempo indeterminado del futuro. Esa comprensión escatológica, sin embargo, no es la expectativa y la finalidad del mensaje profético que se incluye en el libro de Isaías. Para este profeta, la transformación real y la restauración inminente de la ciudad correspondían a la nueva creación. No esperaba que surgiera en el futuro indeterminado lo que él mismo podía colaborar para lograr. Según este importante profeta, esa creación nueva requiere el apoyo decidido y firme de la gente de bien y de las personas de fe.

Mensaje sobre el Templo (66.1-6)

El capítulo final del libro de Isaías se compone de cuatro secciones básicas. La primera (vv. 1-6) presenta algunas características de la adoración verdadera, tema que se ha tratado con cierta regularidad en todo el libro de Isaías. En la sección segunda (vv. 7-17) se ponen de manifiesto dos importantes oráculos de juicio. En la tercera (vv. 18-21), que se presenta no en poesía sino en prosa, se afirma que en las naciones se publicará la gloria divina, aunque quien recibe las promesas eternas es Israel. La cuarta y última sección del capítulo (vv. 22-24) incluye una promesa divina de permanencia y un oráculo de juicio eterno para quienes se rebelaron contra el Señor. Estos mensajes concluyen no solo la tercera gran sección del libro de Isaías (56-66), sino que cierran toda la obra.

La interpretación de los versículos 1-6 ha sido muy debatida entre los estudiosos del texto bíblico. Para algunos eruditos, con este mensaje el profeta rechaza de plano toda actividad y culto en el Templo renovado en Jerusalén. Para otros, sin embargo, el asunto profético principal no es la negación de la contribución del Templo a la vida religiosa, política y social de la comunidad; por el contrario, la preocupación fundamental es: ¿qué importancia debe tener el Templo en la Jerusalén renovada y restaurada?

Posiblemente esta segunda interpretación del pasaje es la más acertada, pues en otros mensajes de Isaías se revela la importancia que el profeta y sus discípulos le asignan al lugar de adoración (véase, p. ej., 66.6). El punto fundamental del mensaje profético no es si el Templo es necesario o no, sino que la experiencia religiosa sana es más importante que el lugar que se disponga para la celebración de los actos y ceremonias oficiales.

En ese sentido, la afirmación profética que se encuentra en este capítulo contrasta con la visión del profeta Ageo, que entendía que la crisis mayor de desarrollo y crecimiento de la comunidad postexílica se debía esencialmente a la falta de apoyo económico y comunitario para la reconstrucción del Templo. Según este mensaje isaiano, sin embargo, los símbolos religiosos deben entenderse y apreciarse en su justa perspectiva. El Templo es importante, pero lo que sucede dentro del recinto religioso es más importante. Aunque la estructura física es un magnífico símbolo de religiosidad, lo más importante en la experiencia religiosa saludable es el descubrimiento y aprecio de sus implicaciones éticas y morales. Uno de los grandes problemas de la religión organizada es que se coloquen sus símbolos (p. e., el Templo) en lugar de la esencia misma de lo que se afirma y se desea lograr entre los adoradores: un estilo de vida transformado que ponga claramente de manifiesto los valores y prioridades del encuentro del ser humano con Dios.

La interpretación del versículo 3 es muy importante para la comprensión adecuada del pasaje. Se establece una contraposición entre algunos actos litúrgicos prohibidos por la Ley de Moisés, y ciertas prácticas idolátricas en honor de los dioses de las naciones paganas. El profeta condena y rechaza la contaminación del culto al verdadero Dios con esas acciones, que se describen en el pasaje como «abominaciones». Es una crítica férrea a la práctica de la religión que se fundamenta en los ritos y no en la revelación divina. La superficialidad de las ceremonias sustituyó la comprensión profunda de los símbolos y sus implicaciones éticas. Según el profeta, citando al Señor, «no escucharon, sino que hicieron lo malo delante de mis ojos y escogieron lo que no me agrada» (v. 4).

La palabra final del profeta es para la gente fiel (vv. 5-6). Quienes son perseguidos y aborrecidos por causa de la palabra de Dios experimentarán la restauración, y sus enemigos serán avergonzados. En medio del júbilo de la ciudad, según el mensaje profético, la voz del Señor le dará el pago a los enemigos de su pueblo. La referencia a los enemigos, en este caso, puede ser una alusión a israelitas que, aunque trabajan en el proyecto de reconstrucción nacional y en la reedificación del Templo, no han comprendido las implicaciones éticas de la experiencia religiosa.

Esta sección del mensaje de Isaías es una crítica firme y clara a la religión organizada. Particularmente el mensaje rechaza las prácticas religiosas que sustituyen la esencia del mensaje por los símbolos. Se pone de relieve la importancia de la adoración y de la celebración de las ceremonias religiosas con conocimiento de lo que significan, y se afirman las implicaciones morales y éticas de la experiencia religiosa saludable y liberadora. El profeta critica las prácticas litúrgicas que no están acompañadas de actitudes y estilos de vida que estén de acuerdo a lo que se afirma en las ceremonias. El divorcio entre lo que se celebra y lo que se vive es objeto del rechazo profético.

El poder de Dios se conocerá en todas la naciones (66.7-24)

El libro de Isaías finaliza con una gran nota pictórica y gráfica del juicio divino. El pasaje presenta una serie de oráculos que ponen de relieve la ira de Dios. Aunque el ambiente general del pasaje es de juicio, el profeta también revela hasta dónde ha llegado la comunidad restaurada, hasta dónde ha llegado el pueblo que regresó del exilio.

En primer lugar, el pasaje describe el nacimiento de una nueva Jerusalén. El retorno de los exiliados se interpreta como un acto milagroso y extraordinario que Dios llevó a efecto. En los versículos 10-14 se presenta a la Jerusalén restaurada como una madre que se preocupa por sus hijos y provee para su sustento y desarrollo (Is 49). Y en los versículos 15-16 se incluye una teofanía maravillosa del Señor, que describe la extensión y naturaleza del juicio divino.

La promesa divina a Jerusalén es digna de mención especial: «He aquí que yo extiendo sobre ella la paz como un río y las riquezas de las naciones como un torrente que se desborda» (v. 12). En la ciudad renovada se manifestará la paz de forma abundante, y el pueblo disfrutará de las riquezas. Esas palabras proféticas toman en consideración dos de los componentes fundamentales para el bienestar de los individuos y los pueblos: la paz y la prosperidad económica. Según el mensaje del profeta, que se pone en evidencia en todo el libro de Isaías, la paz y la prosperidad fiscal que se experimenta en la ciudad restaurada serán el resultado de la implantación de la justicia y el desarrollo de las buenas relaciones interpersonales y comunitarias fundamentadas en la equidad y el respeto a la dignidad humana.

En el versículo 14 se revela la otra cara del mensaje profético: la restauración, la paz y la prosperidad del pueblo de Dios también significan la manifestación del juicio divino contra los enemigos del Señor y de su pueblo. «La mano del Señor para con sus siervos se dará a conocer y se enojará contra sus enemigos». La imagen de «la mano» del Señor, que simboliza en este texto ira, juicio y destrucción, posteriormente se relaciona con las siguientes descripciones gráficas: «fuego», «torbellino», «furor», «llama», «espada» y «muertos» (vv. 15-16). En efecto, el sentido del pasaje es que el juicio divino se va a manifestar completamente contra los enemigos del pueblo de Dios. En la misma tradición del juicio divino, el versículo 17 añade un oráculo antagónico contra algunos judíos que siguieron las prácticas idolátricas y no obedecieron la palabra divina.

La conclusión del mensaje contiene dos componentes básicos: Los exiliados regresarán de todas las naciones, y algunos servirán con distinción como sacerdotes y levitas en el Templo renovado y restaurado, pues serán «como una ofrenda al Señor» (v. 20).

El mensaje que cierra el libro de Isaías añade que la adoración universal se llevará a efecto en Jerusalén: «Y de mes en mes, y de sábado en sábado, vendrán todos a adorar delante de mí» (v. 23). Además, se presenta un nuevo componente del juicio de Dios: las implicaciones eternas de la ira del Señor. Según el profeta, la gente se asombrará al ver los cadáveres de los que se rebelaron contra el Señor, pues el fuego del juicio divino «no se apagará», ni morirá «el gusano» que devorará sus cuerpos (v. 24).

Se presenta en este pasaje una nueva percepción del juicio divino que no tendrá fin, una comprensión eterna de la ira de Dios. Esta es una forma profética de presentar la ira divina de modo que amedrentara a los infieles; esta descripción se hace gráficamente, para que toda la comunidad piense muy bien en las serias consecuencias de sus actos de infidelidad a Dios.

Con esas palabras de juicio divino finaliza el mensaje de todo el libro. Aunque las últimas imágenes utilizadas son desagradables, ponen en evidencia el gran anhelo de justicia y paz que quería la comunidad postexílica. El libro de Isaías termina con una afirmación del juicio divino, que finalmente implantará la justicia no solo en Jerusalén, sino en medio de la humanidad. La salvación del pueblo y la transformación de Jerusalén y el mundo no se pueden llevar a efecto sin la manifestación del juicio divino. El lobo y el cordero no pueden estar juntos sin que se erradique la maldad, sin que se supere la actitud pecaminosa de la humanidad. La imagen del «fuego que no se apagará» es un magnífico recuerdo de que mientras el ser humano ignore la palabra del Señor y rechace la revelación de Dios, se necesitarán más manifestaciones del juicio divino que contribuyan a la implantación de la justicia que es el preámbulo y fundamento de la paz.

El libro de Isaías finaliza con un tono de juicio. El ambiente de esperanza que se revelaba en el relato de vocación y en los mensajes de los capítulos 40-55 fueron sustituidos por la palabra de juicio, que ciertamente enfatiza la justicia para el establecimiento de la paz. El libro que comienza con una serie de mensajes dirigidos a la nación pecadora, finaliza con la presentación de lo que sucede si no hay una experiencia de arrepentimiento verdadero. Únicamente mediante una experiencia radical de conversión es que se transforma un pueblo y se cambia una comunidad que provocó «ira al Santo de Israel» (Is 1.4).

Bibliografía selecta

A continuación presentamos una breve lista –por demás incompleta– de algunas de las obras que mejor pueden ayudar a la lectora o al lector a profundizar un poco más en los temas expuestos.

Asurmendi, J.M. *Isaías 1-39. Cuadernos Bíblicos* (Estella, Navarra: Editorial Verbo Divino, 1994).

Brueggeman, W. *Isaiah 1-39 y 40-66* (Louisville: Westminster/John Knox Press, 1998).

Childs, B.S. «Isaiah», en *Introduction to the Old Testament as Scripture* (Londres: SCM, 1979).

Clements, R.E. *Isaiah 1-39, NCBC* (Grand Rapids, MI: W.E. Eerdsmans Publishing Co., 1980).

De Waard, Jan. *A Handbook on Isaiah* (Winona Lake, IN: Eisenbrauns, 1997).

Freehof, Solomon B. *Book of Isaiah* (New York: Union of American Hebrew Congregations, 1972).

Kidner, D.F. *Isaiah, New Bible Commentary*, 4th ed. (Leicester: Inter-Varsity Press, 1995).

Marconcini, B. *El libro de Isaías (1-39)* (Barcelona: Herder, 1995).

Motyer, J.A. *The Message of Isaiah* (Downers Grove, IL: Inter-Varsity Press, 1996).

Oswaldt, J. *The Book of Isaiah: Chapters 1-39 y The Book of Isaiah: Chapters 40-66* (Grand Rapids, MI: W.E. Eerdsmans Publishing Co., 1986, 1988).

Pagán, S. *La visión de Isaías* (Miami: Editorial Caribe, 1997).

_____. *Experimentado en quebrantos* (Nashville: Abingdon Press, 2000).

Pelletier, Anne-Marie. *Isaías. Comentario Bíblico Internacional* (Estella, Navarra: Editorial Verbo Divino, 2003).

Schokel, Luis A. *Profetas-I* (Madrid: Cristiandad, 1980).

Seitz, C.R. (ed.). *Reading and Preaching the Book of Isaiah* (Philadelphia: Fortress Press, 1988).

_____. *Isaiah 1-39, Interpretation* (Louisville, John Knox Press, 1993).

Varo, F. *Los cantos del siervo en la exégesis hispano-hebrea* (Córdoba: Caja de Ahorros, 1993).

Watts, J.D.W. *Isaiah 1-33 y Isaiah 34-66* (Waco, TX: Word, 1987).

Webb, B.G. *The Message of Isaiah* (Leicester: IVP, 1996).

Wiéner, Cl. *El Segundo Isaías. Cuadernos Bíblicos* (Estella, Navarra: Editorial Verbo Divino, 1993).

Wildburger H. *Isaiah 1-12* (Minneapolis: Fortress Press, 1991).